일상과 주거

EVERYDAYLIFE AND HOUSE

이 도서의 국립중앙도서관 출판예정도서목록(CIP)은 서지정보유통지원시스템 홈페이지
(http://seoji.nl.go.kr)와 국가자료공동목록시스템(http://www.nl.go.kr/kolisnet)에서
이용하실 수 있습니다.
CIP제어번호: CIP2018004374(양장), CIP2018004372(반양장)

일상성 · 일상생활연구회 총서 **9**

일상과 주거

EVERYDAYLIFE AND HOUSE

대안사회를 위한
일상생활연구소 지음

한울
아카데미

▌차례 ▌▌▌▌▌▌▌▌▌▌▌▌▌▌▌▌▌▌▌▌

머리말 ▪▪▪▪▪▪▪▪▪▪▪▪▪▪▪▪▪▪

집은 우리의 일상생활이 배태되는 가장 근원적인 공간이다. 그 공간은 공허한 지리적이고 정위적인 공간이 아니라 우리의 구체적인 일상생활로 구성된 풍경적인 공간이다. 오랜 시간 동안 이 공간은 생산의 공간인 동시에 소비의 공간이었다. 집을 통해서 전반적인 가족 및 개인의 삶을 살펴보는 것이 가능했다. 그러나 생산의 공간이 집으로부터 급속히 분리되면서 집이 가지고 있던 의미는 오로지 노동력 재생산을 위한 소비의 공간으로 변화했다. 따라서 그 속에서 살아가는 주거의 양식 역시 급속히 변화해온 것도 사실이다.

우리 사회는 주거 형태의 급속한 변화로 인해 주거 문화 역시 다양한 갈등의 상황 속에 있다. 아파트 주거 비율이 세계적으로도 유례를 찾아보기 힘들 정도로 높아 60%에 이르며, 연립주택을 포함하면 공동 주거의 형태는 75%를 점하고 있다. 개별 주거 양식에서 공동 주거 형태로의 급속한 변화는 다양한 문제를 제기하고 있다. 주택보급률이 100%를 넘어

섰지만 여전히 사회적으로 큰 이슈가 되고 있는 주택정책을 비롯하여, 공동 주거로 직면하는 다양한 관계의 갈등들은 시급히 해결하지 않으면 안 되는 중요한 문제로 등장했다. 따라서 이러한 문제를 해결하기 위해서는 집을 단순히 공간적 의미나 공급의 측면에서뿐만 아니라, 그 집에서 살아가는 사람들이 일상생활을 중심으로 성찰할 필요가 있다. 이에 이 책에서는 일상생활론적인 시각을 바탕으로 집의 의미를 현재적 주거 문화로의 이행 과정과 특징, 국가의 주거정책, 다양한 주거 문화 등을 통하여 살펴보았다.

물론 주거와 관련된 모든 내용을 포괄하지는 못했지만, 우리 주거 문화의 현재적 의미를 파악하고 바람직한 주거문화를 함께 만들어가기 위해 이 책에서는 다음과 같은 내용으로 14개의 장을 구성했다.

제1장 「일상생활에서의 집과 주거의 의미」는 이 책의 전반적인 이해를 돕는 서론적 성격의 장으로서 집을 통해서 우리의 일상생활을 찾는 노력을 설명한다. 먼저 집이 갖는 의미와 사회적 기능, 주거 형태의 변화, 현대 한국 사회에서의 집의 의미와 위상 등을 설명하고 있다.

제2장 「현대 주택과 일상생활의 변화」에서는 현대적 주택의 도입 과정과 이에 따른 일상생활에서의 변화의 특징을 고찰하고 있다.

제3장 「주택정책과 주거 문화, 그리고 일상」는 현재 한국 사회가 안고 있는 주택문제가 공급자 중심의 주거정책에서 비롯되고 있음을 정책의 변화를 통해서 밝히고 있다.

제4장 「현대 주거 공간에 도입된 과학기술과 일상의 의미」에서는 현대 주거에 도입된 과학기술이 주거 문화를 어떠한 양상으로 변화시켰는가를 살펴보았다.

제5장 「집으로 먹고사는 사람들」은 주택과 관련한 다양한 직업이 어떻게 변화되어왔는지를 과거와 비교하여 설명하고 있다.

제6장 「교외, 낭만과 현실의 공존 지대」는 도시라는 현실의 주거 형태를 떠나서 스스로 교외로 찾아든 사람들과 그렇지 못한 사람들의 동기와 원인이 무엇인가를 밝힌다. 또 그들 주거의 일상은 어떠하며 그들은 그 속에서 무엇을 느끼고 있을까를 밝히고자 했다.

　제7장 「집, 구별을 낳는 욕망의 공간」은 집이 건강한 삶의 공간이기보다는 구별 짓기를 위한 공간으로 변질된 현실을 비판적으로 고찰했다.

　제8장 「주거 공간 속의 소통과 갈등」은 주거를 둘러싸고 나타나는 다양한 교류와 갈등의 양태를 밝히고자 했다. 주거 공간을 중심으로 가족과 이웃 관계에서 나타나는 여러 교제와 갈등의 양상들을 살펴보면서 새롭게 나타나거나 문제가 되고 있는 주거 문화의 실태와 원인을 살펴보고자 했다.

　제9장 「아파트 속의 신생활풍속」은 아파트가 일반화되면서 일상생활에도 적지 않은 변화를 초래하고 있는데, 아파트 내의 게스트하우스나 휘트니스센터, 골프연습장 등 아파트 주민만의 공동이용시설(커뮤니티 시설)과 같이 최근 새롭게 등장하고 있는 풍속들을 고찰했다.

　제10장 「피랑 끝자락 사람들의 주거」에서는 도시 밖으로 내몰리는 가난한 사람들의 일상생활을 묘사했다. 가난한 사람들에게 주거의 의미는 무엇이며 그들의 일상생활은 어떠한지, 그들이 살아가며 느끼는 위협들은 무엇인지를 살펴보았다.

　제11장 「같이 살기」에서 '따로 살아가기'로」는 최근 변화해가는 가족들을 동거의 개념을 기반으로 유형을 분류하고 그 일상생활을 고찰했다. 최근 주거를 함께 하지 않고 가족 구성원이 각각 살아가는, 따로 사는 가족이 등장하고 있다. 사회적 생활 기반의 변화에 따른 주말부부, 기러기부부 등과 같은 새로운 형태의 가족들이 등장하여 다양한 주거 형태를 보이고 있고 이들의 생활을 유형 분류했다.

제12장 「남과 함께」에서는 근대적 주거로서 단체 주거가 일어나는 원인과 특징을 설명하면서 그 속에서의 다양한 인간관계를 기술했다.

제13장 「떠돌이들의 주거」에서는 현대판 집시라고 할 수 있는 떠돌이적 삶을 영위하는 사람들의 일상생활을 살펴보았다. 주거란 일정한 곳에 머물러 살아가는 것을 말하지만, 정착하지 못한 채 끊임없이 떠돌면서 살아가야 하는 사람들의 일시적 주거와 삶의 방식을 살펴보았다.

제14장 「미래, 우리는 어디에서 누구와 살 것인가?」에서는 앞선 장들에서 나타난 다양한 주택 및 주거 문화가 갖고 있는 문제를 해결하려는 작은 시도와 앞으로의 가능성을 살펴보았다.

이 책의 출판에 이르기까지 오랜 시간이 걸렸다. 따라서 수차례에 걸쳐 수정과 첨가를 했다. 그럼에도 그 변화를 다 포괄하지 못한 점 독자들께서 양해해주시기 바란다. 일상생활론적 관점에서 의·식·주 시리즈를 기획하여 공동으로 집필하자고 뜻을 모은 지 10여 년이 흘렀다. 2009년 『일상과 음식』의 출판과 동시에 시작한 주거 문화에 대한 공동작업이 지금에서야 그 결실을 보게 되었다. 그 과정에 1991년 시작된 '일상성·일상생활연구회'라는 모임이 '대안사회를 위한 일상생활연구소'로 그 조직을 확대했으며, 연구의 내용도 지역사회가 간과하고 있는 지역민의 구체적인 일상생활 문화를 밝히는 작업으로 넓혀왔다. 우리는 『일상생활의 사회학』(1994), 『술의 사회학』(1999), 『현대 한국사회의 일상문화코드』(2004), 『일상생활의 사회학적 이해』(2008)와 같은 이론 및 구체적인 한국인의 문화에 대한 접근에서 시작하여, 『부산의 장터』(2007), 『부산의 산동네』(2008), 『사건과 기록으로 본 부산의 어제와 오늘』(2012), 『부산의 노래, 노래 속의 부산』(2014), 『부산의 생활문화유산』(2016) 등을 공동 집필했으며, ≪국제신문≫과의 공동기획 시리즈 '부산은 무엇을 기억하는가?'(2012), '이 어촌이 사는 법'(2015)을 통해 지역의 자기 성찰과 지역정체감 형성에 기여하고자 했다.

대안사회를 위한 일상생활연구소는 지속적으로 공동연구를 통해 우리의 일상생활을 밝히고자 노력하고 있지만, 공동연구가 갖는 기본적인 어려움을 생각할 때 이 연구의 기획 및 세미나에 참여하고, 시기마다 논문 수정 요청에 성의껏 응해준 필자들에게 감사의 마음을 전하지 않을 수 없다. 이 책의 출판이 또 다른 주제를 기획하고 함께 연구하는 계기가 되기를 바라는 마음이다.

1994년 이후 대안사회를 위한 일상생활연구소의 결과물을 기꺼이 출판해주시고, 또 이 책이 나오기까지 오랜 시간을 인내로 견뎌주신 한울엠플러스(주)의 사장님께 감사드린다. 또 이 책이 출판되기까지 편집과 교정에 수고를 마다하지 않은 조수임 선생께 감사의 마음을 전한다.

2018년 봄
지은이들을 대표하여 김희재 씀

일상생활에서의 집과 주거의 의미

▌▌▌▌▌▌▌▌ ▌▌ ▌▌▌ ▌▌

박재환 | 부산대학교 사회학과 명예교수

- ▶ 까막까치도 집이 있다. _한국 속담
- ▶ '가출'이냐 '출가'냐 언제나 그것이 문제로다. _어느 청년의 독백
- ▶ 두껍아 두껍아, 헌 집 줄게. 새 집 다오. _한국 동요

1. 집을 보면 삶이 보인다

우리의 일상은 잠자리에서 일어나면서 시작된다. 이 잠자리로 상징되는 안식처를 우리는 흔히 집이라 부른다. 대부분의 사람들에게는 이러한 사실이 너무나 익숙하고 진부한 것이어서 새삼 되돌아볼 필요도 없는 것처럼 여겨진다. 그러나 우리가 매일 숨 쉬고 있는 공기가 희박해지거나 오염되어 호흡이 곤란하게 될 때 그것의 존재가 얼마나 절대적인가를 실감하듯이 우리가 매일 살고 있는 집 또한 공기 못지않게 우리의 살림살이

에 없어서는 안 될 필수적 요건이다. 우리의 일상생활이 바로 의·식·주의 생활이라고까지 말하지 않는가.

그러나 사람들 얼굴이 각자 다르듯 개인들의 구체적 삶은 천태만상이다. 그리고 이 삶의 다양한 모습은 각자가 몸담고 사는 주거 공간인 '집'에서 가장 선명하게 드러난다.

먼저, 집은 그곳에 사는 사람의 경제적 수준을 가장 직접적으로 드러내는 지표가 된다. 부유한 사람이 사는 집과 가난한 사람의 집이 다르다는 것은 삼척동자도 다 아는 사실이다. 동서고금을 막론하고 '부잣집'은 일반 서민과 다른 별도의 이미지를 지닌다. 예를 들어, 부잣집은 서민의 집과는 다르게 넓은 정원이 있고, 여러 개의 방이 있으며, 그 안의 가재도구도 진귀한 것이 많은 것으로 상정된다. 그뿐만 아니라 가사 노동을 그 가족의 주부가 전담하기보다 특정한 도우미가 맡아 하는 경우가 많다. 이른바 상류층의 집은 일반인들이 방문하기가 매우 까다로워서 학술적인 사회조사의 대상에서도 제외되는 경우가 일반적이다. 대개의 경우, 부잣집은 이른바 '부자 동네'라는 특정한 지역에 모여 산다.

예전에는 이러한 동네가 고급 단독 주택지역이었지만 최근 아파트가 새로운 주거 형태로 바뀜에 따라 이들 부자 동네는 중산층이 결코 소유할 수 없는 평당 몇 천만 원 이상의 고가 명품 아파트 단지인 '타워팰리스'로 구성되기도 한다. 이들 상류층의 일상생활은 그들의 주거지만큼 일반인들이 접근하기 힘들어서 일반인들에게는 겨우 영화나 TV 드라마 등을 통해서 간접적으로만 알려질 뿐이다.

이에 반해, 중산층이나 서민들의 집들은 상대적으로 덜 폐쇄적이라 할 수 있다. 주거 공간의 구성은 물론 주거 단지가 상류층들의 거주지처럼 엄격하게 통제되지 않는다.

한편, 집은 단지 그 안에 사는 사람들의 경제적 삶의 지표로만 나타나는 것이 아니다.

집은 오히려 그것을 소유하고 있는 주인의 정신적·문화적 가치와 취향을 드러내는 기호가 된다. 아무리 부유한 사람이라도 그 사람의 문화적 감각이 항상 물질적 부에 상응해서 정교해지는 것은 아니다. 그러기에 이른바 '졸부'의 경제적 능력과 그의 호화스러운 주택이 뿜어내는 값진 인테리어는 마치 물과 기름처럼 겉도는 경우가 많다.

그런가 하면 도회지 산동네, 다닥다닥 붙은 집들의 처마와 손바닥만 한 텃밭에 가지런히 심은 채소와 수북한 화초는 가난한 이웃들의 살림살이 속내를 그대로 드러낸다.

또한, 대부분의 중산층 아파트는 힘들게 오늘을 저축하며 더 나은 미래를 꿈꾸는 서민들의 일상을, 더러는 베란다에 널린 갖가지 세탁물로, 때로는 엘리베이터에 붙어 있는 각종 광고 스티커들로 알려주기도 한다.

어디 그뿐인가. 사람들이 이 고난의 세상을 넘어 또 다른 삶을 도모하기 위해 모이는 '절집'이나 교회의 외양도 그 구성원들의 일상적 신앙생활의 향방을 나타내준다. 날로 번창해져 세계 10대 교회 안에 손꼽히는 국내의 유명한 교회는 그 신도 수나 재력 자체가 타의 추종을 불허하는 교계의 그야말로 '큰 집'이다. 이들의 신앙생활은 더 조직화되어 있고, 해외 봉사 활동은 전 세계를 무대로 확대된다. 그런가 하면, 변두리에 있는 대부분의 개척 교회들은 가난한 소수의 서민들이 서로 몸 비비며 두 손 모으는 간절한 '복음의 집'이다.

마찬가지로, 불교의 대사찰 또한 신도 수와 재정 규모가 일반인들이 상상할 수 없을 정도로 커서 세속의 어느 단체들보다 막강한 영향력을 미친다. 이에 반해, 벽지 산간에 묻힌 말사와 암자의 살림살이는 속가의 그것과 큰 차이 없을 정도로 소박하다. 주지의 의욕과 기량에 따라 수많은 불사가 이루어지는 절이 있는가 하면 진리의 깨달음에 몰두하느라 불사는커녕 일상의 범사에도 둔한한 '절집'도 있다. 이처럼 집을 보면 그 속의 구체적 삶이 보인다.

2. 집의 의미

집은 사람이 거주하는 공간이다. 그러나 '집'으로 규정되는 공간은 단순한 물리적 장소에 그치는 것이 아니다. 일반적으로 '집'은 사람들이 공식적인 업무나 작업을 하는 공간과 달리 긴장하지 않아도 좋은 편안하고 아늑한 곳으로 간주된다. 그곳은 사람들이 일과를 끝내고 아무런 부담 없이 피로한 심신을 누일 수 있는 보금자리로 여겨진다. 이처럼 집은 우선 안정된 공간으로서의 의미를 갖는다.

이와 같은 집의 이미지는 어디에서 비롯하는 것일까. 우리는 그곳이 우리의 몸과 맺는 일차적 관계에서 해답의 실마리를 찾을 수 있다. 다시 말해, 우리가 집에서 연상하는 아늑함은 우리가 태어나기 전 머물러 있었던 어머니의 '아기집'에서 연유한다. 숱한 사람들이 어머니의 자궁처럼 편안한 곳은 세상 어디에도 없다고 말한다. 수많은 작가들은 물론 철학자들도 주저 없이 어머니 배 속이야말로 인간 실존의 원형적 고향이라고 단언하면서 인생의 고통은 출산 순간에 겪는 트라우마에서 시작한다고 역설한다.

실로, 대개의 경우 자궁 속의 아기는 무사하게 자랄 수 있도록 외부의 위험한 자극들로부터 안전하게 보호받는다. 태아가 받는 이러한 보호와 안정에 대한 배려는 모체에게는 거의 본능적 반응으로 그리고 주위의 가족들에게는 생명 존중이라는 일반적 가치에 의해 강화된다. 그뿐만 아니라 출생 후에도 신생아는 강보에 싸여 안전하게 보호받는다. 안정에 대

한 우리의 원천적 경험과 욕구가 보금자리로서의 집에 대한 이미지를 형
성하는 기초가 된다. 이러한 정서가 확인되지 않는 어떠한 거주 공간도
'집'처럼 여겨지지 않는 이유가 여기에 있다.

한편, 집은 공동생활과 공통된 기억의 공간이다. 집은 원래 혼자 거주
하는 공간이 아니었다. 그것은 최소한 가족들이나 가까운 사람들이 모여
사는 삶의 터전이다. 모여 사는 들짐승들도 자기들만의 일정한 보금자
리가 있고 하늘을 나는 새들도 어딘가에 자기들의 둥지를 틀어 알을 낳
고 새끼를 기른다. 거기에는 이러한 공동생활의 흔적이 구석구석에 서
려 있다.

고고학자들이 발굴한 선사시대의 거주지 유적은 그들의 생활상을 그
대로 드러내고 있다. 원시인들이 살던 동굴의 벽에는 그들이 사냥하는
동물이나 하늘에 제물을 바치며 제사 지내는 모습이 새겨져 있는 경우가
많다. 그들만의 그림문자로 특정한 내용을 기록한 흔적도 발견된다. 이
처럼 집은 나 혼자만의 잠자리가 아니라 더불어 사는 사람들과의 공동생
활이 이루어지는 터전이다. 거기에서 새로운 생명이 태어나고 자라고, 늙
은이는 그곳에서 목숨을 거두고 다시 자연으로 돌아간다.

이렇게 볼 때 집은 그 자체가 하나의 세계이며 우주라 할 수 있다. 따
라서 집에는 그 안에서 살고 있는 구성원들의 공통된 기억이 현재 속에
용해되어 있다. 그리하여 집은 단순히 현재적 삶의 터전에 그치지 않고
지나간 조상의 유업을 기리고 수시로 저세상과 소통하는 공간이 되기도
한다.

이러한 사실은 무신론이 합리적 사고의 상징처럼 여겨지고 개인주의
가 지배적인 생활 원리로 확산되고 있는 현대 사회에서도 그대로 확인된
다. 우리나라에서는 아직도 제사는 특별한 일이 없는 한집에서 지내는
것이 좋다고 생각한다. 우리보다 전통문화가 더 많이 남아 있는 일본의

경우, 현대식 아파트에도 거실 한쪽에 조상을 위한 불단을 모시고 있고 가족들은 매일 거기에 문안 인사를 드린다.

굳이 조상을 위해 제사를 지내지 않고 조상에 대한 기억을 중요하게 생각하지 않고 사는 집에서도 자기 가족들의 단란하고 행복한 순간들을 기억하기 위해 거실 한복판에 가족사진을 걸어 둔다. 그뿐만 아니라 가족 구성원들이 받은 각종 상장이나 상패, 메달 등을 자랑스럽게 전시한다. 이러한 공통된 기억과 공동의 생활을 통해 집은 그 안의 구성원들을 하나로 통합하는 접착제가 되는 것이다.

또한, 집은 가장 사적인 공간이다. 바깥의 어떤 공간과도 엄격하게 구별되는 집안은 식구들만의 전유 공간이다. 개인은 자기 집에서 온전한 휴식과 자유로움을 느낀다. 우리가 집에서 입는 옷은 바깥에 출입할 때 입는 외출복이 결코 아니다. 몸에 편안하고 휴식하기에 넉넉한 헐렁한 캐주얼웨어로 충분하다. 몸단장을 하지 않아도 좋고 세수를 하지 않아도 좋은 공간이 집이다. 세상은 흔히 무대에 비유된다. 셰익스피어는 그의 유명한 희곡을 통해 이러한 사실을 감동적으로 묘사해주었다.

현대의 대표적인 일상생활의 사회학자로 손꼽히는 어빙 고프먼(Erving Goffman)은 일찍이 우리의 일상생활이 하나의 무대이며 우리는 무대 위의 배우들처럼 자기를 연출하며 살아간다고 말했다. 그런데 우리의 일상생활은 무대 앞면과 뒷면으로 나뉘어 영위되는데, 보통 직업적 활동을 비롯해 타인과 더불어 보내는 대부분의 시간은 각 상황에 맞는 모범적 역할을 연기함으로써 채워진다. 이에 반해 무대 앞에서 퇴장한 연기자는 분장을 지우고 자기 본래의 모습으로 돌아온다.

이렇게 볼 때 집은 끊임없이 연기해야 하는 바깥세상이라는 무대 앞면과 엄격하게 구별되는 무대 뒷면에 해당된다. 무대 뒷면에서 연기자는 더 이상 긴장된 연기를 하지 않아도 좋은 본래의 자기 모습을 찾을 수 있다. 집은 이처럼 바깥에서 통용되던 역할의 가면(persona)을 벗을 수 있는 적나라한 사적 공간이다.

이러한 사적 공간은 함부로 노출되어서는 안 된다. 집은 식구들의 고유한 전유물이기 때문이다. 따라서 이 사적인 공간은 구성원들이 수용할 수 있는 사람들에게만 한시적으로 공개될 수 있을 뿐이다. 그렇게 하지 않을 경우 "아무나 집에 데려오면 어떡해"라는 원망을 듣게 된다.

물론, 사회에 따라 타인의 집을 방문할 수 있는 조건이 크게 다를 수 있다. 예를 들어 한국인들은 일본 사람들보다 쉽게 타인을 자기 집에 초대하는 경향이 많은 데 반해, 일본인들은 아무리 친한 사이라도 타인을 집에 초대하는 경우는 극히 드물며, 설령 집 주인이 자기 집에 초대하는 경우에도 적어도 몇 번 사양한 후에 방문하는 것이 상식이다. 이처럼 집은 외부 세계로부터 구별된 사적 공간의 전형이다.

마지막으로, 집은 일상생활의 꿈과 새로운 설계가 배태되는 내밀한 공간이다. 우리의 일상생활은 흔히 정해진 일과가 되풀이되는 범속하고 진부하기까지 한 과정이다. 그러나 실제에 있어서 개인의 일상생활이나 사회 전체의 일상적 과정이 그 전과 똑같이 되풀이되는 것은 아니다. 동일한 일과가 되풀이된다고 해도 실제 반복되는 내용이 완전히 똑같은 것일 수는 없고 또한 그 속에서 개인이 느끼는 감상도 어제와 반드시 같을 수는 없다. 매일 하는 일인데도 무대 위에서 하는 일상의 연기가 아무런 의미가 없는 것처럼 느껴질 수도 있다. 반대로 그동안 낯설었던 일과가 오늘따라 전에는 전혀 예상할 수 없었던 보람찬 것으로 다가설 수도 있다. 일상 속에 은밀하게 배태되는 각종 사건이나 새로운 꿈꾸기는 바로 여기에서 시작된다.

집은 일상생활에서의 이러한 꿈꾸기가 태동하는 감춰진 음모의 공간이다. 집이 앞에서 말한 바와 같이 무대 뒷면이라면 그것은 바로 다음의 무대 공연을 위한 휴식과 새로운 준비의 공간이다. 우리가 바깥의 일상 생활이 여의치 못할 때 가장 쉽게 떠올리는 안식처가 집이다. 낯선 곳에서 되돌아가고 싶은 고향처럼 집은 세상이라는 무대 앞면에서 매일 겪게 되는 각종 실패와 긴장을 해소할 수 있는 일상적 공간이다.

만약, 바깥에서의 좌절이 예상 외로 심각할 경우, 집에서 며칠을 칩거하면서 새로운 해결책과 활로를 모색하게 된다. 이 칩거의 기간 동안, 우리는 우리의 가장 사적인 공간에서 바깥에 노출되지 않은 자신의 모든 내력과 소망을 되새김질하며 새로운 역전의 꿈을 모색하고 내일을 준비한다. 그것은 기존의 일상으로 새로운 각오로 복귀하는 것일 수 있고 극단적인 경우 기존의 일상과 단절한 새 출발일 수도 있다. '가출'이나 '출가'는 그 단적인 예다.

그러나 이와 같은 꿈꾸기는 비단 개인의 일상생활에만 한정된 것은 아니다. 사회 전체의 살림살이가 감내할 수 없는 질곡으로 치닫고 현행의 제도적 절차로서는 어떠한 출구도 보이지 않을 경우, 이른바 대항적 엘리트들은 새로운 세상을 열어갈 '변혁의 꿈'을 꾀하게 된다. 그리고 이 대항 엘리트들도 바깥세상과 구별된 무대 뒷면의 그들만의 '안가'와 '아지트'에서 이러한 꿈을 내밀하게 설계하는 것이다.

3. 집의 사회적 기능: 자연적 '생존'에서 문화적 '생활'로

1) 집이 삶을 만든다

집은 삶의 그루터기이다. 생존의 조건이고 생활의 바탕이다. 까막까치도 집이 있다는 속담이 이를 단적으로 말해준다. 모든 동물은 하나같이 먹고, 짝짓기하고, 잠잔다. 이 기본적인 생존 활동은 모두 집을 중심으로 이루어진다. 동굴 속의 동물들은 바깥에서 사냥해온 먹이들을 그들의 은신처에 숨기고 그 속에서 새끼들을 키운다. 새들도 그들만의 안전한 둥지에 알을 낳고 부화시킨다. 모든 동물들이 자기들의 둥지나 보금자리에서 태어나 일정한 기간이 지난 후 자기들만의 독립된 생활을 위해 집을 떠난다.

인간에게 집은 다른 동물보다 더 긴밀한 기능과 작용을 한다. 그것은 신생아가 사회화되는 기간이 다른 어떤 동물보다 길고 의존적이라는 데에서 비롯한다. 우리의 신생아가 단순히 홀로 서서 걷는 동작을 익히고 있는 동안 다른 동물들은 벌써 자기가 태어난 둥지를 떠나 홀로 먹이 사냥을 할 수 있게 된다.

신생아는 먼저 강보에 싸여 키워진다. 이때 신생아의 가족이 정착된 주거 생활을 하느냐 혹은 유목민들처럼 수시로 이동하는 집에서 생활하느냐에 따라 신생아의 자아 형성이나 삶의 방식 또한 달라지기 마련이다. 어떤 경우에도 집안의 가장은 식구들이 함께 살 집을 마련해야 한다. 새 살림을 시작하는 것은 가족들이 매일 쉬고 잠잘 수 있는 새로운 공간을 확보하는 데서 출발한다.

아무리 정착하지 않고 수시로 이동하는 유목민이라고 해도 집이라는 공간은 휴식과 편안한 잠자리가 보장되는 곳이다. 낮의 활동이 동적이고 변화무쌍할수록 편안한 휴식에의 기대와 욕구는 커진다. 집이라는 공간에서 어린이는 안정에 대한 이러한 원초적인 정서를 체득하게 된다.

집은 먼저 그 특유의 공간적 특성으로서 거주하는 사람들의 생활에 유형무형의 영향을 미친다. 오랫동안 살고 있는 집터는 그 자체가 가족들에게 지속과 안정에 대한 정서를 심어준다. 그리고 이것은 새로운 모험에 대한 거부감으로 발현될 수 있다. 오랜 머무름은 현재에의 몰입이나 집착으로 변질될 수 있기 때문이다.

또한 집의 물리적 공간 구성이 구성원들의 생활에 일차적인 구속이 될 수 있다. 식구들이 잠금장치가 된 각자의 방에서 잠을 자는 현대의 아파트는 단칸방에서 모든 식구가 함께 잠을 자거나 장지문 사이로 건넌방의 생활 소음이 다 들리는 전통 가옥과 달리 개인주의적 사고를 더 심화하게 된다.

그러나 집이 삶의 그루터기로 기능한다는 것은 단순히 거주 공간이라는 특징 때문이 아니다. 집안의 분위기나 흔히 말하는 '가풍'이 더 일차적이고 근원적인 요소로서 기능하는 경우가 많다. 단란한 가정을 이루고 사는 집과 가족 간에 친밀한 대화가 거의 없는 집이 구성원들의 삶에 미치는 영향은 판이하게 다를 수밖에 없다.

2) 집은 사람들을 구별 짓게 한다

집은 바깥과 구별되는 공동 구성원들의 내밀한 공간이다. 집 밖의 사람들은 함부로 이러한 공간에 들어오지 못한다. 이처럼 집은 우리와 남을 구별하는 가장 원초적 공간이다. 따라서 사회학에서 흔히 말하는 일차적 관계의 사람들로 구성된 영역(물리적 공간과 공유된 생활 경험)으로서 집은 특별한 이해 관심에 의해 접촉하는 이차적 집단과 가장 대표적으로 구별된다. 신생아는 매일 자기와 가장 가깝게 생활하고 있는 '우리'와 바깥의 '남'을 우리 집에 속한 사람과 그렇지 않은 사람이라는 차이로부터 배우기 시작한다.

'우리 집'이 우리 집단과 그들 집단을 구별하는 시발점이라는 것은 다른 사회관계에서도 확인된다. 가족은 원래 혈연에 의해 이루어지지만 입양이라는 절차에 의해서 한 가족이 되기도 한다. 어디 그뿐인가. 가족처럼 유기적으로 친밀하게 지내자고 다짐하는 회사나 사회단체에서도 우리 구성원들은 모든 '한 가족'이고 '한 식구'라는 상징어로 결속을 다짐한다.

그리하여 전국적인 규모를 갖는 대기업이나 공공 기관도 집단의 생산성과 친목을 강화하기 위하여 매일같이 그 구성원들이 외부의 다른 집단과 구별되는 한솥밥의 '한집안'이라고 감싼다.

또한 공동의 독립된 목표를 추구하는 지적·종교적 집단도 '한집안(一家)'을 이루고 여타의 유사 집단과 스스로를 구별한다. 그러기에 부처님의 사상과 그 추앙하는 사람들을 우리는 흔히 '불가(佛家)'라 하고 유교 사상이나 그 숭배자를 '유가(儒家)'라고 한다.

물론, 같은 유파 안에서도 어떤 탁월한 사람이 별도의 독립된 사상이나 주장을 확립하여 추종자를 규합할 때 우리는 그가 별도로 일가(一家)를 이루었다고 말한다. 만약 이러한 일가의 한 구성원이 '가문'의 원칙과 어긋나는 언행을 계속할 경우, 그는 그 일가로부터 축출(파문)당하게 된다. 이처럼 집은 사람들 간의 차이를 나타내는 표식이 된다.

하지만 집이 사람들 간에 구별 짓기를 하는 가장 일상적인 모습은 집이 드러내는 외형적 측면이다. 유사 이래로 사회적 불평등은 경제적 불평등에서 첨예하게 나타났다. 그 경제적 불평등은 일상생활에서의 의·식·주의 차이로 확인된다. 그중에서 가장 비중이 크고 쉽게 판별할 수 있는 것이 거주하고 있는 집이다. 가난한 자가 고대광실의 주택을 소유할 수는 없다. 예부터 부자 동네와 가난한 동네가 공간적으로 구별될 뿐만 아니라 그들 간의 사회적 교제는 극히 제한된다.

오늘날에도 대중적 주거 단지라 하는 아파트 지역도 상류층이 밀집한 명품 아파트 단지와 일반 중산층의 아파트 단지는 선명하게 구별된다. 더욱이 같은 아파트 단지 안에서도 평수가 비슷한 집들끼리 반상회를 비롯한 사회적 교제가 이루어지는 것이 일반적이다. 예부터 유유상종이라는 말이 있지만 이 끼리끼리의 교류는 주거 생활을 상징하는 '집'을 둘러싸고 가장 쉽게 이루어진다.

3) 집은 인간을 자연적 '생존'에서 문화적 '생활'로 이행시킨다

모든 군집생활을 하는 동물들은 그들이 모여 사는 보금자리에서 태어나고 성장한다. 인간도 마찬가지다. 신생아는 태어나는 순간부터 일정한 장소에서 양육된다. 대개의 경우 태어난 장소와 길러지는 곳이 친부모들이 사는 집이지만 친부모가 양육할 수 없는 신생아는 복지시설이나 양부모에 의해 양육된다. 그 어느 경우에도 신생아는 아직 온전한 사람 구실을 할 수 없는 생물 유기체에 불과하다. 그러기에 갓 태어난 손자의 배냇짓에 마냥 기쁘기만 한 할머니도 '요게 언제 커서 사람 되겠나'고 하신다.

신생아가 아무리 유복한 집에서 태어났다고 해도 바로 멋진 사회 구성원이 되는 것은 아니다. 어른이 되기까지 오랜 사회화의 과정을 거쳐야만 비로소 그 사회에 적응할 수 있는 '사람'이 된다. 집은 이 사회화의 첫 번째 대행자이면서 원초적인 바탕이 된다.

'세 살 버릇 여든 간다'는 속담이 있다. 이는 초기 사회화의 경험이 개인의 인격(personality) 형성은 물론 그 후의 삶에 지속적인 영향을 미친다는 것을 압축한 사회학적 언명이라 할 수 있다. 이 초기 사회화에 '집'이 중심적 역할을 한다. 집의 물리적 공간은 물론 집에 함께 살고 있는 구성원들과의 커뮤니케이션 경험이 개인을 '문화인'으로 성장시킨다.

가족이 전체 사회의 문화와 생활양식을 신생아로 하여금 체득하게 하는 원초적 대행자라는 사실은 '집'의 중요성을 새삼 부각시킨다. 이 집에서 아이는 우선 유기체의 생존에 필수적인 영양을 제공받을 뿐 아니라 바깥의 인간 사회에서 앞으로 어떻게 살아가야 하는지에 대한 기초적인 생활 방식을 내면화하게 되는 것이다.

우리는 들판에서 야생마로 아무렇게 자라는 것이 아니라 이처럼 특정한 집에서 때로는 '채찍'으로 때로는 격려와 칭찬으로 '가정교육'을 받으며 길러진다. 이 과정에서 우리는 지적 성장은 물론, 심미적 감성이나 도덕적 통제에 관한 가장 기본적이고 포괄적인 관념을 습득하게 된다. 이러한 사회화 과정은 대개의 경우 별 무리 없이 진행되지만 때로 상당한 굴절과 좌절이 수반될 수 있다. 이른바 '문제아'의 발생 배경은 여기서 비롯된다. 성인이 되어서도 이러한 왜곡의 흔적이 일상의 각종 사회생활에서 교정되지 않고 드러날 때 그 개인은 흔히 '본데없이 자랐다'거나 '무식하게 자랐다'는 평가를 받게 된다. 이처럼 '집'은 구성원들의 지적·규범적 태도는 물론 심미적 취향을 형성하는 태반이 된다.

그러나 우리는 평생 한 집에서만 살지 않는다. 어릴 때 태어난 집에서 성장한 후 결혼을 하면서 배우자의 집에 시집이나 장가를 가게 되고 그 과정에서 자기 부부의 독자적인 집을 마련한다. 우리는 양가 집안의 (물질적·정신적) 가풍을 바탕으로 자기들 고유의 집을 경제적 형편에 맞게 그리고 각자의 취향에 맞게 설계하고 구성해나간다.

개인이 성장해서 자기 독자의 '집'을 만들어가는 데 있어서 결혼만 영향을 미치는 것은 아니다. 개인이 생활의 모델이나 기준으로 삼는 중요한 '준거집단(교회나 절집, 또는 대안적 공동체 등)' 자체가 자기 고유의 '집'을 설계하는 데 결정적인 요인이 될 수 있다.

이처럼 집은 인간을 자연적 '생존'에서 문화적 '생활'로 이행시킨다.

4. 변화하는 삶, 다양한 집

집은 일상생활을 담는 그릇이다. 따라서 생활이 바뀌면 집도 달라지기 마련이다. 인류가 자연과 온몸으로 부딪치며 살아가야 했던 원시시대의 집이 현대의 주거 공간과 다를 수밖에 없다는 것은 누구나 쉽게 생각할 수 있다. 자연사 박물관에 재현된 고대인의 주거 형태가 이를 잘 반영하고 있다.

집은 이처럼 먼저 자연적 조건에 의해 크게 제약된다. 사막에서 생활하는 사람들의 집과 열대우림 지대에 살고 있는 사람들의 집, 극한의 추위를 피해야 하는 에스키모의 집이 다른 것은 극단적으로 차이가 나는 기후 조건 때문이다. 기후가 비슷해도 다른 자연적 조건 때문에 주거 형태가 달라지는 경우도 많다. 같은 온대 지방에도 산악이나 강, 바다, 평지에 따라 사람들이 사는 집의 형태가 다르다.

그러나 집의 외형적 형태나 그 속의 정서적 분위기를 결정하는 가장 직접적인 요인은 무엇보다 크게는 전체 사회가 어떤 생산 활동에 의존하느냐 하는 문제이며 작게는 집의 가장이 어떤 직업이나 가업에 종사하느냐 하는 문제라고 볼 수 있다.

일반적으로 농촌의 집은 대부분 농사 활동에 필요한 농기구와 가축을 위한 공간이나 수확한 농산물을 처리하기에 필요한 최소한의 공간이 집 안이나 집 주위에 마련된다. 비를 피해야 하는 곡식 창고가 집 안에 있어야 하고 길쌈을 메거나 베틀을 놓아야 하는 방은 언제나 주부들이 거처하는 안방 가까이 배치된다. 이른바 부엌 1칸 방 2칸의 초가삼간은 가장 소박한 농민들의 주거 형태였지만 그 배치도 지방에 따라, 또한 규모가 커짐에 따라 일자형, 'ㄱ' 자형, 'ㄷ' 자형 등으로 변형되었다. 집의 식구 수가 늘면 안채와 사랑채가 안마당을 사이로 두고 마주보며 세워지고 그 양쪽에 곳간이나 방앗간, 외양간이나 창고 등 기본 공간들이 배치된다.

어촌의 집은 농촌의 집보다 넓지 않고 바람을 피하기 위해 나지막하게 지어진다. 산촌의 집은 대부분 띠로 지붕을 이고 공간 또한 일반 농가보다 좁다.

이른바 농업이든 어업이든 일차산업이 주종을 이루는 사회에서는 자연과의 힘겨운 작업을 통해 물자를 생산해야 하기 때문에 집의 구조 또한 생산 활동에 필요하게 구성되어야 하고 식구들의 식사와 안식을 위한 최소한의 일상적 공간이 전부라 해도 과언이 아니다.

그러나 이러한 일차산업의 생산 활동은 개별 핵가족의 노력만으로 이루어지는 것이 아니라 대부분 확대 가족이나 촌락 공동체와의 긴밀한 협업에 의하지 않고는 소기의 목적을 달성할 수 없다. 그렇기 때문에 예전 농촌이나 어촌의 집은 언제나 이웃과 거리낌 없는 왕래를 위해 열려 있다. 도시처럼 꽉 막힌 대문과 담벼락 대신에 대문은 잠기지 않고 담장도 허술하여 안마당이 다 드러난다. 이웃집 살림살이 형편은 물론 일상사 태반이 모두에게 다 공개되어 그야말로 그 집의 부엌에 숟가락이 몇 개인지도 다 알 수 있을 만큼 '투명한' 사회다.

이러한 공동체에서 개인의 집은 일과의 대부분을 차지하는 힘든 노동과 필수적인 휴식을 하기 위한 공간에 불과하다고 해도 지나치지 않다. 식구들끼리 내밀한 정담도 쏟아지는 잠에 쓰러지고 아침이 밝자마자 다시 일터로 나가야 한다. 이들이 여가를 즐길 수 있는 경우는 농한기에 마을 전체가 축제로 함께 일손을 놓을 때에 한정된다. 이때 마을의 집들은 비로소 생산에서 벗어나 놀이와 여가의 공간으로 잠시 변용된다.

물론, 이러한 사회에서도 일반 서민의 집과 지배층의 가옥은 현격한 차이를 나타낸다. 지배층의 가옥에는 생산 활동과 직접 관련된 공간이 거의 없다. 생산물을 보관하기 위한 창고는 집 안 깊숙이 마련되어 있지만 생산물을 거둬들이는 작업 공간은 거주 공간과 엄격하게 분리된다. 그 대신에 공동체나 국가의 일을 의논하기 위한 사랑채의 비중이 상대적으로 더 커진다. 자녀들을 위한 독립된 공간이 마련되기도 한다.

거칠게 말해, 근대의 주거 공간은 산업혁명 이후 급속하게 진행된 도시화와 산업화에 의해 결정적인 변모를 겪었다고 해도 지나치지 않다. 공장제 생산이 사회 전체로 확대되면서 본격화된 산업화는 노동인구를 도시로 집중시키면서 일상생활에 혁명적인 변화를 가져왔다. 그것은 먼저 공장이라는 일터와 숙소의 분리로 시작하지만 끝내는 우후죽순처럼 밀집된 노동자들의 집단 거주지를 비롯해 전체 도시의 계획적 개발로 이어졌다. 그리고 이것은 필연적으로 도시로 하여금 새로운 공간을 만들어내거나 기존의 공간을 새롭게 조정하게 만들었다.

자본주의와 산업화의 발전은 기존의 농촌 사회와 다른 도시형 주택들을 양산해낼 수밖에 없었다. 경제적으로 여유가 있는 기존의 상류층은 여전히 대저택을 소유할 수 있었지만 신흥 부르주아들은 도심의 고급 아파트를 선택하면서 자신의 부와 경제적 여유를 과시할 수 있게 되었다. 이에 반해 대다수의 서민들은 공장과 가까운 집단 거주지나 변두리의 서민용 아파트에 둥지를 틀었다. 행정 당국의 도시재개발계획은 이렇게 도시 전체의 공간을 재구성함으로써 일터와 공공기관과 숙소의 효율적 공간 배치는 물론, 주거 지역에서도 계층적 분화를 가속화했다.

한편, 산업화와 도시화가 확산되면서 사회 구성원들의 일상생활은 급격한 변화를 겪게 된다. 농촌인구의 도시로의 이주는 무엇보다 기존의 친족 관계를 약화했다. 다시 말해 그것은 전통의 친족 중심의 생활보다 핵가족과 개인주의적 생활 방식을 촉진시켰다. 그리고 이러한 생활 방식은 가옥의 공간 구성에서도 각자의 프라이버시가 최대한 보장되는 형태로 바뀌었다.

더욱이 산업화는 일과 휴식을 더욱 분명하게 분리함으로써 집은 생산적 활동과는 구분되는 안식과 소비의 상징적 공간으로 탈바꿈하게 됐다. 그리하여 작업장의 스트레스와 노동 소외가 심화될수록 "내 쉴 곳은 작은 집 내 집뿐"일 수밖에 없다.

이처럼 집이 생산 현장과 분리되는 독립된 사적 안식처로 자리 잡는 것은 산업화가 진행될수록 더욱 정교화된다. 그것은 근대 이후 대부분의 근로자들이 생산 노동에서 자기실현보다 각종의 자기소외를 경험하는 일이 더 보편화되고 일상화되는 과정과 밀접한 관계를 갖는다. 또한 바깥 세상의 공식적인 활동이 평준화되고 조직화되면 될수록 개인의 자유와 정체성은 사적 영역에서밖에 추구되지 못한다. 이리하여 집과 가정은 개인이 자기 실존을 확인하는 가장 손쉽고 오래된 상징적 영역으로 부상하게 된다.

프랑스 혁명에서 공식적으로 확립된 개인주의적 원리-개인의 생명과 재산은 국가라도 함부로 침해하지 못한다-는 일상의 영역에서는 이러한 '스위트 홈'주의로 완성되는 것이었다.

따라서 집은 더 이상 생산이나 비즈니스와 아무런 관련이 없는 오직 정서적 휴식 공간이며, 바깥세상의 무대로 나아가기 위한 무대의 뒷면이고, 자기를 숨기는 은신처가 된다. 집이 단순한 공간적 외양을 넘어 각자의 얼굴처럼 다양해질 수밖에 없는 이유가 여기에 있다.

5. 현대 한국 사회의 집

오늘날 한국 사회에서 집은 어떤 일상적 의미와 위상을 갖는 것일까. 이에 대한 대답은 관점에 따라 매우 다양한 형태로 나타날 수 있겠지만 우리는 다만 다음과 같은 몇 가지 점만 지적하고자 한다.

먼저, 집 장만이 갈수록 어려워진다는 점이다. 이에 대한 매스컴의 보도나 통계자료는 쉽게 접할 수 있다. 흔히들 선진국에서도 국민들이 자기 주택 보유율은 60% 정도에 지나지 않는다고 한다.

통계청 발표에 따르면 2015년의 우리나라 주택 보급률은 이미 전체 가구 수를 초과한 102.3%에 이르렀다. 그럼에도 국토교통부가 내놓은 2014년도 주거실태조사 자료를 보면 우리나라 국민의 자가주택보유율은 58%로 지난 2012년보다 0.4%포인트 줄었다. 이러한 자가보유율은 처음 주거실태조사가 시작된 지난 2006년 61%에서 2008년에는 60.9%, 2010년 60.3%, 2012년 58.4%로 지속적인 감소세를 보이고 있다. 특히 같은 기간 월수입 400만 원 이상 고소득층의 자가주택 보유 비율은 72.8%에서 77.7%로 늘어난 반면, 월수입 200만~400만 원 사이 중소득층은 56.8%에서 56.4%로, 월수입 200만 원 미만 저소득층은 52.9%에서 50%로 각각 줄면서 주거 양극화가 심화되고 있는 것으로 나타났다 (≪머니투데이≫, 2015.1.22).

한국에서 서민들이 자기 집을 보유한다는 것이 얼마나 지난한가는 집 장만에 소요되는 기간만 봐도 알 수 있다. 어떤 통계는 한국에서는 결혼 후 최소한 9년이 지나야 자기 집을 가질 수 있다고 하는가 하면, 부동산정보업체가 통계청의 발표 수치를 바탕으로 계산한 또 다른 예측으로는 월급 340만 원 중산층 이상의 월급 생활자가 서울 강남 33평, 시가 4억여 원대의 자기 집을 장만하는 데 소요되는 기간이 무려 11년이라는 신문기사도 있었다.

그러나 이런 공식적인 통계가 실제와는 너무나 큰 차이가 있다는 지적은 부지기수이다. 그중에 어떤 네티즌은 이런 통계가 '참 뭣 같은' 것이라며 자기가 아는 월급 300만 원의 어느 근로자는 24평의 빌라(3000여 만

원)를 자기 집으로 장만하는 데 걸린 시간이 무려 20여 년이라고 했다.

이같이 우리 사회에서 자기 집 마련이 어려운 것은 정부 당국의 정책 부재가 야기한 천정부지의 부동산 가격에 그 일차적 원인이 있지만 '내 집' 소유에 대한 우리 국민의 남다른 집착과도 밀접한 관련이 있다.

내 집 소유에 대한 이러한 욕구가 실현되기 위해서는 수많은 세월이 흘러야 하지만 그동안에도 내 공간에 대한 애착은 해소되지 않고 내연된 다. 이럴 경우, 전셋집에 살아도 자가용은 필수품처럼 구입된다. 그것은 단순히 교통수단이나 이른바 지위의 상징에 그치는 것이 아니다. 자기 집을 갖지 못한 사람들에게 자가용차는 무엇보다 분명한 '움직이는 내 집' 일 수 있기 때문이다.

한편, 현대 한국에서의 집은 단순한 안식처로서의 의미만을 갖는 것은 아니다. 그것은 미래를 위한 가장 일반적인 '재테크'의 수단으로 사용되어왔다. 근래 정부 고위 공직자의 임명을 위한 청문회에서는 언제나 임명 대상자의 부동산 투기 의혹에 대한 해명이 가장 중요한 절차 중의 하나였다. 심지어 어떤 임명 대상자는 한국사람 중에 바보가 아니면 아파트 전매나 토지 투기로 재산 증식을 안 한 사람이 어디 있겠냐고 반문하기까지 했다. 집의 구매가 더 이상 종전과 같은 효율적인 재테크의 수단이 될 수 없다고 하는 주장이 공공연히 제기되는데도 집은 단순한 보금자리를 넘어 투자 가치로 평가되는 경향이 여전히 강하게 남아 있다.

또한, 현대 한국 사회의 집은 실제적인 사용가치보다 과시적인 지위 상징의 의미를 더 가질 때가 많다. 어느 나라든 상류층과 하류층의 주거 양식에는 현격한 차이가 있기 마련이다. 그러나 한국의 경우 전통적인 체면 의식과 상승작용 한 과시적 소비는 가옥의 보유 형태에서 적나라하게 나타난다. 한국인처럼 고층 아파트를 선호하는 국민들도 드물지만 가족 수에 비해 과도하게 큰 규모의 아파트를 보유하고 있는 경우도 흔치 않다.

자기 집에 대한 강한 애착과 남에게 과시하려는 욕구로 인해 주거 공간의 내부 구성에서도 외래 방문객을 의식한 고가의 가구 설치나 실내 디자인이 거리낌 없이 행해진다. 이러한 사정은 집이 중요한 상품으로 매매되는 부동산 산업의 동태와 연관되어 더욱 심화되는 경향마저 보인다.

마지막으로, 우리는 오늘날 우리 사회에서 집의 상당수가 더 이상 종전과 같은 '스위트 홈'의 공간을 이루고 있지 않다는 점에 주목한다. 이것은 비단 증가하는 가족 해체에 의한 것만은 아니다. 그것은 오히려 우리의 일상생활 전 과정이 유례가 없을 정도로 집 밖에서 이루어지고 집 밖으로 쓸려 나오는 현상의 필연적 결과이다.

집을 지키는 전업주부의 숫자는 갈수록 줄어들고 있지만, 전업주부의 집에서도 하루 중 상당 시간 집이 비어 있는 경우가 많다. 자녀들도 어린이집에 다닐 때부터 집에서 지내는 시간이 줄어들기 시작하여 초등학교를 거쳐 상급학교로 진학하면서 가정 내에 머무는 시간은 현격하게 감소한다. 그 결과 가족 구성원들이 함께 식사를 하거나 여가 시간을 공유하기가 매우 힘들게 된다.

가족 구성원들은 각자 자기의 필요에 따라 집의 주어진 공간을 점유하고 사용한다. 가족 전체가 자리를 함께하는 경우는 드물어 가족의 기념일과 같은 특별한 날로 점차 한정되는 경향을 보인다. 대화는 휴대전화에 의한 개별적 접촉으로 이뤄진다. 점차 '집 전화'도 사라지고 있다. 그리하여 집은 비어 있다.

6. 맺는말: 열린 집, 닫힌 집

사람은 어머니의 아기집에서 나와 세상의 집으로 들어가면서 삶을 시작한다.

우리가 살아간다는 것은 이처럼 이전의 집에서 또 다른 집으로 이행하는 과정이라고 해도 과언이 아니다. 특정한 집에서 태어난 신생아는 그 집의 공간과 분위기 속에서 성장하면서 자아가 형성된다. 그러다 성인이 되면 분가해서 자기만의 공간을 가지게 된다. 부모로부터 독립한다는 것은 부모의 보호에서 벗어나서 자기 스스로 삶을 꾸려간다는 것을 말하지만, 그것은 자기 고유의 생활공간을 확보함으로써 가시화된다.

따라서 집은 개인이 생물 유기체로 태어나 기존의 문화를 습득하면서 '내'가 형성되는 삶의 그루터기라 할 수 있다. 그렇기에, 그것은 개인이 바깥세상을 향해 나아가는 교두보이며 기항지다. 이렇게 볼 때 한 개인이 평생 한 집단에 소속하지 않고 수많은 준거집단을 거치면서 살아가듯이 어느 누구도 한 집에 계속 머무르지는 않는다. 평생 한 집안에 소속해 사는 경우에도 물리적 공간의 집을 이사하거나 고치지 않는 경우는 없다.

우리가 사는 과정이 하나의 집에서 또 다른 집으로의 이행으로 이어지다 종국에는 영원히 잠들 무덤인 '유택'에서 끝이 난다면 집에 대한 보다 포괄적이고 입체적인 조망과 인식이 필요하게 된다. 우리는 그중에 적어도 다음과 같은 몇 가지 점은 천착할 수 있어야 한다고 생각한다.

첫째, 집은 모든 생명체에 공통적으로 존재하는 삶의 보금자리라는 기본적 사실이다. 사람이 집을 마련한다는 것은 삶의 터전을 확보하기 위한 본능의 발로라 해도 지나치지 않다. 새가 둥지를 트는 것이 자연의 섭리이듯이 사람들이 자기가 살 집을 장만한다는 것은 아기집에서 유리되어 나온 인간 유기체가 생존하기 위한 필수적 조건이다. 집은 또한 인간이 유적 존재로 생활하기 위한 기초적 전제가 된다. 따라서 주거 공간의 확보는 인간이 동물과 구분되는 인간다운 삶을 살기 위한 최소한의 기본 권에 속한다.

둘째, 그럼에도 현실에서는 아직도 집은 희소가치의 상징이 되어 있다. 선진국의 많은 나라에서도 자기 집을 보유한 가구 수는 전체의 65% 정도에 불과하고, 우리나라도 40% 이상의 가구가 자기 집을 갖지 못하는 실정이다. 집은 삶의 둥지임에도 현실에서는 가장 효율적인 재테크의 수단으로 상품화되고 전매되어왔다. 서민들의 자기 집 마련에 얽힌 애환은 물론 부동산 투기가 한국 사회의 가장 고질적인 병폐로 지적되지만 '주거 공간'을 둘러싼 경제적 불평등은 해소되기는커녕 더 심화되는 경향마저 보인다. 그리하여 집은 삶의 터전이기보다 수시로 전매됨으로써 그 가치 가 증식되는 상품의 의미를 더 갖게 되었다.

셋째, 우리나라의 경우, 전체 주택 보급률은 100%가 넘고 2017년 현재에도 미분양 아파트가 수없이 많다. 이처럼 집은 넘쳐나는데도 정작 자기 집을 소유하지 않은 가구가 늘어나고 있는 실정이다. 더욱이 집을 보유하고 있든 남의 집을 빌려 살고 있든 넘쳐나는 가옥에 비해 '안식처 로서의 집'이 부재하는 경우가 너무나 많다. 최근 1인 가구가 폭증하고 '기러기 가족'을 비롯해 '주말부부' 등이 늘어가면서 가족 전체가 한 공간 에서 얼굴을 맞대고 사는 경우는 점차 줄어들고 있다. 아울러 아파트의 칸막이 공간 구성은 가족들의 친밀한 대화를 막는 장애가 될 때가 많다.

넷째, 집이 개인적 삶의 보금자리이고 둥지이지만, 바로 그러한 특성 때문에 집은 가장 밀폐된 '우리 집단'의 원형이 된다. 인간의 자기중심적 사고가 남과 구별된 몸에서 출발한다면 '우리' 몸의 외연인 '집'은 자기 집 단 중심주의의 원형이라 할 수 있다. 어린이는 자라면서 집을 통해 우리 식구와 남을 구별한다. 사회의 모든 집단과 분파들은 그 구성원들을 자기 집 식구로 간주하고 우리는 '패밀리'라고 다짐한다. 학문이나 예술은 물론 종교 분야에서도 독자적인 집단이나 주장을 강조할 때는 언제나 '일가(一家)'를 이루었다고 말한다.

다섯째, 기존의 집이나 일가는 구성원들의 삶의 터전이기도 하지만 닫힌 세계이며 질곡일 수 있다. 자유와 새로운 삶의 방식을 추구하는 사람은 이 닫힌 가문에서 탈출할 수밖에 없다. 그리하여 집은 사춘기의 젊은 이에게는 '가출'의 근거가 되고 뜻을 세운 성인들에게는 '출가'의 기점이 된다. 어찌하여 인류의 정신적 선각자들은 모두 하나같이 '집'과 가정을 버리고 유랑하지 않으면 안 되었는가. 그들은 모두 자기가 태어나 자란 '옛집'을 버리고 궁극적 가치가 실현되는 '새 집'을 지으려 했다. 실제로 불교와 쌍벽을 이루면서 불교보다 더 금욕적인 인도의 자이나교도들은 일정한 나이가 되면 평생 살아온 가정과 집을 나와 노후를 마감하는 순례자의 길을 떠난다. 그뿐만 아니라 일찍이 예수도 "하나님 나라 때문에 집이나 아내나 형제나 부모나 자식을 버린 사람은 현시대에 더 많이 돌려받을 것이다. 그리고 오는 시대에는 그 시대에 속한 생명을 받을 것이다"(누가복음, 18장 29~30절)라고 말했다.

여섯째, 사람이 남과 더불어 살면서 행복과 자유를 추구하는 존재라면 개인이 일상적으로 사는 집의 공간이나 분위기도 이러한 목적을 실현할 수 있게 재구성될 필요가 있다. 사람이 집을 이고 앉아 집 지킴이가 되지 않고 남과 더불어 살면서도 자기의 자유를 실현할 수 있도록 자기의 주거 공간이 바깥으로 열려 있어야 한다. 인간이 '아기집'에서 태어나 종래는 마지막 '유택'인 무덤을 통해 우주로 '돌아가는' 것이 누구나가 거치는 생애 과정이라는 사실을 성찰할 필요가 있다. 우주(宇宙)라는 글자 자체가 '집 宇, 집 宙'로 읽히어 우주 전체가 커다란 '집'을 상징한다는 사실을 음미해봐야 한다. 이럴 때 비로소 우리는 개인이 자기의 둥지에 외톨이로 갇혀 있지 않고 이웃과의 조화로운 연대를 통해 스스로를 확대하면서 자기 고유의 영혼과 자유를 찾아갈 수 있게 되는 것이다.

참고문헌

단행본
라이트, 톰. 2011. 『모든 사람을 위한 누가복음』. 이철민 옮김. 한국기독학생회출판부.
통계청. 2014. 『한국의 사회지표』(2013).

신문·잡지·방송·인터넷 및 기타 자료
≪머니투데이≫. 2015.1.22. "'자가주택 보유율'도 소득계층간 양극화 확대".

현대 주택과 일상생활의 변화

우신구 | 부산대학교 건축학과 교수

1. 근대 주거: 농부의 집으로부터 노동자의 집으로

  인간은 집에서 태어나, 자라고, 교육받고, 결혼하고, 자식을 낳고, 그리고 죽음을 맞이한다. 과거에는 자기가 태어난 집에서 평생을 살다가 그곳에서 죽음을 맞이하는 경우가 거의 대부분이었다. 집은 일상적인 생활뿐만 아니라 인생의 전환기적 사건들도 넉넉히 수용할 수 있는 여지를 가지고 있었다. 그뿐만 아니라 하루 중 대부분의 시간도 집이나 집에서 가까운 주변에서 보냈다. 그만큼 집은 우리가 가장 많은 시간을 보내는 공간이었다. 어떻게 보면 집은 인간에게 하나의 세계였는지도 모른다.

  수천 년 동안 지속해왔던 인간의 삶과 주거와의 관계는 최근 200여 년 사이에 크게 변화했다. 이제 자기가 태어난 집에서 평생을 사는 사람은 거의 없다. 집에서 보내는 시간보다 학교나 회사에서 보내는 시간이 더 많다. 200여 년 사이에 주거에 무슨 일이 있었던 것일까?

우리가 살고 있는 현대사회는 산업혁명과 함께 찾아온 것이다. 산업혁명은 우리가 살고 있는 물질세계의 모습을 송두리째 바꾸어놓았다. 물질적인 모습만 바뀐 것이 아니라 사람들이 살아가는 생활 방식도 완전히 바뀌었다. 산업혁명 이전, 대부분의 사람들은 농업에 종사했다. 산업혁명이 일어나자 기계가 가동되는 대규모 공장들이 출현했고 농부들은 땅과 결합되어 있던 농촌의 집을 떠나 대도시의 공장에서 일하기 시작했다. 농부의 삶이 공장 노동자의 삶으로 바뀐 것이다. 고향을 떠나 이 도시 저 도시를 이동하면서 공장에서 일하는 노동자의 가족은 대가족의 형태를 취할 수 없다. 언제든 쉽게 이동할 수 있는 핵가족이 된다.

농부는 하루하루의 일상보다는 1년의 절기에 맞춰 생활한다. 봄에 씨를 뿌리고, 여름까지 열심히 일하면, 가을에 추수하고, 겨울에는 휴식을 취한다. 절기에 따라 내용이 달라지는 농부의 생활로 인해 주거에서의 일상생활도 계절에 따라 변한다. 그에 반해 공장 노동자는 하루하루의 일상을 반복한다. 절기에 상관없이 아침이면 정해진 시간에 집을 나와 공장을 향해 모두 이동한다. 찰리 채플린이 영화 〈모던타임스〉에서 보여주었던 것처럼 컨베이어 벨트와 톱니바퀴가 돌아가는 생산 라인에서 노동자들은 정해진 시간표와 스케줄에 따라 한 치의 착오 없이 일해야 한다. 그러다가 저녁이 되면 모두 한꺼번에 아침 동선의 반대 방향을 따라 집으로 돌아간다. 아침 출근과 저녁 퇴근이라는 생활 주기는 휴일을 제외하고 일 년 내내 은퇴할 때까지 반복하며 지속한다.

농부가 노동자로 바뀌고 아침부터 저녁까지 집을 떠나 공장이나 회사에서 일하면서, 집에서 일어나는 생활 중에 작업이 배제되어버렸다. 근대 주택에서 배제된 것은 작업만이 아니다. 집안에서 이루어졌던 교육은 근대적 교육 시설인 학교에서 담당한다. 아픈 사람은 집에서 치료하는 대

■ 소비에트의 돔 코뮤나

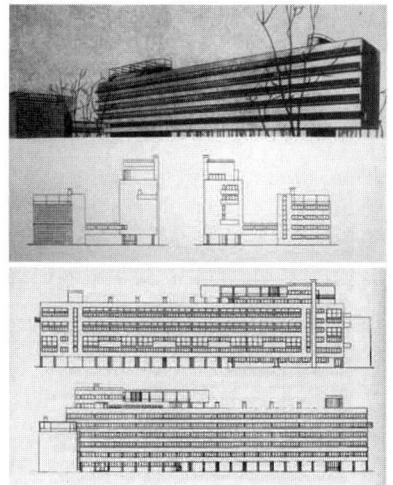

신, 병원에 입원하여 치료를 받는다. 요즘에는 아이가 태어나는 장소도 집이 아니고, 사람이 늙으면 집에서 나와 병원이나 요양소에서 보살핌을 받다 죽음을 맞이하는 경우가 많아지고 있다.

이처럼 농부가 노동자들로 변화하는 근대 이후, 주거는 식사와 휴식 그리고 수면과 같이 순수하게 사적인 생활(private life)을 위한 공간으로 축소되었으며, 이러한 주택을 근대의 '전용 주택'이라고 부른다. 근대 전용 주택은 노동자들이 퇴근하여 귀가한 이후부터 다음 날 아침 출근할 때까지 생활하는 공간이다.

근대 주택은 근대 사회가 요구하는 일상생활의 변화를 수동적으로 수용한 것이 아니라 때로는 적극적으로 인간의 일상을 바꾸는 기계로서의 역할이 부여되기도 했다. 20세기 초, 공산 혁명에 성공한 소비에트는 노동자가 주인이 되는 국가를 실현하기를 원했다. 공업과 과학에 대한 소비에트의 강력한 드라이브 정책은 농업 사회를 산업 사회로 바꾸려는 노력이었다. 그러나 인민들은 여전히 과거 농부의 삶에 익숙해 있었고, 미신을 믿었고, 술과 놀이에 열중했다. 소비에트 당국은 주거가 전근대의 농부를 근대 노동자로 바꿀 수 있다고 보았고, 새로운 노동자를 위한 주거를 개발했다. 그것이 러시아 구성주의 건축가들이 고안해낸 새로운 집합 주택, 돔 코뮤나(Dom Kommuna)였다. 그들은 그 주택을 새로운 사회를 만들어내는 기계, 즉 사회적 응축기라고 여겼다.

하지만 구성주의 건축가들의 사회적 응축기 실험은 성공을 거두지 못했다. 수백 년을 지속해온 사람들의 생활 방식을 한순간에 송두리째 바꾼다는 것은 쉬운 일이 아니었던 것이다. 지속성을 가진 생활문화와 권력에 의해 강요된 일상 사이에 깊은 간격이 놓여 있었기 때문이다.

2. 우리나라 근대 주거의 변화: 도시형 한옥에서 타워팰리스까지

1) 일제강점기와 도시 주거의 등장

산업혁명의 세례를 늦게 받은 우리나라는 1876년 개항 이후 외국인들이 조계지에 들어오면서 근대 주택을 가까이에서 접하기 시작했다. 일제강점기에는 수탈 정책으로 농촌을 떠난 이농민들이 서울을 비롯하여 부산, 인천, 목포 등의 도시로 모여들면서 도시화가 급격하게 진행되었다.[1] 1934년 제정된 '조선 시가지계획령'은 급격한 도시화에 대응해 건축선과 부지, 건폐율, 도로의 관계, 주거의 위생 및 보안, 방화 등 주택에 관련된

---

1) 도시 인구의 비율은 1925년 4.4%, 1930년에는 5.6%, 1935년에는 7.0%, 1940년에는 11.6%로 급증했다(김용범, 2001: 29~30).

■ 도시형 한옥 밀집 지역

사항을 시행규칙으로 규정했다. 1937년부터 시행된 토지구획정리사업은 도시 내의 심각한 주택문제를 해결하기 위해 도입되었으며 근대적인 수법에 따라 대규모 주거 단지들을 조성했다. 이 단지들에는 격자형의 가로망을 따라 일정한 크기로 분할된 필지들이 빼곡히 들어서 근대 도시의 성격을 갖는 주거지역이 형성되었다.

도시화는 필연적으로 주택 수요를 급증시켰고 주택 건축업자들이 대거 등장하여 대규모의 토지나 미개발지를 개발하여 도시 주거를 짓기 시작했다. 그 이전까지는 주문에 의해 지어지는 주문 상품이었던 주택이 처음으로 기성 제품으로서 시장에서 팔리는 상품이 되었던 것이다(박철진, 2002: 34~43).

이 시기 서울에는 도시형 한옥이라는 새로운 형식의 주거가 집중적으로 지어졌다. 도시형 한옥은 조선시대 중류 계층의 전통 주택을 모체로 도시 생활의 실용성을 추구했다. 밀도가 높은 도시의 특성상, 좁은 필지와 정형적인 가로 체계에 적합하도록 작은 중정을 가운데 두고 그 주변을 건물이 둘러싸는 형태로 정형화되었다.[2] 과거보다 마당의 면적이 크게

---

2) 이러한 도시형 한옥은 1960년대까지 도시 주거의 중요한 유형으로 지속되었으나

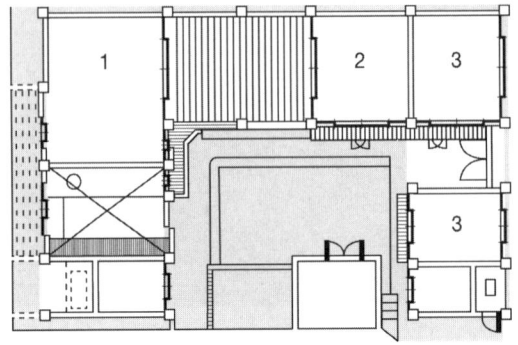

■ 도시형 한옥의 평면

줄었고, 마당의 종류 또한 적어졌다. 도시 주거에서는 마당과 같은 외부 공간을 필요로 하는 생활이 적어졌기 때문일 것이다. 크기는 줄었지만 좁은 주택의 한가운데에 자리 잡은 마당은 동선의 중심이며 가족 생활의 중심 공간이 되었다.

도시형 한옥과 함께 일제강점기에 등장한 또 하나의 새로운 주거 형식은 영단 주택이다. 1930년대 말 도시에서의 주택난이 심각해지자 공공이 개입하여 공급하는 새로운 주거가 등장했다. 1941년 설립된 조선주택영단은 전국에 2만 호의 주택을 건설하라는 지시를 받았다. 짧은 기간 내에 주택의 대량생산을 실현하기 위해 표준 설계도를 작성하여 사업을 진행했으며, "새롭고 근대화된 생활을 유도할 참신한 설계"를 지향했다(박철수, 2005: 19). 영단 주택은 일본인 관리나 직원들을 위한 갑형(20평)과 을형(15평), 조선인 노동자와 서민들을 위한 병형(10평), 정형(8평), 무형(6평)까지 다섯 종류의 평면형을 미리 결정하고 대지의 성격과 조건에 따라 적

1970년대 이후 자재와 공법의 발달, 숙련공의 부족, 주택 관련 법규의 정비, 공동주택 건설 등의 변화로 서서히 사라졌다(김용범, 2001: 29~30).

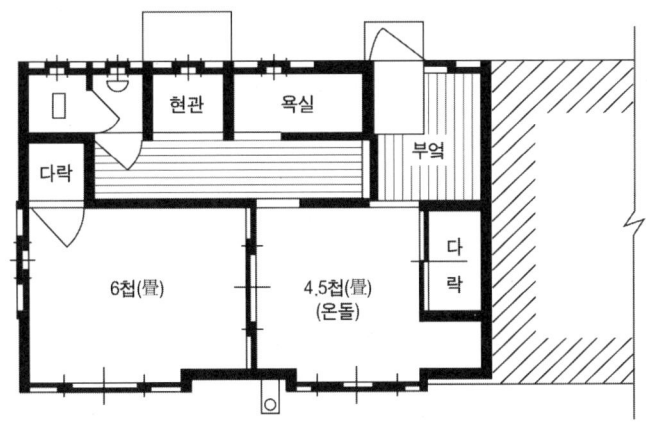

■ 영단 주택 10평형 표준 설계도

현관

욕실

부엌

다락

다락

6첩(疊)

4.5첩(疊)
(온돌)

합한 평면형이 적용되었다. 사람들은 표준화된 설계에 따라 대량 공급된 영단 주택의 유형화된 평면에 자신의 생활을 맞추어 살아야 했다.

영단 주택은 현관과 복도, 욕실과 화장실 등을 갖추고 일본식 다다미를 깐 침실이 미닫이문[후스마 또는 쇼지(障子)]으로 구획되어 있는 점에서 일본식 속복도형 주택과 유사했다(김용범, 2001: 37). 주거 내부에 생활에 필요한 모든 주거 공간을 갖춘 내부 지향적인 집중식 공간이었던 셈이다. 조선인들을 위한 10평형 영단 주택을 보면 2개의 일본식 다다미방, 화장실, 욕실, 현관, 부엌이 모두 속복도로 연결되어 있으며, 작은방에는 온돌 설비가 되어 있었다. 조선의 전통적 생활양식과 일본식 생활양식, 그리고 근대적인 생활양식이 혼재되어 있음을 알 수 있다.

조선주택영단은 해방 이후에도 존속되어 1948년 대한주택영단으로 바뀌었고, 1962년 대한주택공사로 거듭나면서 전국에 아파트를 보급하는 주역이 되었다. 즉, 영단 주택에 적용되었던 표준설계와 대량생산은 이후 아파트라는 주거의 기원을 이루는 한 축이 된 것이다(박철수, 2005: 192).

일제강점기에 근대를 경험하면서 새로운 문물에 눈뜨기 시작한 사람

▌1세대 조선인 건축가 박길룡이 제시한 문화 주택의 전형

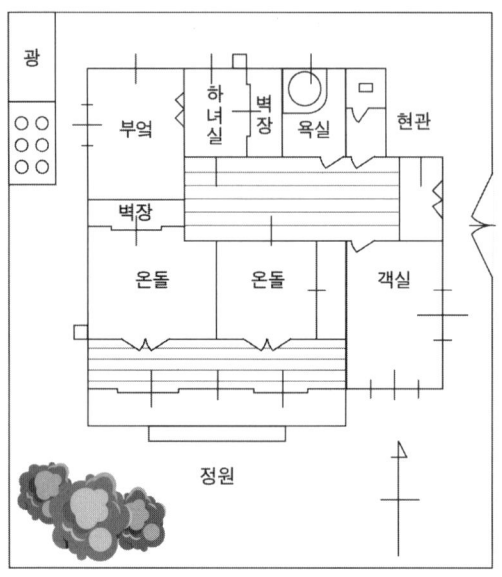

들에게 가장 이상적인 주택으로 다가선 것은 '문화 주택'이었다. 서구 문화를 일찍 접한 일본은 전통적인 주택과 생활을 근대적으로 개선하기 위해 메이지 30년대(1897~1906년)부터 생활개선운동을 통해 주택을 서양풍으로 바꾸려고 적극적으로 시도했다. 1915년 우에노 공원에서 개최된 가정박람회를 비롯하여 여러 박람회에서는 문명의 진보와 사회 변화에 맞춘 이상적인 주택의 모습을 제시했다.

　1922년 개최된 '도쿄 평화기념 박람회'에서 처음으로 소개된 문화 주택이라는 용어의 '문화'는 '전통'이라는 단어보다 한 단계 상위의 의미를 가지고 있었으며 '서양식' 혹은 화양(和洋) 절충식을 의미했다. 이러한 문화 주택은 식민지 조선에도 유사한 의미로 수용되어 조선인 상류층과 일본인들이 애용하는 주택 형식으로 자리 잡게 되었다(박철수, 2005: 190).

일본식 건축 교육을 받은 조선인 건축가들은 조선인 상류층을 위해 문화 주택이라고 부르는 고급 주택들을 짓기 시작했다. 즉, 문화 주택은 서구 지향적인 생활 문화를 담고 있는 서구적 형식을 포함한 근대적인 주택을 의미하게 된 것이다.

재래 주택을 고쳐 팔던 집장사들이나 조선주택영단 등 주택 공급자들도 홍보를 위해 자신들이 지은 주택에 문화 주택이라는 용어를 사용하기도 했다. "시아버지가 문화 주택과 피아노 한 대쯤 사주시고 그리고 남편의 월급으로 부족할 때는 춘추로 몇백 원씩 보조해줄 수 있는 가정이 좋아요"[3]라는 여학생들의 희망에서 당시 '모던 걸'들이 생각했던 이상적인 주택의 모습을 짐작할 수 있다.

2) 해방 이후의 주거 변화

1945년 광복 이후 귀환 동포의 정착과 한국전쟁 중 주택 파괴에 따라 우리나라의 주택 사정은 매우 악화되었다. 전쟁 피난민들이 모여들었던 부산에는 거의 원시 주거에 가까운 판잣집들이 난립했다. 1953년 휴전 이후, 재건(再建)은 국가 정책의 최우선 어젠다였다. 대한주택영단은 UNKRA[4]의 원조나 산업부흥국채발행기금 등을 기반으로 재건 주택, 부흥 주택, 희망 주택 등의 공영 주택을 공급했다. 이 주택들은 당시 경제적

---

3) 《별건곤》 1935년 1월 호에 서울의 모 여자고보 졸업반 학생들을 대상으로 '내가 이상하는 신랑감의 조건'에 대한 조사 내용(박철수, 2005: 191에서 재인용). 오늘날 젊은 여성들의 희망 사항과 크게 다르지 않음을 보여준다.

4) 국제연합한국재건단(United Nations Korean Reconstruction Agency)으로 1950년 12월 UN 총회의 결의에 따라 설립되어 1958년 6월까지 한국전쟁으로 인한 피해 복구를 지원한 UN의 특별임시기구였다.

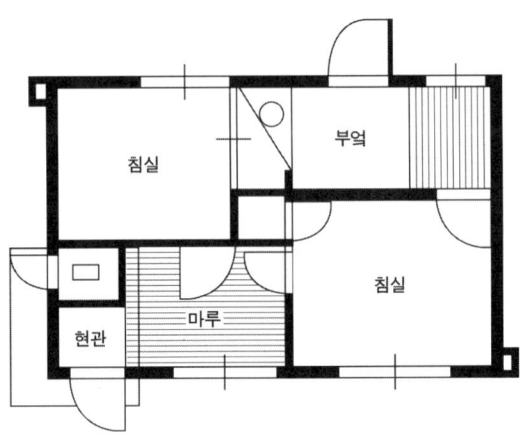

▌전후 흙벽돌집의 평면

침실

부엌

침실

현관

마루

어려움을 반영하듯 9평 규모의 전(田) 자형 평면을 가진 흙벽돌집으로서
구호적 성격을 가진 최소한의 주거에 가까웠다.

전쟁 피해를 차츰 복구하면서 1957년 이후부터 구호 주택은 차츰 생활
의 질을 확보한 영구적인 주택 건설로 바뀌었다. 대한주택영단을 중심으
로 새로운 구조와 재료가 적용된 표준형 공영 주택을 건설했는데, 그 대
표적인 사례가 국민 주택이다. 시멘트 블록과 슬레이트 지붕을 사용하여
현대적 감각을 살렸고, 생활의 향상을 위해 거실의 역할을 하는 넓은 마
루방과 욕실을 설치하여 서구적인 구성을 가졌다는 점에서 '문화 주택'이
라고 불렀다(전남일·손세관·양세화 외, 2008: 176~177).

1958년에는 보건사회부 주최로 제1회 전국 주택 설계 현상 모집을 했
는데, 그 당선작들은 이후 서민 주택 건축에 많은 영향을 주었다. 단독주
택 부문 1등 당선안은 15평형으로 중요 실들을 모두 남쪽으로 배치하고,
현관·욕실·부엌을 북쪽으로 집중시키면서 중앙에 짧은 복도를 두어 거
실이 비교적 독립적인 공간이 되도록 했다. 거실은 가로지르는 동선을
배제하는 대신, 가족들이 모일 수 있는 테이블과 소파 등을 갖추어 가족

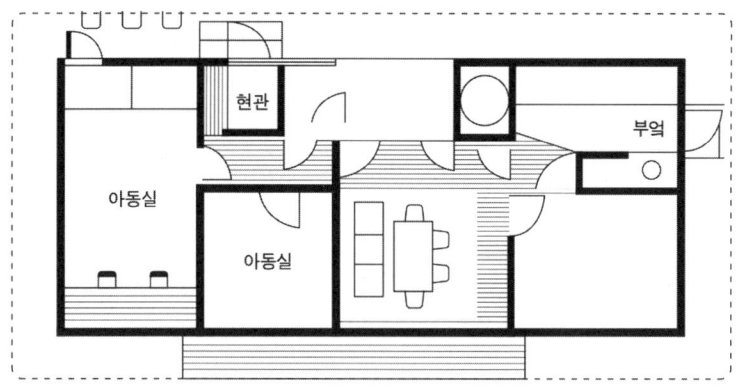

생활의 중심이 되도록 했다.

다음 해인 1959년 제2회 전국 주택 설계 현상의 설계 조건으로 제시한 주거의 모습을 보면 당시 일반적인 가족의 모습을 짐작할 수 있다. 즉, ① 가족 5인, ② 대지 40평, ③ 건평 9평(변소는 옥내에 설치함. 부속 건물은 건 평에 포함하지 않음), ④ 건설지는 서울 교외, ⑤ 풍향 서남풍으로 규정짓고 있다. 이러한 설계 조건은 당시 서민 주택들이 필지가 부족한 서울의 도 시 중심에서 벗어나 교외로 옮겨가고 있는 경향을 반영하고 있다. 또, 가 족 5인이라는 조건은 과거 대가족제도에서 탈피하여, 부부 2인과 자녀 3 인으로 구성된 부부 중심의 단혼소가족제도(單婚小家族制度), 소위 핵가족 으로 정착되는 추세를 보여주고 있다(서울특별시사편찬위원회. 1977~2006).

3) 근대화와 생활 혁명

1961년 집권한 군사정권은 1962년부터 경제개발계획을 국가적인 차 원에서 강력하게 추진했고 급속한 산업화가 진행되었다. 수많은 농촌 사람들이 일자리를 찾아 도시로 향하는 이촌향도 현상이 이어졌고 역사상 유례없는 도시화가 광범위하게 진행되었다. 이러한 급속한 도시 인구의 증가에 대응하기 위해 이전까지 단독주택 위주의 주택 공급은 공동주택 위주로 방향을 선회하게 된다. 이러한 주택정책의 변화를 상징하는 것이 1962년과 1964년에 2차에 걸쳐 완공된 마포아파트였다. 마포아파트는 6층의 I형 아파트 4동, Y형 아파트 6동을 혼합 배치한 총 642세대의 우리나라 최초의 대단위 단지였으며, 당시 일반적이었던 저층 주택들 사이에 마치 신기루처럼 솟아 있었다. 대한주택공사는 이 아파트의 건설 목적을 아래와 같이 밝혔다.

> 국민의 재건의식을 고취하고 대내외에 건설상을 과시하며 토지 이용률을 제고하는 견지에서 평면확장을 지양하고 고층화를 기도했으며, 생활양식을 간소화하고 공동생활의 습성을 향상시키는 한편 수도미화에 공헌하여 근대문명의 혜택을 국민에게 제공함으로써 대북한선전의 효과를 도모하는 데에 두었다.[5]

사적인 주거 생활의 향상에서부터 체제의 선전수단이며, 동시에 국민의식 개혁의 계기로서 다양한 역할을 아파트라는 주거에 부여했음을 알 수 있다. 이러한 생각은 단순히 사업을 추진했던 대한주택공사만의 희망이 아니라, 국가 차원에서 의도된 역할이었다. 당시 박정희 대통령은 이 아파트 준공식에 직접 참석하여 다음과 같이 치사했다.

---

[5] 대한주택공사, 『대한주택공사 20년사』(대한주택공사, 1979), 236쪽. 박철수(2005: 191)에서 재인용.

이제까지 우리나라 의식 주 생활은 너무나도 비경 제적이고 비합리적인 면이 많았음은 세인이 주지하는 바입니다. 여기에서 생활 혁명이 절실히 요청되는 소이가 있으며 현대적 시 설을 완전히 갖춘 마포아 파트의 준공은 …… 우리나

▌마포아파트[1차 Y형(1962), 2차 I형(1964)]

라 구래의 고식적이고 봉건적인 생활양식에서 탈피하여 현대적인 집단 공동생활양식을 취함으로써 경제적인 면으로나 시간적인 면으로 다대 한 절감을 가져와 …… 인구의 과도한 도시집중화는 주택난과 더불어 택지가격의 앙등을 초래하는 것이 오늘의 필연적인 추세인 만큼 이의 해결을 위해선 앞으로 공간을 이용하는 이러한 고층 아파트 주택의 건 립이 절대적으로 요청되는 바입니다. 이러한 시대적 요청에 각광을 받 고 건립된 본 아파트가 장차 입주자들의 낙원을 이룸으로써 혁명 한국 의 한 상징이 되기를 ……. 6)

돔 코뮤나7)를 기획했던 20세기 초 소비에트의 지도자들처럼 스스로

---

6) 박정희 대통령의 1964년 마포아파트 2차 준공 치사 중에서. 대한주택공사(1979: 237~238), 박철수(2005: 194)에서 재인용.
7) 제정 러시아를 붕괴시키고 사회주의 혁명을 완수한 소비에트의 지도자들이 건설한 집합주택으로 개별 주택의 부엌을 없애고 공동 부엌을 도입하는 등, 남녀 구분 없는 노동자 가족의 생활에 맞춘 주택이었다. 농민을 산업 노동자로 개혁시키는 기계와 같은 역할을 한다고 해서 사회적 응축기(social condenser)라고 불리기도 했다.

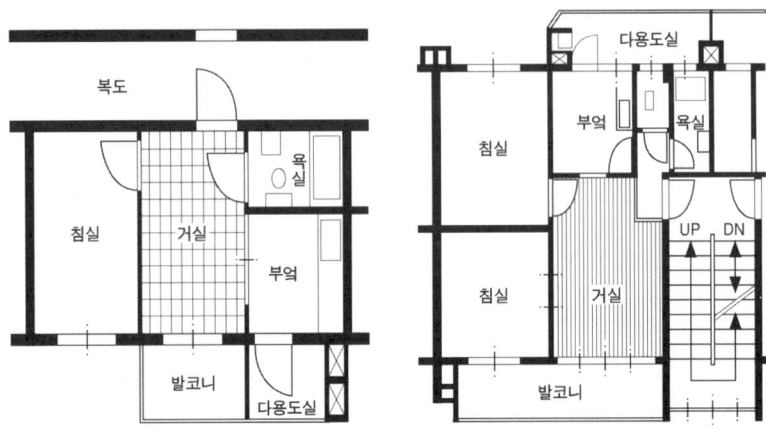

혁명이라고 부른 군사 정변을 통해 정권을 잡은 박정희 당시 대통령도 국가를 근대화·산업화하면서 마포아파트를 통해 주거 혁명을 완수하려고 했다. 그러므로 박정희 정부에게 마포아파트는 단순한 주거라기보다는 생활 혁명을 완수하는 기계로 의도되었던 것이다. 위에 인용된 건설 목적을 보면 그들이 의도했던 생활 혁명이란 비경제적이고 비합리적인 봉건적 생활을 간소하고 현대적인 집단 공동생활로 바꾸는 것이었다.

생활 혁명으로의 변화 중 가장 큰 변화는 전통적인 좌식 생활을 서구적인 입식 생활로 전환시키는 것이었다(백혜선, 2004: 15). 아파트의 단위 평면을 보면 거실과 분리된 부엌은 입식 설비를 갖추고 있었으며, 평면의 중심에는 넓은 거실이 배치되어 가족생활의 중심이 되도록 의도되었고, 거실 바깥으로 서양식 발코니가 이어져 있었다. 발코니는 마당을 가질 수 없는 아파트에서 유일하게 외부와 접할 수 있는 공간이었다. 서구식의 생활을 지향하고, 입식 생활을 한다고 하더라도, 생활의 많은 부분은 여전히 전통적인 방식으로 남을 수밖에 없다. 예컨대 전통적인 생활 방식에 필요한 생활 집기류를 수납하거나, 김장을 하거나 음식물을 저장하고, 빨래를 하는 공간이 필요하게 되는데, 거실과 접한 발코니는 이러한 활동을 온전히 수용하기 어려웠다. 마포아파트에서 최초로 적용된 다용도실(백혜선, 2004: 15)은 바로 내부 공간에서 할 수 없는 가사 작업을 위한 공간일 뿐만 아니라, 장독대와 수납공간의 역할을 담당함으로써 우리나라 아파트에서 없어서는 안 되는 공간으로 자리 잡게 되었다.

또 한 가지 특이한 점으로는 1962년 1차로 완공된 Y형 아파트는 복도식이었으나, 1964년 2차로 완공된 I형 아파트는 두 세대가 하나의 계단실을 공유하는 계단실형으로 변화했다는 사실을 들 수 있다. 계단실형은 각 세대의 프라이버시를 보장해주고 전용면적을 최대한 확보할 수 있었으며, 전면에만 발코니를 설치할 수 있는 편복도형에 비해 부엌 후면 다용도실처럼 전후면의 발코니 공간을 활용할 수 있었다(백혜선, 2004: 15).

생활 혁명을 기대했던 정부정책에 화답하여 외국 문물을 접한 사회 지도층이나 예술가들은 아파트에 대해 긍정적인 입장을 가지고 있었으며, 편리한 설비를 가진 고층의 공동 주택을 즐기기 시작했다. 마포아파트의 경우, 입주자들 대부분 교수, 정치인, 예술가, 고위 관료 등 소위 엘리트들로 서구 문화를 접할 수 있었던 사람들이었다(홍윤영·강미선·이윤희, 2004: 7). 그들은 "일 년 내내 더운 샤워로 피곤을 풀며 먼지에 싸인 몸을 녹이면서 아파트에 사는 즐거움을 흥얼거릴 때가 한두 번이 아니며",[8] "키친에서 직접 던질 수 있는 쓰레기통, 굽으러뜨리지 않고 그릇을 닦을 수 있는 싱크대가 얼마나 더 실질적인 생활에 유용한 것인지"[9]라며 아파

---

8) 대한주택공사, ≪주택≫, 제9권 제1호(1968.12), 112쪽에 실린 여류시인 추은희의 글을 박철수(2005: 195)에서 재인용.

9) 대한주택공사(1968: 115)에 실린 영화감독 문여송의 글을 박철수(2005: 195)에서

트에서의 일상생활을 찬미했다.

아파트 위주의 주거정책 드라이브는 1965년 건설부가 발표한 8대 주택정책으로 더욱 탄력을 받아 진행되었다. 하지만 자기 소유의 땅과 정원이 없는 아파트는 일반인들에게는 여전히 그다지 인기가 없었던 것으로 보인다. 당시 공급되었던 아파트들이 대부분 주택공사를 비롯하여 시와 내무부가 주택난 해소를 목적으로 작은 규모로 대량 공급하는 공영아파트의 성격을 가지고 있었으므로 그다지 질적 수준이 높지 않았다. 서울시가 공급한 시민아파트가 그 대표적인 경우로서 공동 화장실을 이용하기도 했다. 그러므로 사람들은 여전히 마당을 가진 넓은 단독주택을 더 선호했고 민간 주택의 대부분을 차지했다. 1960년대 초 새로운 건축법의 제정과 목재의 수급난으로 목조의 도시형 한옥은 더 이상 지어지지 않게 되면서 주로 벽돌이나 콘크리트로 지은 소위 '불란서집', '미니 2층집', '슬라브집' 등으로 불리는 양옥 주택들이 대거 등장하기 시작했다(전봉희·권용찬, 2008: 18).

1970년 시민아파트로 공급된 와우아파트의 붕괴로 서민 위주의 공영아파트에 대한 부정적인 인식이 확산되면서 중산층을 대상으로 한 아파트로 무게중심이 이동하게 된다. 1970년 주택공사의 한강맨션아파트와 1971년 서울시의 여의도시범아파트로 대표되는 새로운 아파트는 서구식 고등교육을 받고 생활의 편리성을 추구하는 젊은 신중산층의 선호와 프리미엄을 노린 투기 수요를 이끌어냈다. 이러한 수요는 반포와 잠실의 대규모 아파트 단지로 이어졌으며, 단위 세대의 크기도 평균 8평 정도의 시민아파트와 달리 18평에서 40평까지 커졌다. 민간 아파트의 경우 70평에 이르는 대형 아파트들도 출현했다. 짧은 기간의 변화였지만, 이 과정

재인용.

■ 도시 단독주택(양옥, 슬라브집)

을 거쳐 아파트는 저소득층 주거라는 인식을 불식하고 중산층이 선망하는 주택으로 자리 잡게 되었다(박철수, 2005: 195~196).

4) 아파트의 보급과 마케팅

1980년대 전두환 정권은 도시의 주택 부족 문제를 해결하기 위해 1981년부터 1991년까지 주택 500만 호를 건립하여 주택보급률을 77%에서 90%로 높이려는 계획을 수립했으며, 전두환 정권의 뒤를 이은 노태우 정권은 200만 호 공급 계획을 세웠다. 이와 함께 도심지 불량 주택지를 철거하고 아파트 건설을 촉진하기 위해 각종 규제를 완화하여 재개발을 장려했으며, 분당, 일산, 평촌 등 수도권 5개 신도시를 개발함으로써 아파트는 우리나라를 대표하는 주거 형식으로 자리 잡았다. 이러한 변화는 단순히 거주하기 편리하다는 주거성의 장점뿐만 아니라 1970년대 후반부터 부동산 가격이 폭등하면서 아파트는 손쉽게 재산을 축적할 수 있는 가장 주요한 수단이 되었기 때문이다.

새 집을 손에 넣을 때마다 이제 더는 부유(浮游)하지 않고 그 집에 닻을 내리리라 생각했었지요. 하지만 세상 사람들이 더 이상 집을 짓지 않는다면 모를까, 더 비싼 집, 더 화려한 집에의 유혹은 번번이 제 심신을 송두리째 흔들어 놓았습니다.[10)

한 군데 아파트에 정착해 사는 것보다, 빚을 내서라도 조금 더 크고, 더 좋은 위치에 있는 아파트로 이사를 계속 다니는 것은 많은 돈을 벌 수 있는 손쉬운 방법이었다. 주부들은 낮 동안 집에서 살림을 사는 것보다 각종 부동산 개발 정보를 좇아 여기저기 몰려다녔다. 현모양처보다 복부인이 훨씬 능력 있는 여성이 되었다. 새로 생기는 아파트를 따라 몇 번의 이사를 하면 남편의 월급보다 훨씬 더 많은 돈을 벌 수 있었다.

대부분의 가족들은 집을 떠나 회사로 학교로 모델하우스로 나갔다. 집에는 아무도 머물지 않는다. 아파트의 평면은 가족의 단란한 일상생활을 염두에 두고 계획되었으나 집에 머무는 가족은 없으며, 집에서 보내는 시간도 점점 더 줄어들었다. 아파트는 집이라기보다는 사고파는 상품이 되었고, 사람들은 자기가 살고 있던 아파트를 거리낌 없이 팔고, 또 새로운 아파트를 쇼핑하듯 구매했다.

주택을 상품으로 대하면서 주택의 이름에도 변화가 생겼다. 과거에는 아파트가 위치한 동네의 이름을 붙이거나 건설회사의 이름을 붙였지만, 1990년대 후반부터는 아파트에 브랜드가 도입되었다. 같은 지역에 있는 동일한 평형의 아파트라도 브랜드의 차이에 따라 아파트 가격도 차이가 나게 되었다. 아파트 브랜드 가치의 기준은 거주하는 사람들의 실질적인 주거에 대한 요구나 편의를 얼마나 만족시키는가가 아니라 최고급 실내

---

10) 김숙, 「오래된 붉은 벽돌집」, 『그 여자의 가위』(여성신문사, 2003.11), 184~186쪽을 박철수(2005: 197)에서 재인용.

▌톱스타가 출연하는 아파트 광고

마감재와 첨단 설비, 분수대와 광장을 갖춘 화려한 조경이었다. 최신식
빌트인(built-in) 가전제품, 이탈리아제 대리석, 독일제 시스템 창호와 함
께 당대를 대표하는 여성 스타가 아파트 '마케팅'에 등장했다.

> 고현정, 김남주, 김지호, 김현주, 김희애, 송혜교, 신애라, 이영애, 채시
> 라, 최지우, 한가인(가나다순) 등 한국을 대표할 만한 이 빼어난 미녀들
> 의 공통점은 무엇일까? 모두 다 아파트 광고 모델이다(≪한겨레≫,
> 2005.12.21).

이 스타들은 화려한 드레스를 입고 우아하게 거실을 거닐거나, 최고급
인테리어로 장식된 공간에서 여유를 즐기는 일상생활을 보여주고 있다.
광고 속 아파트 어디에도 지루하게 반복되는 일상의 흔적은 보이지 않는
다. 부엌에는 행주나, 주방세제, 수저통, 냄비, 그릇 등 일체의 주방용품
이 보이지 않는다.

사람들은 고급 브랜드의 아파트를 소비하면서 다른 사람과는 차별되
는 삶을 누리게 된다. 전국적으로 명성을 떨치고 있는 서울의 타워팰리
스는 명품 주거 브랜드로 대접받고 있다. 창문이 열리지 않아 하루 종일

에어컨을 돌리느라 한 달 전기료가 100만 원이 넘고, 출근 시간에 주차장을 빠져나오는 데 몇십 분이 걸리는 등 생활의 불편함에도 불구하고 브랜드의 가치는 떨어지지 않는다.

3. 현대 주택과 일상생활의 변화: 획일화, 내부화, 그리고 단편화

1) 획일화

20세기 초 일제강점기에 도시화가 진행되면서 우리나라에 근대적 도시 주거들이 본격적으로 등장했다. 짧은 시간에 많은 사람들에게 주택을 공급하기 위해 표준화를 통한 대량 생산 기술을 적용할 수밖에 없었다. 도시 한옥이나 영단 주택들이 그 대표적 사례들이며, 주문형 주택에서 상품형 주택으로 변화하는 순간이었다. 이러한 주거 변화의 절정은 아파트이다. 1962년의 마포아파트를 기점으로 본격적으로 발전하기 시작한 우리나라의 단지형 아파트는 대형 평형대 고급 아파트의 시초인 한강맨션(1970년)을 거쳐 여의도, 반포, 잠실 등 강남의 대규모 아파트 단지(1970년대 중반 이후), 그리고 분당·일산 등 5대 신도시(1980년대)에서 그 정점을 이룬다. 오늘날 가장 많이 보급된 주택 형식일 뿐만 아니라 모두들 욕망하는 주택 형식이기도 하다.

아파트, 즉 apartment라는 이름에는 두 가지의 의미가 담겨 있다. 하나는 'a-part-ment', 즉 '전체의 일부'라는 뜻이다. 하나의 주거는 거대한 전체 건물의 일부분이며, 하나하나의 주거, 즉 부분(part)이 모여 전체를 구성한다. 이때 전체를 구성하는 각 부분들은 표준화되어 있어서 크기와 형태가 동일하다. 바깥에서 보면 구분할 수 없으리만큼 똑같다. 외관상

동일한 각 단위 주거들의 유일한 차이는 숫자이다. 212동 308호, 102동 1508호. 이것이 육안으로는 구분할 수 없는 개별 단위 주거에 정체성을 부여할 수 있는 유일한 방법이다.

아파트라는 이름에 내재된 또 하나의 의미는 'apart-ment', 즉 '따로 있음'이다. 아파트의 각 단위 주거는 공간적으로 매우 밀접하다. 벽 하나를 사이에 두고 옆집이 있으며, 바닥 슬래브(slab)를 사이에 두고 아래윗집이 있다. 조금만 뛰어도 쿵쿵 소리가 아랫집에 전달되고, 조금만 큰 소리를 내어도 옆집 사람들이 금방 알아들을 정도로 우리는 '물리적으로' 가깝게 생활한다. 하지만 각 주거 사이에는 건널 수 없이 넓은 간극이 있는 듯이 서로 '따로' 지낸다. 바로 옆집에 누가 살고 있는지 모르며, 복도에서 만나더라도 서로 인사조차 나누지 않는 경우도 많다. 아파트는 물리적으로 고밀도의 집합체를 이루고 있지만 촌락 공동체와는 전혀 다른 집합체이다. 집적은 되어 있으나 공동은 없는 소외와 익명의 생활공간이다.

똑같은 모양의 단위 세대들이 적층된 거대한 아파트의 입면을 보고 있으면, 19세기 파리의 일상을 묘사했던 오노레 도미에(Honoré Daumier)의 풍자화가 떠오른다. 대도시 파리에 살고 있는 소외된 인간 군상을 주제로 한 도미에의 그림 속의 사람들은 어깨가 닿을 만큼 가깝게 붙어 앉아 있지만 옆 사람에게는 무관심하다. 도미에의 그림에 나타난 한 사람 한

사람의 얼굴이 바로 우리 아파트의 단위 주거가 아닐까?

우리가 살고 있는 주거 공간의 획일화는 곧, 그곳에서 벌어지는 우리 일상생활의 획일화와 평행할 수밖에 없다. 근대화와 산업화를 거치면서 우리는 획일적인 일상을 강요당했다. 학교 조회시간에 학생들은 똑같은 교복을 입고 오와 열을 맞추어 운동장에 정렬해야 했다. 다른 사람들과 다른 옷을 입거나, 줄에서 조금이라도 벗어나거나, 다른 동작을 취하거나, 옆에 있는 학생들과 이야기를 하는 것 모두 금지되었다. 함께 있던 친구들의 얼굴은 각자 다 다르지만, 멀리서 바라보면 그 차이가 없어지고 획일화된 전체의 일부로 행동해야 했다.

산업화의 현장이었던 공장이나 대기업에서는 어땠을까? 정부와 회사가 설정한 생산 목표량, 수출 목표액을 맞추기 위해 개인은 지정된 자리에서 할당된 업무를 묵묵히 수행해야 했다. 그런 획일적 집합 속에서 정체성을 발휘하는 일, 즉 개인이 튀는 경우, 문제 인물로 낙인찍히고 가혹한 처벌이 가해졌다.

정체성을 상실한 개인이 전체의 획일적 부분이 되어 오와 열을 맞추면서 정렬해 있는 우리의 일상생활은 거대한 아파트 단지의 획일적 단위 주거의 모습과 그대로 닮은꼴이다. 그래서일까, 아파트는 우리나라 대부분의 사람들이 욕망하는 전형적인 '드림 하우스'이기도 하다.

2) 내부화

주거에서의 일상생활은 그 획일화된 단위 주거 내부에서만 이루어진다. 과거의 전통 주택은 외부 공간과 밀접한 관계를 맺고 있었다. 사람들은 마당에서 일하고, 놀고, 혼사와 장례를 치렀다. 특히 부엌은 외부 공간과 밀접한 관계를 가지고 있었다. 사계절이 뚜렷한 우리나라의 특성상 계절 음식의 저장, 제사 음식 준비, 손님상 차림을 위해 보다 넓은 조리 공간이 필요했고, 장시간 음식을 끓여서 조리할 수 있는 공간, 여러 명의 사람들이 동시에 모여서 작업을 할 수 있는 넓은 공간이 필요했다. 집에 필요한 물을 사용하려면 마당이나 마을의 우물이나 빨래터에 가야 했다. 화장실은 거주하는 안채와 사랑채와는 가능한 한 멀리 떨어진 곳이 선호되었다.

▌외부와 일체화된 전통 주거(양동마을 관가정)

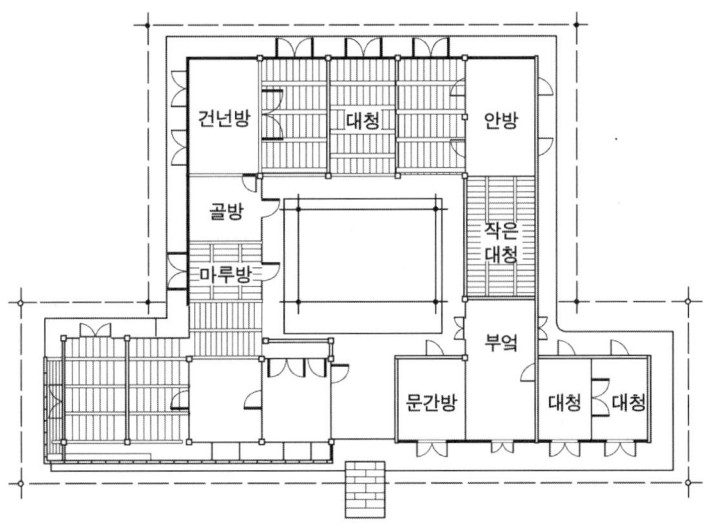

이처럼 외부 공간과 불가분의 관계에 있는 우리의 주거 생활에서 마당은 필수불가결한 공간이었다. 마당은 생활의 성격에 따라 사랑마당, 안마당, 행랑마당, 뒷마당 등 다양하게 배치되었다.

집 안의 공간도 외부 공간과 밀접하게 연계되어 있었다. 밥을 먹고, 자고, 놀고, 둘러앉아 이야기하던 마루도 거의 외부 공간이나 다름없었다. 외부 공간과 밀접한 관계를 가진 주거의 일상에는 외부인이 개입할 틈과 여지가 상당히 넓었다. 식사나 이야기 자리에는 외부인들이 쉽게 섞일 수 있었다.

고층 적층식 주거 형태인 아파트는 전통적인 생활공간이었던 마당을 가질 수 없기 때문에, 외부 공간에서 행해졌던 여러 가지 주거 생활에 대한 요구를 만족시키기 어렵다. 장독대, 빨래 등이 그 대표적 사례들이다. 외부 공간과 밀접한 관계를 가지는 생활도 이제 단위 주거 내에서 할 수밖에 없다. 이미 마포아파트에서부터 적용되기 시작한 다용도실은 과거 외부 작업의 흔적들을 모아놓은 공간이다.

생활의 내부화 경향은 단지 아파트라는 주거 형식의 문제에서 비롯된 것만은 아닌 것 같다. 초기의 아파트들은 복도형이 많았다. 복도형 아파트에서는 복도를 지나다니는 사람들에 의해 단위 주거의 프라이버시가 다소 침해될 우려는 있지만, 복도라는 공용 공간을 매개로 같은 층에 사는 여러 이웃들과 서로 알게 되고, 또 때로는 복도에 내놓는 물건 때문에 서로 다투기도 한다. 하지만 그러한 과정을 통해 공동체라는 것을 확인할 수 있다. 하지만 사람들은 차츰 복도형 아파트보다 프라이버시를 확보하기 쉬운 계단형 아파트를 점점 더 선호하게 되었다. 대형 아파트뿐만 아니라 국민주택 규모 이하의 소형 아파트도 계단실형을 더 선호한다.

최근 브랜드를 내세우는 고급 아파트 혹은 주상 복합 아파트들은 아예 외부와의 관계를 단절시키려는 경향을 보여준다. 넓은 창을 통해 도시를 조망할 수는 있지만, 외부와의 유일한 통로인 현관문을 제외하면 이웃이나 마을에 대해 전혀 개방되어 있지 않다.

자크 타티(Jacques Tati) 감독의 영화 〈플레이타임(Playtime)〉에서 이미 볼 수 있었듯이, 현대 주거는 넓은 창을 가진 투명한 주거이다. 하지만 그 주거의 넓은 창은 햇빛과 조망은 받아들이지만, 외부 세계와 커뮤니케이션하는 통로는 아니다. 안이 훤히 들여다보이는 투명한 주거에서 사람들은 외부와 고립된 채 똑같은 소파에 앉아 똑같은 TV를 보면서 각자의 생활을 살고 있을 뿐이다.

3) 단편화

외부로부터 격리되어 내부화된 주거에서 일상은 어떤 변화를 겪어왔을까? 세계 여러 지역의 전통적인 주거가 근대의 변화를 수용할 때, 서구 근대 주거의 영향을 많이 받았다. 계몽의 세례를 받은 서구 근대 주거는 합리적 기능주의를 규범으로 삼았는데, 다음과 같이 세 가지의 특성으로 요약할 수 있다. 즉, ① 침식 분리, ② 취침 분리, ③ 가사 노동의 경감(黑澤隆, 1996: 132)이다.

침식 분리는 식사를 하는 방과 잠을 자는 방을 별도로 분리해야 한다는 원칙이다. 과거에는 안방에서 잠도 자고, 식사도 하고, 가족이 모여 함께 시간을 보냈다. 하지만 근대 주택에서는 가족들이 모여서 하는 가정생활은 각각의 방을 떠나 거실(living room)에서 통합되며, 식사를 하는 공간은 따로 분리되어 식사실로 독립하거나, 부엌과 식당이 결합된 다이닝키친(DK), 거실과 식당이 결합된 리빙다이닝(LD)의 형태로 공용 공간에 통합되었다. 가족이 모이는 생활이나 식사 등의 행위를 내보낸 각의 방은 잠을 자는 행위에 초점을 맞춘 '침실'이라는 이름이 붙었다.

▌영화 〈플레이타임〉에 나오는 현대 주거

　취침 분리는 가족이 모두 한 방에서 모여 자는 것은 근대적 윤리에 맞지 않는다는 인식에서 비롯되었다. 개인주의를 중심으로 하는 서구의 계몽주의는 부모와 자식이 한 방에 같이 자는 것뿐만 아니라, 일정한 연령이 되면 아들과 딸을 함께 재우는 것을 금기시한다. 물론 옛날이나 지금이나 경제적 여건이 어려운 가정에서는 하나의 방에서 3대가 모두 잠을 자는 경우도 적지 않다. 하지만 과거에는 형편이 좋은 가정에서도 부모나 조부모가 자식이나 손자들을 데리고 자는 경우가 일반적이었다. 그래서 방의 이름도 그 방의 기능이나, 방에 거처하는 사람의 이름을 따르는 것이 아니라 방의 위상이나 위치에 따라 사랑방, 안방, 행랑방 등으로 불렸던 것이다.

　오늘날 주택의 각방은 침실과 같이 기능으로 불리거나, 자녀방과 같이 방 주인의 이름으로 호명된다. 자녀들은 자기 방에 대해 배타적인 권리를 인정받고 있으며, 심지어 부모라 할지라도 자녀 방에 들어가기 위해서는 허락이나 동의를 구해야 한다. 자녀들은 자기의 방 안에서 가족 공동의 삶과 유리된 자기의 생활세계를 구축한다. 하나의 주거 내에서 생활

■ 타워팰리스 3차 101A평형 평면

하고 있지만, 가족들은 모두 각자의 방에서 개인적으로 살고 있는 셈이
다. 현대 주거의 중심에는 가족들이 모일 수 있는 넓은 거실이나 식사실
을 마련해두고 있지만, 아침부터 밤늦게까지 각자의 생활에 바쁜 가족들
이 같은 시간, 같은 장소에 함께 모일 수 있는 기회는 그리 많지 않다.

참 고 문 헌

단행본

전남일·손세관·양세화·홍형옥. 2008. 『한국 주거의 사회사』. 돌베개.

대한주택공사. 1979. 『대한주택공사 20년사』. 대한주택공사.

黑澤 隆. 1996. 『近代 時代のなかの住居』. Media Factory.

서울특별시사편찬위원회. 1977~2006. 『서울육백년사』. 서울특별시.

논문

김숙. 2003. 「오래된 붉은 벽돌집」. 『그 여자의 가위』. 여성신문사.

김용범. 2001. 「한국 도시주거의 변천과정에서 나타난 주거사상에 관한 연구」 한양대학교 석사논문.

박철수. 2005. 「대중소설에 나타난 아파트의 이미지 변화과정 연구」, ≪대한건축학회논문집 계획계≫, 21권 1호.

박철진. 2002. 「1930년대 경성부 도시형 한옥의 상품적 성격」. 서울대학교 석사논문.

백혜선. 2004. 「일상의 수용과 공간의 변화 : 공동주택 다용도실 공간의 변용과정을 중심으로」. ≪건축≫, 48권 3호.

전봉희·권용찬. 2008. 「원형적 공간 요소로 본 한국주택 평면형식의 통시적 고찰」. ≪대한건축학회논문집 계획계≫, 24권 7호.

홍윤영·강미선·이윤희. 2004. 「아파트 신문광고에 나타난 사회적 차별성에 대한 연구: 경제적 계층과 성(Gender)에 대한 차별성을 중심으로」. ≪대한건축학회논문집 계획계≫, 20권 11호.

신문·잡지·방송·인터넷 및 기타 자료

≪한겨레≫. 2005.12.21. "강준만의 세상읽기".

주택정책과 주거 문화, 그리고 일상

▌▌▌▌▌ ▌▌ ▌▌▌ ▌▌▌ ▌▌

최원석 | 부산대학교 정치외교학과 강사

1. '평화의 오아시스, 전사의 휴식처'로서의 집

집은 일상의 고단함과 긴장감을 내려놓고 아늑한 휴식과 평온한 수면을 취할 수 있는 몸과 마음의 안식처이다. 이를 홉스봄(1998: 457)은 "가정은 전쟁의 세계 속에 있는 평화의 오아시스, 전사의 휴식처"로 표현했다. 이렇듯 집은 인간으로서의 존엄성과 행복을 추구하고자 하는 모든 이에게 필수적인 생활 수단이자 기본적인 욕구의 대상이며, 집에 대한 요구는 국민의 가장 기본적인 권리의 하나이다. 그러나 집은 매우 고가의 상품이기 때문에 모든 사람이 쉽게 접근할 수 있는 것이 아니며, 저소득 계층에게 집은 또 다른 박탈의 상징이 된다. 따라서 집(주택)은 국가의 중요한 정책 대상이 된다.

대개 주택정책이라 함은 주택문제를 해결하기 위해 국가가 공공정책을 통해 개입하는 형식을 말한다(임재현·한상삼·정승영 외, 2012: 75). 주택정책에 따라 주거의 질이나 주거 환경이 크게 영향을 받으며, 사람들의 일상생활에도 많은 영향을 미치게 된다. 우리나라 주택문제의 특수성으로는 '아파트 공화국'으로 대변되는 독특한 주거 문화, 재테크 대상으로서의 집과 '복부인'과 '떴다방'이란 말로 상징되는 과다한 투기 성향, 폭력적인 재개발과 인권 유린, 주택 공급의 부족과 '내 집 마련의 꿈' 등의 문제를 지적할 수 있는데, 이는 권위주의적 정부의 민간 자본에 의존한 주택정책에서 비롯되었다고 해도 과언은 아니다.

2. 근대화와 압축 성장, '아파트 공화국'의 기원

1) '아파트 공화국'의 전사(前史)

한국의 주거 문화를 생각할 때 가장 먼저 떠오르는 말은 아마도 아파트일 것이다. 개성 없이 지어진 도시의 아파트는 말할 것도 없고, 고즈넉한 시골 논밭 위에도 우뚝 솟은 '나홀로 아파트'를 심심찮게 볼 수 있다. 단조로운 아파트 숲과 그 사이로 무질서하게 뻗은 도로, 이웃과 자연으로부터 차단된 삶, 그것이 우리가 사는 도시와 삶의 모습은 아닌지 우려스럽다(≪경향신문≫, 2010.1.6: 2).

이렇듯 우리나라가 '아파트 공화국'이 된 중요한 계기는 흔히 공업화 내지 산업화로 일컬어지는 근대화의 산물이며, 정부 주택정책의 산물이다. 해방 이후 대도시로 몰려드는 귀향민과 월남민, 압축 성장으로 인한 급격한 도시화, 핵가족화 등으로 인한 주택난에 효과적으로 대응하자니 단기간에 공급을 많이 할 수 있는 아파트가 유용했던 것이다. 즉, 고질적인 주택난을 극복하는 과정에서 역대 정부의 주택정책이 우리나라를 아파트 천국으로 변모시켰던 것이다.

주택난이 사회적 문제로 대두되는 것은 대개는 산업화로 인해 농촌 인구가 도시로 유입되면서부터이다. 해방 이후 우리나라에서는 많은 해외 동포들의 귀환, 북한에서 월남한 사람 등으로 말미암아 서울과 부산 등의 집 부족 문제는 심각해졌다. 그러나 주택정책과 같은 공공 서비스의 제공은 미군정의 정책적 관심 밖의 일이었고, 대한민국 정부 수립 이후에도 주택문제에 대한 체계적인 대책이 없었던 것은 마찬가지였다(송건호, 1979: 22; 임서환, 2005: 12). 게다가 한국전쟁의 발발로 인해 많은 주택이 파괴되고 소실되어 주택문제의 혼란이 가중되었다. 전쟁 당시, 부산에는 많은 피난민들이 몰려들어 수정동, 영주동, 남부민동, 봉래동 등지의 산허리까지 판잣집으로 가득 찼다. 피난민들은 "영도다리 난간 위의 초생달"을 보며, 고향 생각과 난리 통에 헤어진 가족들을 생각했을 것이며, 산허리 판잣집에 고단한 육신을 누이면서 돌아갈 고향을 꿈꾸었을 것이다. 이 와중에 원주민들 중에는 판잣집을 지어 집세를 받거나, 여관비·집세를 올려 받았다 하니 동포애와 같은 고귀한 가치란 무상한 것이다.

한국전쟁이 끝나면서 서울로 인구가 대량으로 유입되자 정부는 직접 주택 공급에 적극적으로 나섰다. 1954년 산업은행을 설립하여 대한주택영단 및 지방자치단체에 주택 건설 자금을 융자하기 시작했으며, 1954년부터 1956년까지는 난민 정착용 주택 10만 7710호를 건설했다(임서환, 2005: 13). 이러한 정부의 노력에도 불구하고 서울의 주택 공급은 인구 유입에 비해 턱없이 부족했다. 유입되는 인구의 대부분은 하천변이나 산비탈에 무허가 판잣집을 짓고 살 수밖에 없었고, 서울의 '달동네'라고 불리던 곳은 대부분 이 과정에서 형성되었다(전남일·손세관·양세화 외, 2008: 163~164). 그러다 정부는 1957년을 기점으로 직접 주택을 공급하는 방식에서 융자 지원 방식, 즉 구호적 무상 공급 정책에서 탈피하여 수요자 부담의 주택 건설 자금을 지원하는 형태로 주택정책을 전환했다. 이것은 이후 민간에 의해 주택이 건설되는 자극제가 되었다. 이렇게 하여 지어진 대표적 사례가 1958년부터 1961년 사이 우이동·불광동·북가좌동에 들어선 국민주택 단지이다. 그러나 1950년대 후반이 되면 아파트가 일반주택으로 보급되기 시작했다(전남일·손세관·양세화 외, 2008: 176~180; 한국주거학회, 2007: 52~53). 따라서 이 시기는 고도성장의 전사이자 민간 자본 의존적 주택정책, 그리고 '아파트 공화국'의 전사이기도 했다.

2) 날림 공사보다 더 무서운 주택난

1960년대 이후 우리나라 주택정책의 역사는 아파트 공급의 역사라 해도 과언은 아니며 아파트는 '산업화를 위한 기계'였다(줄레조, 2007: 166). 1961년 군사 쿠데타로 집권한 박정희 정부는 '조국 근대화'와 '잘살아보세'라는 구호를 기치로 제1차 경제개발 5개년계획(1962~1966년)을 수립하고 경제개발에 박차를 가했다. 주택정책 역시 경제개발계획에 포함되어 시행되었는데, 정부가 우선적으로 한 것은 법령과 제도의 정비였다.

1962년에는 주택과 부동산 관련 법령을 제정하여 대규모 주거 단지 개발을 위한 제도적 발판을 마련했다. 1963년 12월 보건사회부에 설치되어 있던 국민주택과를 폐지하고 건설부의 주택건설과를 주택과로 개편하여 주택정책에 관한 모든 업무를 담당하게 했다. 그리고 기존의 대한주택영단을 대한주택공사로 개편했다(전남일·손세관·양세화 외, 2008: 189; 임서환, 2005: 41~43). 이러한 제도의 변화는 주택정책이 사회후생적인 입장이 아니라 관련 산업에 대한 파급 효과를 기대하는 생산적인 측면을 중시하는 관점으로 옮아갔다는 것을 의미한다(박재룡, 2005: 81).

그러나 법령과 제도가 정비되었음에도 불구하고 주택 투자는 매우 저조했다. 제1차 경제개발 5개년계획 시기, 공공 부문의 건설량은 전체 건설량의 12%에 불과했다. 1960년대 공공 부문의 투자 역시 민간 부문 투자에 비해서 매우 낮은 수준이었으며, 1962년에서 1971년 사이에 공공 부문 투자는 전체 투자의 13%에 불과했다(임서환, 2005: 45~46). 한편, 이 시기 주택문제의 중요한 지점은 우리나라 대단지 아파트의 효시로 볼 수 있는 마포아파트가 1960년대 초에 건설되었다는 것이다. 마포아파트는 "우리나라 주거 문화의 근대화를 기대하며 등장한 공동주택이고, 마포아파트 건설은 일종의 주거혁명을 예고한 셈"이라고 평가된다(전상인, 2009: 38).

제2차 경제개발 5개년계획(1967~1971년)에서도 주택 건설을 위한 공공투자의 규모는 미미했으며, 주택 공급은 대부분 민간 부분에 의존할 수밖에 없었다. 정부는 이러한 민간 부문의 주택 건설을 늘리기 위해 주택 건축 허가의 절차 간소화 및 조세 감면 등의 지원책을 강구했으며, 주택 건설과 구입에 필요한 자금을 지원하기 위해 1967년 7월 10일 한국주택금고(1969년 1월 한국주택은행으로 개칭)를 설립했다(윤혜정·장성수, 2003: 138). 이렇듯 박정희 정부는 민간 의존적 주택정책을 분명히 했다.

주택 건설을 민간 부문에 의존했다는 것은 이후에 주택 건설이 자본 이익에 종속되고 과도한 부동산 투기 열풍을 가져오는 전조였다. 즉, 민간 부문은 최대한의 이윤 추구를 위해 주위 환경과의 조화보다는 성냥갑 같은 천편일률적인 디자인에, 용적률을 최대한 높이기 위해 고밀도의 개발을 하게 되며, 나아가 부동산 투기 열풍은 자본 수익성을 증가시키는 요인이 된다. 그뿐만 아니라 민간 위주의 주택 건설은 주택정책이 부동산 투기의 조장과 억제를 반복하는 결과를 가져왔다. 이 과정에서 '강남 불패'니 '부동산 신화'니 하는 말들이 사람들의 뇌리 속에 각인되고, 이는 다시 부동산 투기를 증폭시키는 역할을 했다.

한편, 우리나라에서 경제개발은 주택문제에 대해 크게 두 가지 측면에서 영향을 미쳤다. 하나는 공업화가 추진되면 농촌보다 도시에서 고용의 기회가 현저하게 늘어나는데, 이에 많은 농민들이 도시로 이주하게 되고 이로 인해 판자촌이 확대되어 긴박한 사회문제로 대두되었다는 점이다. 다른 하나는 경제성장에 따라 도시 중산층이 확대되고, 이들은 미래의 아파트 수요층으로 발전하게 된다는 점이다.

해방과 한국전쟁을 거치면서 늘어나기 시작한 판잣집은 본격적인 경제개발계획의 추진으로 걷잡을 수 없이 늘어났다.[1] 농촌에서 무작정 서울로 상경한 사람들 대부분은 판자촌으로 흘러 들어가는 것 외에 달리 방도가 없었다. 이들은 무허가 판자촌에 정착하여 주로 건설 일용직이나 도시 비공식 부문에 종사하며 생계를 이어갔다. 판잣집들은 대부분 무허가였음에도 불구하고 세를 놓기도 하고 매매도 이루어졌는데, 이는 판잣집 양성화 조치에 의해 이후 어떤 형태로든 소유권이 인정되리라는 기대감 때문이었다(허의도, 2008: 136).

판잣집은 도시를 무질서하게 확장했고 도시계획을 어렵게 했다. 도심까지 파고드는 판잣집은 토지의 효율적 이용을 저해했을 뿐만 아니라 심각한 도시 빈민 문제를 야기했는데, 무허가 판자촌은 당시 서울시의 최대 현안이었다(전상인, 2009: 40~41). 이에 대한 정부의 대책은 판자촌이 있던 자리에 시민아파트를 세우는 것이고, 이것과 병행하여 시행된 정책이 광주대단지(현재의 성남) 이주 사업이었다(하성규·김태섭, 2003: 53).

---

1) 한국의 불량 주거지는 해방과 한국전쟁 이후 피난민과 이농민들이 정착한 도심부나 국유지, 사유지 등의 무허가 판자촌, 경제개발 시기 농촌에서 무작정 상경한 이농민들과 도시 영세민들이 거주한 달동네 판자촌, 1980년대 공단 주변 또는 저소득 주거지역의 벌집·닭장 형태의 셋방·자취방, 재개발 사업으로 쫓겨난 철거민들이 정착한 비닐하우스촌 등으로 이어져 왔다(하성규, 2004: 453). 이러한 불량 주거지는 오늘날 쪽방과 고시원 등의 형태로 지속되고 있다.

그러나 근시안적으로 추진된 이들 정책은 성공적이지 못했다. 그 이유는 1970년 4월 8일 새벽에 발생한 와우아파트 붕괴 사고와 광주대단지 소요 사건 때문이었다. 실적과 물량 위주의 군사 문화적 행정과 뇌물과 후견으로 이루어지는 정부와 건설업계의 부정부패, 그리고 하청을 둘러싼 건설업계 내의 관행적 비리 등으로 인해 대부분의 시민아파트는 날림으로 지어졌고, 그 결과 와우아파트는 33명의 목숨을 앗아가며 붕괴했던 것이다. "와우아파트 사건은 개발과 성장시대의 어두운 한 단면을 보여주는 사건이었지만, 그 이면에는 날림공사보다 더 무서운 주택난이 있었다"는 지적은 매우 의미심장하다(전남일·손세관·양세화 외, 2008: 207).

다음으로는 1971년 광주단지 도시 빈민 소요 사건이다. 1971년 서울시는 35만 명의 무허가 주택 주민을 인접한 광주군으로 이주시켰는데, 이들은 일자리도 없이, 또 적절한 위생 시설이나 생활환경 시설도 전혀 없는 상태에서 '마치 황무지에 쓰레기를 버리듯이' 옮겨진 것이었다. 이에 그해 8월, 이주민들은 일자리 제공, 불하 토지 가격의 인하, 세금 면제 등을 요구하며 시위를 벌였는데, 서울시장이 이 요구들의 대부분을 받아들인다는 약속을 함으로써 소요는 진정되었다(임서환, 2005: 66~67). 이 두 사건을 겪은 정부는 서민아파트가 아니라 아파트의 고급화를 추구했으며, 아파트 수요의 대상으로 도시 중산층에 초점을 맞추기 시작했다.

3) 강남 개발의 역사와 '서울 공화국'

주택정책의 측면에서 1970년대는 주택정책의 방향이 대규모 주택 건설로 자리 잡은 시기였으며, 강남 개발의 역사였다(줄레조, 2007: 89). 유신체제 성립 이후 주택정책의 기본 골격은 두 가지 방향에서 형성되었는데 하나는 250만 호 주택 건설 10개년 계획이고, 다른 하나는 1972년 12

월에 제정된 '주택건설촉진법'이었다. 이 법은 정부로 하여금 공공 주택은 물론 공공 자금의 지원을 받는 민간 주택에 대해서도 개발 계획, 시공 계획 및 분양까지 관리할 수 있도록 권한을 부여했다. 이것은 민간 부문을 더 체계적으로 동원하여 주택 건설을 촉진한다는 것이었고, 그 결과는 자연히 주거 공간의 밀집화로 나타났다(줄레조, 2007: 91; 임서환, 2005: 68~69).

이 시기는 영동신시가지개발계획과 함께 본격적인 강남 개발이 시작되는 시기였으며, 서민층이 아니라 중산층 이상을 주요 대상으로 하는 본격적인 대단지 아파트들이 출현한 시기이기도 했다. 1970년에 지어진 여의도 시범아파트 단지와 1971년에 완공된 강북의 동부이촌동 단지는 10여 년 후 강남에 대량으로 건설된 아파트 단지의 선구적 역할을 했다. 이아파트 단지는 이전의 아파트 단지와 큰 차별성을 갖는데, 평수의 차이가 20평에서 80평까지로, 가장 큰 평수는 부자들이 사는 저택의 의미로 '맨션'이라는 이름이 붙여졌다. 이 아파트 단지의 성공으로 와우아파트 사태의 기억은 희미해지고, 아파트에 대한 부정적인 이미지도 바뀌기 시작했다.

그리고 1974년 완공된 반포단지는 강남 개발의 신호탄이었으며, 아파트 분양이 시작되자 엄청난 인파가 장사진을 이루었고 분양 아파트의 수는 수요에 비해 턱없이 모자랐다. 이때부터 복부인이라는 말이 생겼다고 한다. 이 때문에 3년 후 정부는 아파트 분양 추첨제를 도입했다. 그리고 1975년에 시공되어 1977년에 완공된 잠실단지는 약 2만 세대, 10만 명 이상의 주민을 수용하는 것을 목표로 한 반포단지보다 5배나 되는 규모였다. 한편, 압구정동에는 현대가 1976년 6월부터 1979년 5월에 걸쳐 반포와 잠실 사이에 서울시가 조성한 택지 위에 첫 번째 대단지를 건설한다. 평수는 최소형이 32평, 최대 약 80평이었으므로 주 고객층은 당연히

중간계급의 상층을 차지하는 사람들이었다(줄레조, 2007: 36~39).[2]

1970년 경부고속도로의 개통과 영동지구 신시가지 개발계획 발표로 시작된 강남 개발의 역사는 이 지역을 한국의 문화적 아이콘으로 때로는 부정적 욕망의 아이콘으로 때로는 합리적인 재테크의 아이콘으로 만들었다. 강남은 1980년대 후반이 되면 이른바 8학군, 최고 명문 학군으로 부상하게 되고, 1989년 2월 학원 수강 허용 조치로 8학군 프리미엄은 하늘을 찔렀다. 강남은 엄마들 치맛바람의 진원지가 되었고, 1990년대 이후에는 사교육 열풍의 진원지가 되었다. 소위 '대치동 엄마'라는 표현은 자녀의 명문대 입학을 위해 고액 과외를 시키며 아이들 뒷바라지에 여념 없는 강남의 어머니들이다(허의도, 2008: 151).

그러나 1977년, 수출 증가와 중동의 건설 수주 증가로 인한 수익의 급등, 중화학공업을 지원하기 위한 통화량의 팽창 등이 유동성을 증가시키고 물가를 상승시켰다. 유동성의 증가와 인플레이션 압력은 부동산 시장을 자극하여 토지와 주택 가격이 급격히 상승하자, 정부는 1978년 8월 8일에 부동산 투기 억제와 지가 안정을 위한 종합대책을 발표했는데, 정부

---

2) 이때의 '주택건설촉진법'에 의하면, 일단의 토지에 50호 이상 주택을 건설하는 사업자는 주택을 공개·추첨을 통해 분양하도록 되어 있었는데, 현대건설은 이러한 규정을 무시하고, 압구정동 현대아파트 600호 중 256호를 정부관리, 국회의원, 언론인 및 대학교수 등 상류층 인사들에게 분양했다. 당시 이 아파트의 시장 거래 가격은 분양 가격의 두 배에 이르렀으므로 이것은 당연히 뇌물로 간주될 수밖에 없다(임서환, 2005: 90). 한편, 당시 ≪경향신문≫(1978.8.12) 국회 건설위 관련 기사에 따르면, 이러한 특혜 분양은 치밀한 계획하에 실행되었다고 한다. 또한 선경아파트(현 SK아파트)는 계획 승인된 평수보다 허위로 가구당 3평씩 크게 공모함으로써 11억 8000만 원의 부당 이익을 취했다는 내용도 나온다. 이러한 상징적 사건들에서 볼 수 있듯이 아파트 건설을 비롯한 건설 사업은 각종 부정부패의 온상이었다. 이러한 부정부패의 연결고리, 그리고 정치적 지지와 후원의 관계를 통하여 우리 사회의 토건국가화 현상은 심화되어갔다.

의 투기 억제책으로 인한 주택 수요의 위축으로 미분양 사태를 초래하게 되었다(임재현·한상삼·정승영 외, 2012: 173). 1970년대 후반, 제2차 오일쇼크와 함께 한국경제는 위기에 빠져들게 되고, 국민들의 삶은 어려워져 갔다. 1979년 부산과 마산에서 일어난 민중 항쟁과 이른바 '궁정동의 총소리'에 의해 유신체제는 종말을 고했다.

3. '88 서울올림픽'과 주택 건설 200만 호 시대, '수도권 공화국'으로

1) '88 서울올림픽'과 재개발, 그리고 '상계동 올림픽'

경제개발을 하는 과정에서 부동산 투기는 세계 어디에서나 어느 정도는 필연적으로 발생하는 것으로 경제성장의 성장통으로 볼 수도 있다. 그러나 박정희 정부의 민간 자본 의존 주택 공급 정책은 주택정책이 경기 대책에 종속되는 결과를 가져왔고, 이는 부동산 투기에 대한 규제 강화와 규제 완화를 반복하는 시계추 운동을 하는 것으로 나타났다. 1980년대와 1990년대의 주택정책 역시 주택 경기의 활성화와 부동산 투기 억제를 오락가락했으며 주택 산업의 규모가 커지면서 경기 대책에 더욱더 종속되었다.

1980년대 초에는 경제적으로 위기였기에 경기 활성화 관련 조치가 주로 발표되었다. 주택정책의 측면에서 신군부는 저소득층의 주거 안정이라는 정치적 필요와 경기 활성화를 위해 주택 건설을 촉진하기 위하여 주택 500만 호 건설 계획을 발표했으나 당시에는 경제 안정화를 위해 무엇보다 긴축 정책이 필요한 실정이어서 주택의 대량 공급을 추진할 여건이 되지 못했다. 이 시기는 1982년과 1983년의 짧은 부동산 상승기를 제외하면 1986년까지 대체로 침체 상태였다. 그러나 1980년대 중반부터는 경제가 호황이었기에 주로 투기 억제 조치가 발표되었다(임재현·한상삼·정승영 외, 2012: 173~174; 임서환, 2005: 101~103).

1980년대 주택정책을 한마디로 정리하자면 바로 '88 서울올림픽과 재개발의 시대, 그것도 폭력적 재개발의 시대로 요약할 수 있다. 광주민주화운동을 무자비하게 진압하고 등장한 제5공화국 정권은 정치적 오명을 불식시키기 위해 무엇보다 사회 통합을 강조해야 했다. 이러한 정치적·경제적 위기를 타개하기 위한 제5공화국의 선택은 바로 스포츠요, 올림픽이었다. 이러한 스포츠 제전의 개최를 위해 서울은 대대적인 외형 단장에 들어갔고 무자비한 철거가 일상화되었다.

이러한 대대적 재개발이 가능하게 된 것은 1980년 12월에 제정된 '택지개발촉진법' 때문이었다. 이 법에 따르면, 건설부장관에 의해 택지개발 예정지구로 지정되면, 이 땅에 적용되는 '도시계획법' 등의 19개 법률의 효력을 정지시킨 뒤 일괄 매수해 택지로 개발할 수 있도록 허용되었다. 재산권에 대해 심각한 침해의 소지가 있었음에도 5공의 공포정치로 인해 가능했다. 1980년대 서울의 목동, 개포동, 상계동 아파트 등의 단지와 노태우 정부하의 수도권 신도시도 모두 이 법으로 가능했던 것이다(국정브리핑 특별기획팀, 2007: 128~129).

그리고 1983년이 되면, 합동 재개발 방식으로 재개발 정책이 변화한다. 합동 재개발 방식은 주민이 조합을 결성하고 민간 건설업자를 선정하면, 민간 건설업자가 공사 자금을 조달하여 재개발 사업을 진행시키는 방식이다. 이 제도는 외견상 원거주민의 참여가 보장된 듯하지만 실제로는 주민의 절반 이상에 이르는 세입자가 원천적으로 배제된 데다가 (무허가) 가옥주들조차 5%도 재입주하지 못하는 문제를 낳았다. 즉, 저소득층을 밀어내는 방식의 재개발이었던 것이다.

1980년대에 들어 서울의 산꼭대기 판자촌은 '합동 재개발'이라는 이름의 재개발 사업을 통해 대대적으로 아파트 단지로 탈바꿈하게 된다(김수현, 2008: 172). 합동 재개발 사업을 하면서도 세입자에 대한 대책은 이주지원비 몇 푼 지급하는 것에 그쳤고, 강제 철거가 자행되었다. 이러한 재개발 사업 과정에서 세입자와 가옥주 간의 마찰과 갈등, 외지에서 몰려드는 투기꾼 문제, 계층적인 문제, 인권 유린 등 많은 문제가 나타났다(전남일·손세관·양세화 외, 2008: 255).

이것의 대표적 사례의 하나가 1986년부터 시작된 상계 5동 철거민 사례이다. 1980년대 중반 그 지역에는 1528세대가 거주했는데, 그중 약 1000세대는 가옥주였고, 500여 세대는 세입자였다. 가옥주들은 그 당시까지 점유하고 있던 국·공유지를 시세의 약 절반인 30만 원으로 불하받아 60만 원에 되팖으로써 시세 차익을 누릴 수 있었지만, 세입자들은 아무런 권리도 없이 쫓겨나게 되었다. 이에 이주를 거부한 세입자들과 철거반의 물리적 충돌이 일어나 1986년 6월에는 주민 한 명이 사망하는 사고가 발생했다. 이후 1987년 4월 조합 측의 실력행사로 강제 철거가 시작되고 세입자 73세대는 명동성당에서 거의 1년간 점거농성을 진행했다. 이후 철거민들은 부천의 경인고속도로 옆 판자촌으로 옮겨가는데, 그곳에서도 강제 철거를 당했다. 고속도로로 올림픽 성화가 지나가기 때문에 미관상 좋지 않다는 이유였다. 그래서 철거민들은 그곳을 지나는 단 몇십 초의 성화 봉송을 위해 약 1년 동안 땅굴을 파고 살아야 했다. 국가권력은 올림픽을 개최하는 문명 천지에 석기 시대의 주거 형태를 소외된 이들에게 강요했던 것이다. 이러한 웃지 못할 야만적 사건은 '상계동 올림픽'이라는 다큐멘터리 영화로 제작되었다. 그리고 1980년대 많은 재개발이 이루어진 것은 올림픽 개최를 위한 재원 마련과 전두환의 정치 비용 마련에 있었다고 한다. 당시 서울 목동의 경우, 건설사에서 수용할 때는

2000원에 수용하여 분양할 때는 200만 원을 받아 약 1000배의 시세 차익을 남겼으며, 엄청난 돈이 전두환과 노태우의 정치 비자금으로 들어갔다. 결국은 전두환의 정치 비용 마련을 위해 1980년대에는 70만 여 가구가 삶의 터전을 잃었던 것이다(MBC, 〈이제는 말할 수 있다〉, 제95회, 2005).

2) 주택 건설 200만 호와 신도시 건설의 시대

1980년대 중반, 사상 초유의 무역 흑자와 호황에도 불구하고 서민들은 여전히 고단한 삶을 지속해야 했다. 주택 부문은 아시안게임과 올림픽 개최로 상대적으로 소외되었고, 1987년 서울의 주택 보급률은 거의 절반 수준에 불과했다. 이는 이후 전세난의 원인이 되었으며, 무역수지 흑자와 그에 따른 통화 팽창 역시 부동산 붐에 불을 붙였다. 주택의 매매가와 전세 가격이 크게 상승하자 정부는 투기 억제를 위해 1988년 8월 부동산 종합대책, 1989년 2월 4일 긴급 부동산 투기 억제 대책을 발표했다. 부동산 종합대책의 내용에는 1가구 1주택 비과세 요건 강화와 양도 세제 개편(누진과세) 등이 있었고, 긴급 부동산 투기 억제 대책에는 대도시 주택 공급 확대, 부동산 거래 질서 확립, 분당과 평촌 등 5대 신도시 건설 등이 포함되어 있었다. 그리고 1989년에는 토지 공개념의 핵심이 되는 3개 법안을 정기 국회에서 통과시켰으며, 1990년에도 부동산과 전·월세 안정 대책과 부동산 투기 억제 대책이 발표되었다(임재현·한상삼·정승영 외, 2012: 174).

1980년대 후반 시기는 1987년 6월 항쟁과 뒤이은 노동자 대투쟁, 국민들의 민주화에 대한 욕구 분출로 인해 정치적으로는 혼란기였다. 그리고 1986년과 1988년 사이에는 매매 가격에 비해 전세 가격이 더 큰 폭의 상승을 보여 많은 노동자들의 근로 의욕을 저하시켰으며 사회적 불안정의 중요한 요인이 되었다. 이에 정부는 1988년 말 주택 200만 호 건설을 발표했으며, 1989년 4월에는 분당과 일산 신도시 개발 계획이 발표되었는데, 이는 1988년에 택지개발 예정 지구로 지정되었던 평촌, 산본, 중동과 함께 '5개 신도시건설 계획'으로 명명되었다. 주택 200만 호 건설 계획 역시 민간 부문 건설 투자에 우선순위를 두어 추진될 수밖에 없었고 이는 투기성 자금에 의존했다는 것을 의미한다(윤혜정·장성수, 2003: 142~143). 신도시 건설은 군사 작전식으로 대대적으로 추진되었는데, 일산에서는 1989년 5월에서 9월까지 5명의 농민이 신도시 개발로 집과 땅이 수용되는 것을 비관하여 자살하는 사건이 발생하기도 했다(국정브리핑 특별기획팀, 2007: 138~139).

신도시 건설의 결과, 1980년에서 1987년까지 연평균 22만 호에 불과하던 주택 건설량이 1989년 46만 호로 급증했고, 계획보다 1년 앞선 1991년 8월 말까지 200만 호가 건설되었다(통계청, 1990). 이 200만 호의 건설은 당시 우리나라의 주택 공급 능력을 초과함으로써 철근, 시멘트, 골재 등 건설 자재의 부족을 초래하고 공사 단가를 급등시켰다는 점은 차치하고 임금의 급상승을 초래하여 한국 경제에 많은 부담을 가져왔다. 그뿐만 아니라 1990년대 초에는, 주택 공급량의 증가에도 불구하고 주택 가격이 큰 폭으로 올라 주거비 부담이 더 늘었고, 그에 따라 자가 구입이 어려워져 전세 가구 비율이 더 늘어나는 문제점도 나타났다(임서환, 2005: 262).

1980년대 후반 이후 1990년 75만 호를 정점으로 IMF 이전까지 1990년대 내내 연평균 60만 호 이상의 주택이 건설되었다. 즉, 한번 과열된 건설 경기는 김영삼 정부 들어서도 지속되었다는 것이다. 김영삼 정부의 주택정책 역시 민간 부문의 자율화를 더 강조하는 쪽으로 추진된다. 신경제5개년 계획기간 중 정책 목표는 주택 공급의 확대, 주택 가격의 안정, 저소득층의 주거 안정 기반 확립, 재고 주택의 질 향상 등 상투적으로 제시되는 목표와 다를 것이 없었다. 그러나 1993년 8월 금융실명제, 1995년 3월 부동산실명제 등의 도입으로 부동산 거래가 대폭 축소되고 미분양 아파트 수가 늘어나고 주택 건설업체의 부도가 확산되는 등 부동산 경기는 하락했다. 이에 대한 대책으로 내놓은 것이 인허가 등 각종 행정절차의 간소화와 재개발, 재건축 등에 관한 규제완화였다. 주택시장이 침체하자 많은 업체들은 아파트 일변도에 탈피하여 원룸 아파트, 주상복합건물, 오피스텔 등으로 사업 유형을 다양화했다(임서환, 2005: 264~269). 결국 이러한 신도시 개발과 각종의 규제 완화 정책은 수도권뿐만 아니라 전 국토의 난개발을 초래하게 된다.

결론적으로 말하면, 1990년대는 주택의 대량 생산기라 할 수 있으며, 주택 보급률도 크게 상승했지만, 노임 및 자재 가격의 상승, 국제수지의 악화 및 특히 물가 상승 등 국민경제에 큰 부담을 주었다(임서환, 2005: 282).

3) IMF 체제와 타워팰리스, 그리고 수도권 공화국으로

1997년 IMF 경제 위기는 실업 대란과 역전세 대란과 같은 초유의 사태를 불러왔으며, IMF 체제하에서 우리 사회는 사회적 양극화의 심화와 저성장 구조의 고착화를 가져왔다. IMF 위기 이후 우리 사회는 비정규직이 확대되고, 일은 하지만 여전히 가난한 사람들이 늘어나는 데 비해, 어떤 아파트는 평당 가격만 5000만 원을 넘으며, 집과 토지의 자산 불평등이 극도로 악화되는 현상을 보이고 있다. 궁전 같은 집이 있는가 하면 쪽방과 비닐하우스촌도 있다. 그러한 주거의 양극화도 IMF 구제금융 이후 심화되었다.

외환 위기 직후인 1998년에는 주택 건설량이 급감했을 뿐만 아니라 미분양 주택 수도 큰 폭으로 늘어나고 많은 건설사들이 부도 위기에 직면했다. 이러한 상황에서 김대중 정부의 주택정책은 일차적으로 경기 활성화에 있었으며, 이후에는 주택 건설 촉진과 서민 주거 안정화 대책으로 정책의 초점이 옮겨간다. 예전의 부동산 안정화 대책은 경기 과열에 대한 대응책으로 주로 규제 강화에 있었다면, 김대중 정부의 부동산 안정화 대책은 오히려 폭락하는 주택 가격을 잡기 위한 것으로 규제 완화를 통한 경기 부양책이었다. 그 내용으로는 분양가 자율화, 양도세 한시 면제 및 비과세 요건 완화, 토지 거래 허가제와 신고제 폐지, 준농림지 토지 이용 규제 완화와 개발 절차의 간소화 등이 있었다(임재현·한상삼·정승영 외, 2012: 179; 임서환, 2005: 302).

물론 당시의 상황적 제약을 이해하지 못하는 것은 아니지만, 이러한 정책 처방들은 대체로 근시안적이고 단기적 처방에 불과했다는 비판을 면할 수는 없다. 2001년 5월에는 신축 주택에 대해 한시적으로 양도세를 면제하는 정책을 내게 되는데, 이로 인해 부의 상징처럼 여겨지는 타워팰리스 아파트도 양도세를 면제받았다. 그러나 불과 두 달 뒤에는 전월세 안정 대책이 나오고 2002년 1월에는 '투기자 세무조사'에 나서게 된다(김수현, 2008: 220). 이러한 근시안적인 대책이 이후 강남을 중심으로 재개발·재건축 아파트의 폭등과 전국적인 부동산 광풍의 진원지가 되었다고 해도 과언은 아니다.

한편, IMF 직후 주택 공급의 급감으로 1999년 이후에는 공급의 부족으로 인한 전세 대란이 일어나며, 이는 중산층과 저소득층의 주거비 부담의 증가로 나타난다. 이에 김대중 정부는 주택 건설을 촉진하는 방향으로 정책의 초점을 옮겨갔다. 1999년 3월에는 '일자리 창출을 위한 주택 건설 10만 호 건설 지원책'을 발표한 데 이어 5월 3일에는 서민 주거 안

■ 표 3-1 참여정부 시기의 주요 주택정책

일자	주요 정책	주요 내용
2003.5.23	부동산 가격 안정화 대책	• 수도권 분양권 전매 금지 • 수도권 투기과열지구 지정
2003.10.29	주택 시장 안정 종합대책	• 종합부동산세 도입 • 투기지역 부동산 담보 대출 비율(LTV) 40% 하향
2005.2.17	수도권 주택 시장 안정화 대책	• 재건축 개발 이익 환수제 • 분양 시 채권 입찰제 실시
2005.5.4	부동산 가격 안정 대책	• 부동산 보유세율 강화 • 1가구 2주택 양도세 실거래가 과세
2005.8.31	부동산 투기 억제를 위한 부동산 제도 개혁 방안	• 6억 원 초과 주택에 종합부동산세 부과, 1가구 2주택 양도세 강화
2006.3.30	부동산 종합대책	• 재건축 초과 이익 환수제
2006.11.15	부동산 시장 안정화 방안	• 공공 택지 공급 확대, 분양가 인하
2007.1.11	부동산 시장 안정화를 위한 제도 개편 방안	• 분양가 상한제, 분양 원가 공개 • 전매 제한 기간 확대 등

자료: 임재현·한상삼·정승영 외(2012: 174~176).

정 대책, 8월 20일에는 중산층 및 서민 주거 안정 대책 등을 발표한다. 국민의 정부 주택정책 역시 사회적 소요(所要)에 직접 대응하기보다는 시장 기능의 유지에 초점이 맞추어졌다고 평가할 수 있다(임서환, 2005: 303~304, 309).

김대중 정부 시기의 주택정책의 초점이 IMF 경제 위기에 따른 주택경기 활성화에 있었고 부동산 가격 안정 대책이 폭락하는 집값을 잡기 위한 것이었다면, 노무현 정부의 부동산 가격 안정 대책은 폭등하는 집값을 잡기 위한 것이었다. 그런데 노무현 정부는 집값을 잡는 데 실패했으며, 부동산 정책에 대한 불신으로 인해 국민들은 노무현 정부를 외면했고, 보수 신문들은 무능한 정권이라며 몰아세웠다. 노무현 정부의 주요 주택정책을 표로 나타내면 〈표 3-1〉과 같다.

그 외에도 2007년 1월 31일에는 주택 시장 안정과 주거 복지 향상을 위한 공공 부문 역할 강화 방안이 발표되었다. 그것의 주요 내용은 2007년에서 2017년까지 총 26만 호 장기 임대 주택 추가 공급으로 장기 임대 주택 보유 비율을 선진국 수준으로 상향시키고, 비축용 장기 임대 주택 건설 재원 조달을 위해 임대 주택 펀드 설립, 주공 등 공공 부문의 수도권 지역 분양 물량을 확대하는 것 등이었다(임재현·한상삼·정승영 외, 2012: 180~183). 주택 200만 호 건설과 신도시 건설로 시작된 수도권 공화국으로 확대는 이러한 노무현 정부의 수도권 신도시 건설로 인해 더욱 심화되는 결과를 가져왔다.

사실, 노무현 정부는 부동산 시장 안정화에 많은 노력을 기울였음에도 불구하고 부동산 가격은 천정부지로 치솟았고 서민들의 박탈감과 주름은 늘어갔으며, 소득과 자산을 포함하는 양극화는 확대되어갔다. 노무현 정부에 대한 국민들의 외면은 바로 노무현 정부의 부동산 정책의 실패에 기인하는 바 크다 할 것이다.

2007년 대선 당시 이명박 후보는 서울 강남에는 종부세 폐지를, 강북에는 뉴타운 개발을 통한 자산 증대를 약속했다. 이것은 참여정부 기간 동안 주택 가격 폭등으로 주택 보유자와 비보유자 간에 격차가 커지고, 집 있는 사람 사이에도 격차가 벌어진 '욕망'의 틈새를 정확히 읽은 것이고, 2008년 한나라당이 승리한 '뉴타운 총선'도 그 연장선상에 있다(경향신문 특별취재팀, 2010: 118).

이후 이명박 정부와 박근혜 정부 모두 물량 공급 위주의 주택정책을 폈다. 이명박 정부의 기본적인 주택정책 방향은 규제 완화와 세제 개선을 통한 경기 부양에 있었다. 2008년 9월에는 양도세 과세 기준을 6억 원 초과에서 9억 원 초과의 고가 주택으로 상향 조정했고, 2008년 11월에는 재건축 규제도 완화하여 토지 투기 지역을 전면 해제했을 뿐만 아니라 재건축 아파트 용적률도 최대 70%로 확대했다. 이후에도 분양권 전매제한을 완화한다든지 다양한 세제 혜택 지원을 통하여 주택 거래 활성화를 꾀했다(임재현·한상삼·정승영 외, 2012: 178~180). 그리고 이명박 정부는 서민들의 주거안정을 위해 보금자리 주택안을 내세웠지만, 이명박 정부 내내 전세 대란이 서민들의 주거 안정을 위협했다.

박근혜 정부 들어서도 물량 공급 위주의 주택정책을 이어갔는데, 주거 안정 대책으로 기업형 임대 주택(뉴스테이) 공급 확대 외에는 이렇다 할 정책이 없었다(≪경향신문≫, 2016.1.15: 3). 뉴스테이 정책은 서민과 중산층의 주거 안정 대책으로 입안되었지만, 공공성 결여에 대한 많은 비판이 뒤따랐으며 사업성에 대한 회의도 많았다. 박근혜 정부의 주택정책을 이해하는 키워드 중의 하나는 '빚내서 집 사라'이다. 이명박 정부 때부터 지속된 전세난을 이기지 못한 일부 실수요자들이 저금리를 이용해 매매에 참여하고, 여기에 일부 가수요층들이 개입하면서 주택 거래를 뒷받침하고 있는 것이 오늘의 현실이다(조명래, 2015.12.22: 31). 그러면서 집주인들은 초저금리로 인해 전세를 월세로 전환하고, 세입자들의 전세난은 심화되고, 이들의 월세 부담은 늘어나 집 없는 사람들의 고통은 더욱 악화되었다. 한편, 가계 부채의 폭증과 주택 공급 과잉은 한국 경제의 뇌관으로 남아 여전히 부담을 주고 있다.

4. 주택정책과 주거 문화에 대한 단상들

1) 한국의 근대화와 '아파트 공화국'

주거 형태에서 '아파트 공화국'이라는 한국적 특수성은 한국의 근대화

▌ 부드러운 자연의 선을 침범하는 직선적인 아파트의 선

바닷가에 자리한 이 초고층 아파트 단지는 부드러운 산 능선과 자연스러운 해안선의 흐름과 조화를 이루기보다는 흐름을 거스르며, 주변 녹색의 산 능선을 시야에서 차단해 전체적인 스카이라인의 조화를 깨뜨리고 있다.

▌ 산기슭에 우후죽순처럼 지어진 아파트들

산기슭 상당히 높은 곳까지 아파트들이 들어서 있을 뿐만 아니라 가운데 있는 아파트는 왼쪽 위 모서리 사진에서 보이듯 도로 건설로 인해 잘린 절개지 위에 산 능선을 깎아 만든 부지에 지어졌다. 매우 아슬아슬하게 보인다.

과정과 밀접한 관련이 있다. 요컨대 서울에 보편적으로 존재하는 아파트 단지들은 강력한 권위주의 정부가 재벌과 손을 잡고 급격한 성장을 추구하면서 만들어낸 한국형 발전 모델의 '압축적 표상'인 셈이다(줄레조, 2007: 102). 압축 성장의 과정, 즉 박정희 정부의 근대화 정책은 권위주의적 정부가 재벌 기업과의 긴밀한 유착 관계를 통하여 경제성장을 추진했던 것이고, 이 과정에서 노동자, 농민, 도시 빈민과 같은 기층 민중의 이해가 배제된 노동 억압적이고 노동 배제적 발전 전략이었다. 이러한 의미에서 압축 성장이란 폭력적 성장, '폭압적 근대화'에 다름 아니었다(홍성태, 2007: 59~60). '폭압적 근대화'로 인해 우리 사회에는 '파괴적 개발'과 성장과 실적 위주의 전시 행정이 만연하게 되었으며, '빨리 빨리', '하면 된다', '속전속결', '까라면 까'와 같은 군사 문화가 전 사회를 지배하게 되었다. 이러한 군사문화는 공장과 기업은 말할 것도 없고 학교, 심지어는 개인의 일상에까지 침투했으며, 군대 이야기는 남자들 술자리의 단골 메뉴로 자리 잡았다. 그리고 이러한 근대화 정책이 가져온 획일적 가치는 오늘날에도 강력한 영향을 미친다.

박정희 정권은 도시로 밀려드는 인구로 인한 주택난을 민간에 의한 공급과 아파트의 건설로 해결하려 했으며, 이후의 정부도 민간 위주의 주택 공급정책을 실시함으로써 우리의 산하는 아파트 숲으로 뒤덮이게 된 것이다. 그리고 민간 자본 위주의 아파트 건설에서 무엇보다 중요한 것은 건설업자의 이익이었다. 따라서 주택과 부동산 투기가 만연하게 되었고, '파괴적 개발주의'가 만연하게 되었다. 즉, '아파트 공화국'으로의 변모는 인간이 자연으로부터 소외되는 과정이었으며, 인간과 자연을 부정하는 개발이었다. 아파트는 주변의 자연적인 능선과는 아무런 관련이 없이 불쑥불쑥 세워졌던 것이다. 이러한 예는 우리 주위에 너무나 많다.

그리고 자본 이익 중심의 정책은 근시안적 '파괴적 개발'과 더불어 기억과 전통의 상실을 가져온다. 이러한 기억과 전통의 상실은 우리 자신에 대한 정체성을 잃게 하며, 반성하는 삶을 어렵게 한다. 나아가 경제적으로도 가치가 있는 사회적 자원을 잃게 되기도 한다.

2)『난장이가 쏘아올린 작은 공』, '상계동 올림픽', 그리고 2009년 용산

『난장이가 쏘아올린 작은 공』이라는 소설이 있었다. 1980년대 '난쏘

공'이라 불리며 젊은이에게 필독서의 하나로 여겨지기도 했다. 이 책에서는 산업화가 본격적으로 진행되면서 우리 사회에 나타난 자본주의의 천민성과 그 속에서 소외되고 핍박받던 노동자와 도시 빈민의 모습이 '난장이' 가족으로 형상화되어 나타난다. 철거 계고장을 받아든 날 아침 '난장이'의 큰아들 영수는 '지옥 같은 세상에 살면서 항상 천국을 생각했고, 하루 생활은 전쟁과 같았는데, 그 전쟁에서 날마다 지기만 했다'고 회상한다. 그 전쟁에서 지더라도 모든 것을 잘 참았다는 어머니, 그런 어머니들을 때로는 조국 발전의 이름으로, 때로는 질서의 이름으로, 때로는 정의의 이름으로 억압하고 탄압함으로써 우리의 산업화와 '파괴적 개발'의 역사는 진행되었다. 우리 사회의 재개발과 철거의 역사에는 상식이 통하지 않았다. 사람이 죽더라도 잔인하게 진행되는 강제 철거, 사회적 약자에 대한 배려의 결핍, 주거권의 침해와 인권 유린, 불법적이고 음성적으로 이루어지는 탐욕스러운 투기 등이 재개발의 역사에 아로새겨졌고, 거기에는 보통 사람들의 보편적 상식이 적용될 수 없었다. 오늘날 '헬조선'의 역사는 어쩌면 식민지와 근대화 과정을 거치면서 생겨난 상당히 뿌리 깊은 사회현상이라는 것을 느끼게 한다.

최근 지은이에 대한 논란이 있었지만 황석영의 1980년 작품, 『어둠의 자식들』은 당시 철거민들의 애환과 상황을 매우 사실적으로 표현하고 있다.

> 매일 같이 천막을 부서대는 당국의 무자비한 정책에 무능한 남편을 원망해야 할지 아니면 당국의 높은 양반들을 원망해야 될지 그저 암담하고 답답하기만 합니다. …… 철거반이 지나간 자리에는 찢어진 천막 쪼가리와 판자만 남고, 살림 가구들은 흙더미 속에 난장판이 되고, …… 오늘 저녁에는 할 수 없이 어린 자식들과 한데서 별을 보고 자야 하는구나 생각하면 가슴이 찢어지고 피를 토할 것 같은 심정인 것입니다.3)

박정희 정부의 주택 개량 및 철거 재개발 계획에는 애당초 합리적인 철거민 대책이 없었다. 앞에서 보았듯이, 광주대단지 조성도 이주민들의 사회적·경제적 상황이 고려되지 않은 졸속적인 행정 편의주의적인 발상이었다(하성규, 2004: 460). 대부분의 철거민들은 아파트 입주권이나 택지 분양증을 전매하고 또 다른 무허가 불량 주택지에 정착할 수밖에 없었다. 철거민들이 아파트에 입주하기에는 분양 가격이 너무 고가였기에 철거민들을 위해서 지어진 것이라고 볼 수 없었다.[4] 다시 황석영의 『어둠의 자식들』을 통해서 당시 상황을 보자.

아파트 입주권 …… 정말 웃기는 소리 마쇼. 설사 아파트가 당첨이 된다 하더라도 돈이 없어서 들어갈 수가 없시다. …… 그런데 이상한 건 말요. 잠실 시영 아파트, 암사 아파트, 월계 아파트, 장안 아파트, 도곡 아파트 등등의 철거민들을 위해서 지었다는 아파트에는 진짜 철거민 들이 불과 손꼽을 정도라는군. …… 잠실 시영 아파트는 말이지, 철거민이 두 세대뿐이고 나머지는 죄다 엉뚱한 놈들이 차지했다던데. 이

---

3) 재개발 철거 과정에서는 항상 용역을 받은 철거 깡패들이 등장하여 무자비하게 폭력을 휘둘렀다. 노동자들의 파업 현장에도 어김없이 용역 깡패들이 등장하여 폭력을 휘두른다. 이러한 불법 폭력은 항상 국가 권력의 비호를 받았다. 경찰은 항상 불법 폭력을 휘두르는 용역업체 직원을 비호하고 노동자·철거민들에게 가혹하게 대했다. 국가 권력의 반민주성과 비인간성은 2011년 한진중공업 사태에서도 그대로 드러났다(≪한겨레≫, 2011.9.20: 10).

4) 이러한 상황은 2000년대 들어서도 예외가 아니었다. 서울 성북구 길음2동 일대, 길음 5구역 재개발의 경우, 원주민 재정착 비율은 21.7%에 불과한 것으로 나타나며, 세입자에 대한 배려도 별로 없었다. 그리고 재개발의 결과 뉴타운 지정의 혜택은 원주민이 아니라 모두 투자자에게 돌아가는 구조였다(경향신문 특별취재팀, 2010: 53~59).

건 내가 지어내서 하는 소리가 아니오.

폭력적이고 폭압적인 재개발은 정책이 바뀌고 정권이 바뀌어도 여전히 재생산되었다. '상계동 올림픽'과 같은 비상식적이고 무자비한 철거 사태는 품격과 국격을 외치던 이명박 정부에서도 다르지 않았다. 2009년 1월 19일, 용산 4구역 재개발 과정에서 정당한 보상을 받지 못했다고 생각한 세입자들은 남일당이라는 빈 건물에 들어가 농성을 벌였다. 그러나 다음 날 새벽 농성을 해제하기 위해 경찰 특공대가 투입되었고, 이 과정에서 철거민 5명과 경찰 1명이 목숨을 잃고 수십 명이 부상을 당하는 사고가 발생했다. 이를 흔히 세간에서는 용산 참사라 일컬었다. 2014년의 세월호 참사와 정부의 부적절한 대응, 그 진상 규명에 대한 회피, 시민집회에 대한 차벽 설치와 폭력적 진압, 백남기 씨 사망 사고에 이르기까지, 국가 권력에 의한 폭력은 여전히 자행되고 있다. 『난장이가 쏘아올린 작은 공』의 문제의식이 30여 년이 훨씬 지난 오늘날의 우리 사회에서도 유효하다는 것은 불행한 일이다.

5. 파괴적 주택개발과 뒤틀린 주거 문화

한국의 주택정책은 주거 환경의 개선과 주택 보급률의 측면에서는 괄목할 만한 성과를 이룩했지만, 공공 부문 위주의 주택 공급 정책이 아니라 민간 자본 위주로 주택 공급이 이루어지면서 많은 문제점을 낳았으며 부작용 또한 컸다. 우리나라 역대 정부의 주택정책은 집을 사는 곳이 아니라 돈이 되는 상품으로 변모시켰다. 한국이 아파트 공화국으로 변하는 과정을 강준만 교수의 표현을 빌려 상징적으로 말하자면, '말죽거리에서 타워팰리스까지'이다. 이 '말죽거리에서 타워팰리스'까지 달리게 하던 채찍은 바로 일확천금의 투기 광풍, 또는 '적나라한 욕망의 대질주'이며, 이에 의해서 아파트 공화국, 한국의 경제성장은 이어져 왔다고 해도 과언은 아니다(강준만, 2011: 24~25). 주택정책에서 파생된 문제를 구체적으로 살펴보면 다음과 같다.

첫째, 정부의 주택 공급 정책이 민간에 의존하다 보니 자본의 수익성 보장에 종속되었을 뿐만 아니라 토건 세력의 이해관계에 의해 좌지우지되었다. 아파트 '공급 부족론'은 모든 정권을 관통하는 화두였으며 진보 성향의 정권에서조차 공급 중심적이었다. 참여정부에서도 판교, 파주, 김포에 신도시를 건설했지만, 강남구, 서초구를 비롯한 소위 버블 세븐 지역 집값은 오히려 폭등했다. 그럼에도 이명박 정부는 여전히 주택 공급 확대 논리를 고수하고 있다(경향신문 특별취재팀, 2010: 109~111). 그리고 주택 공급이 늘어난다고 하여 서민들의 '내 집 마련의 꿈'이 실현되는 것도 아니었다. 지난 7월 통계청 발표에 따르면, 2010년 11월 1일 기준 우리나라의 주택보급률은 101.9%로 2005년 98.3%보다 3.6%p 증가한 것으로 나타났다. 그럼에도 불구하고 전세와 월세에 사는 가구 비율도 21.7%와 20.1%로 전체 가구의 40%는 여전히 주거 불안에 노출되어 있다(≪한겨레≫, 2011.7.8: 1). 박근혜 정부에서도 주거 불안의 문제는 지속되었다. 정부에서는 '빚내서 집 사라'고 했지만, 저소득 계층의 자가 점유율은 오히려 줄어들었고, 전세보다 월세 비중이 훨씬 더 높아져 저소득층의 주거비 부담은 더 늘었다. 우리나라 주거 불안은 주택 공급의 측면보다는 다주택 소유라는 주택 투기에서 비롯된 문제가 더 크다.

따라서 두 번째 문제점, 즉 복부인과 떴다방 등으로 상징되는 과다한 투기 성향의 문제가 제기된다. 정부의 주택정책이 민간 자본 위주로 운용되다 보니 재원 조달은 개발 이익과 부동산 투기 자금에 의존하게 되었다. 예컨대 미분양 사태가 빚어지면 융자 제도 등을 통해 구입 능력을 높여서 분양받도록 하는 것이 아니라 양도 소득세 감면 등의 수단으로 능력 있는 자에게 주택이 돌아가도록 해왔다(국정브리핑 특별기획팀, 2007: 15). 집과 부동산은 우리 사회에서 가장 돈이 되는 재테크 수단이었으며, 기업들도 정상적인 기업 활동보다 부동산 투기를 통해 더 큰 수익을 올리는 경우도 많았다. 이러한 과정에서 '강남 불패'니 '부동산 신화'니 하는 말들이 전설처럼 유포되었고 많은 사람의 투기 욕망 또한 커져 모든 국토의 투기화가 진행되었다. 그리고 주택정책이 자본의 수익성에 종속되다 보니 경기 활성화를 위해 많은 규제 완화가 이루어졌고 이 과정에서 주변 환경과의 조화보다는 '파괴적 개발'이 만연하여 전 국토의 난개발을 불러왔다.

셋째, 도시의 재개발·재건축 과정에서 특히, 권위주의적 정부에서 주거권의 침해와 인권 유린, 비민주적이고 무자비한 탄압과 비인간적 폭력 등이 자행되었다. 『난장이가 쏘아올린 작은 공』, 〈상계동 올림픽〉, '2009년 용산'은 우리 사회에 지배적인 비인간적 폭력성, 파괴적 개발, 성과 지상주의 등을 여과 없이 보여준다. 달동네 판자촌과 같은 불량 주거 지역에 간신히 고단한 육신을 누이던 도시 빈민들은 강제적인 폭력적 철거의 제물이 되었으며, 이 지역에 재개발 아파트들이 들어서는 과정에서 어떤 사람들은 투기를 통해 많은 부를 축적하게 되고, 대부분의 원주민들은 삶의 터전을 떠나 또 다른 불량 주거지로 옮겨갔다.

위와 같은 우리나라의 주택정책과 주거 문화는 지속 가능할 것인가? 아니면 패러다임의 변화가 올 것인가? 어느 것 하나 녹록한 상황은 아니다. 박근혜 정부의 주택·부동산정책 역시 건설 경기 활성화 대책에서 한 걸음도 나아가지 못했다. 하지만, 실수요보다 투기 목적의 부동산 매매가 횡행하고, 전세난은 심화되었다. 전세 물량의 월세 전환과 전세 가격의 상승은 가계 부담을 가중시켰을 뿐만 아니라 가계 대출도 덩달아 늘어나는 경향을 보였다. 투자를 위한 부동산 매매에의 참여, 부동산 거품에 대한 경계 심리 사이에서 외줄타기를 하는 것이 주택과 부동산의 현황이다.

부동산 투기가 주식 투자와 같은 점은 누군가 더 비싼 가격을 지불할 용의가 있을 때 상승한다는 것이다. 언젠가 ≪이코노미스트≫에 이런 글이 실렸다. 2000년 미국에서 IT산업의 거품이 붕괴되었을 때 실리콘 밸리의 차량 뒤에는 "신이시여! 거품을 딱 한 번만 더"라는 문구가 나타났다고 하며, 올해에는 "신이시여! 너무 늦지 않게 팔 지혜를 주소서"라는 차량 스티커를 달아야 할지도 모른다고 말한다. 즉, 이후에 더 지불할 누군가에게 의존해서 주식 투자를 해서는 안 된다는 것이다(*The Economist*, 2011.5.14). 누군가의 잘못된 선택에 의존하여 부동산 투기가 이루어지는 사회에서 건강한 주거 문화와 삶의 질을 기대하기란 난망한 일이다.

참고문헌

단행본

강준만. 2011. 『강남 좌파: 민주화 이후의 엘리트주의』. 인물과 사상사.
경향신문 특별취재팀. 2010. 『어디 사세요?: 부동산에 저당 잡힌 우리시대 집이야기』. 사계절.
국정브리핑 특별기획팀. 2007. 『대한민국 부동산 40년』. 한스미디어.
김수현. 2008. 『주택정책의 원칙과 쟁점: 시장주의를 넘어』. 한울.
박재룡. 2005. 「주택정책 실패 원인 분석과 개선방향」. 이건영 외. 『12인의 전문가가 풀어낸 주택문제의 해법』. 삼성경제연구소.

송건호. 1979. 「해방의 민족사적 인식」. 『해방 전후사의 인식』. 한길사.

윤혜정·장성수. 2003. 『주거와 주택』. 다락방.

임서환. 2005. 『주택정책 반세기: 정치경제환경 변화와 주택정책의 전개과정』. 기문당.

임재현·한상삼·정승영·최신융. 2012. 『주택정책론』. 부연사.

전남일·손세관·양세화·홍형옥. 2008. 『한국 주거의 사회사』. 돌베개.

전상인. 2009. 『아파트에 미치다』. 이숲.

줄레조, 발레리(Valérie Gelézeau). 2007. 『아파트 공화국』. 길혜연 옮김. 후마니타스.

통계청. 2009. 『2008 한국의 사회지표』.

하성규. 2004. 『주택정책론』. 박영사.

하성규·김태섭. 2003. 『한국도시재개발의 사회경제론』. 박영사.

한국주거학회. 2007. 『주거복지론』. 교문사.

허의도. 2008. 『낭만아파트』. 플래닛 미디어.

홉스봄, 에릭(Eric Hobsbawm). 1998. 『자본의 시대』. 정도영 옮김. 한길사.

신문·잡지·방송·인터넷 및 기타 자료

≪경향신문≫. 1978.8.12. "8大 아파트 건설업자 특혜 분양 공개하라".

_____. 2010.1.6. "서울, 세계 최악의 도시 3위?"

_____. 2015.12.22. "주택정책, 버려야 산다".

_____. 2016.1.15. "정부, 주거 안정 강화 대책 '뉴스테이 확대'만 보인다".

≪한겨레≫. 2011.7.8. "주택보급률 100% 넘어섰지만 10가구 중 4가구가 '무주택'".

_____. 2011.9.20. "'나는 용역이다, 김진숙 잡아라' 아이들의 용역놀이".

MBC. 2005.5.22. 〈이제는 말할 수 있다〉(제95회). "스포츠로 지배하라!: 5공 3S정책".

The Economist. 2011. May 14th. "The new tech bubble."

현대 주거 공간에 도입된 과학기술과 일상의 의미

고영삼 | 동명대학교 학부교양대학 교수

1. 도시화와 함께 도입된 주거 공간의 기술들

오늘날 주거 공간은 과학기술의 경연장이다. 현관의 디지털 열쇠부터 각종 주방기구들, 화장실 비데에 이르기까지 수많은 첨단 도구들이 구비되고 있기 때문이다. 이른바 가전으로 지칭되는 주거 분야의 기술 발전은 최근 인공지능 기술, 증강현실 기술, 디스플레이 기술 등 스마트 기술로 나아가고 있다. 조만간 공상과학 영화에서나 볼 수 있던 광경을 직접 누릴 것 같기도 하다.

현재로서는 아직 스마트 주거의 실체를 정확히 가늠하기는 힘들다. 스마트 주거의 기반이 되는 기술 자체가 계속 형성 중이기 때문이다. 어쨌거나 우리는 하루가 멀다 하고 '지상 최고의 편리함', '안방에서 느끼는 최첨단 헬스케어' 등과 같은 이미지를 연속 접하고 있는 것은 사실이다.

돌이켜보면 한국 사회에서 아파트도 그러하고 가전 과학기술의 역사는 일천하다. 흔히들 서양의 산업화와 도시화는 200~300년의 역사이지만 우리의 산업화와 도시화는 50년의 짧은 역사라고 한다. 그동안의 성장 과정에 견주어볼 때도 극적일 정도의 짧은 시간 동안 주거 환경은 많이 달라졌다. 이때 주거 환경이란 외적으로는 아파트이며 내적으로는 첨단 가전제품이다. 자본과 기술 만능주의자들이 만든 광고 문구가 여과 없이 떠돌아다니는 이 시점에 우리는 이제 주거에 도입되는 기술이나 가전제품에 의한 우리의 삶의 변화 양상과 그 의미를 살펴보도록 하자.

거시적 측면에서 한국 사회에서 주거는 변화의 연속선 위에 있다. 우리 조상들은 아주 오랫동안 농어촌 주거 문화를 누려왔다. 돌이켜보면 인간은 비를 피하고 몸을 따뜻하게 할 수 있는 움집을 개발한 신석기 이후 참으로 오랫동안 농어촌적 주거 생활을 해왔다. 물론 농어촌적 주거라는 것이 단 한 가지의 스타일만 있는 것은 아니다. 주거 양식은 지붕과 벽의 재료부터 시작하여 난방 방식에 이르기까지 자연환경에 따라, 그리고 신분과 재산에 따라 많은 차이가 있던 것이 사실이다.

큰 시야에서 볼 때 주거 공간에 과학기술이 뒷받침된 생활환경의 큰 변화는 1960년대를 기점으로 일어난 것 같다. 우리는 이 시기를 편의상 도시 주거 혁명 중 제1차 주거 혁명이 일어난 시기로 부를 수 있다. 생각해보니 필자는 1960년대 이후 우리나라에서 과학기술이 주거에 도입되는 과정과 괘도를 같이하여 성장해왔다. 그러기 때문에 한국 사회의 주거 부문에 과학기술이 도입되는 것을 필자의 어린 시절 성장 경험을 따라 한번 살펴보자.

1960년대 어린 시절을 농촌에서 성장했던 필자는 검정 고무신을 신고 산 고개를 넘어 학교를 다니던 시절이 있었다. 초등학교 2학년 때 '리어카'를 처음 접한 것으로 기억한다. 그리고 정오가 되면 읍내에서 오포(午砲)라고 하던, 12시 정오 시간을 알려주는, 스피커 음을 들을 수 있었다.

이것이 태어나서 처음으로 접하는 주거 기술이었다. 하나가 더 있었는데 그것은 바로 사진기다. 날씨 맑은 봄날, 마을을 오가던 재일교포의 흑백 사진기를 빌릴 수 있었다. 예쁘고 착한 누나들이 아끼어 보관해둔 일제 양산을 꺼내어 들고 폼을 잡는 곁에 어색하게 섰던 기억이 있다. 그 당시로서는 최고의 정밀 과학기술에 가까이 다가간 사건이었다.

초등 3학년 경이었던 것 같다. 아버지가 마루에 괘종시계를 장만하여 벽에 걸었고, 외장 건전지를 붙인 라디오를 장만했다. 적잖이 자랑스러워했던 것을 기억한다. 학교 오가는 신작로에 아스팔트 포장이 깔렸을 때가 4학년 때였다. 먼지구덩이 길 신작로에 놓인 아주 새까만 아스팔트가 깨끗하게 느껴져 고무신을 벗고 아스팔트 위에 맨발로 등하교를 하곤 했다. 동네에 전기가 들어왔던 때는 그즈음이었으며, 5학년 때 집에 흑백 TV가 장만되었다. 지금 생각하면 심각한 난시청 수준이었을 흑백 TV를 통해서 배삼룡, 구봉서도 처음 알았고, 도시 문명에 대한 호기심을 가지기 시작했었다.

5학년 말 공무원 시험에 합격한 큰형을 따라 부산으로 전학을 했다. 공부를 제대로 하기 위해서는 도시로 가야 한다는 아버지의 결심 때문이었다. 이때는 우리나라에 서울, 부산, 대구, 대전 등 대도시가 막 형성되던 시기였다. 그 당시 부산은, 시골내기 입장에서 볼 때, 서면 로터리 중심의 매우 큰 도시였다. 그러나 지금 생각해보면 도시 기반 시설이 허술하기 짝이 없었다. 그 당시 부산 연지동에는 산언덕에 재래식 변소에서 퍼낸 인분을 묻는 구덩이도 있었다. 지극히 서민적인 동네가 도시 중심지인 서면 로터리에서 버스로 10분 거리에 있었던 것이다.

곧 6학년이 되었다. 아파트나 학원, 특별한 놀이터도 없던 시절이었다. 학교를 마치면 그냥 주택가 골목을 뛰어다니며 놀았다. 단독주택의 초인종을 눌러서 주인이 나오면 도망가는 놀이를 하곤 했다. 단독주택의 제1

▌표 4-1 주거 공간 발전과 도입된 과학기술 제품

구분	농촌 주거기	전통 도시 주거기			스마트 도시 주거기
		1기	2기	3기	
시기	1960년대 이전	1960~1970년대	1980년대	1990~2000년대	2000년대 이후
주거 형태	농어촌형 단독주택	도시형 단독주택	아파트 등장	주상복합 등장	마천루 스마트 아파트 등장
냉·난방 기술	땔감, 집의 방향	연탄불	보일러, 에어컨	보일러, 전기침대, 전자담요, 에어컨	• 〈표 4-2〉 참조 • 전통 도시 주거기의 3기 제품에 지능 정보 신기술이 적용되어 고급화, 다양화, 대중화
주방·건강 기술	우물, 샘물, 솥, 장독, 창고, 땅속 저장	수도, 스티로폼 저장 상자, 연탄불, 세탁기	수도, 냉장고, 가스레인지, 보온밥통, 세탁기, 다리미	정수기, 생수, 김치냉장고, 세탁기 및 탈수기, 전자레인지, 압력(보온) 밥솥, 커피기기, 토스터, 다리미, 진공청소기, 전동칫솔, 비데	
미디어·교통 기술	리어카, 괘종시계, 라디오, 흑백 TV	트랜지스터 라디오, 흑백 TV, 백색전화, 초인종, 카메라, 버스	워크맨, 삐삐(Pager), 컬러 TV, 전화, 전자초인종, 카메라(대중화), 자가용	인터넷, 홈시어터, 벽걸이 TV, 휴대 전화, 가정용 무선 전화, 모바일 미디어, 방범 초인종, 디지털 카메라, 자가용(대중화)	

난방 재료는 연탄이었으나, 굴뚝을 높이 세운 대중목욕탕은 땔감으로 나무를 썼다. 겨울에는 연탄가스로 인한 질식 사망 사고가 심심치 않게 보도되기도 했다. 공무원 형님은 결혼하며 조그마한 집을 하나 마련했다. 당시에 전기밥통은 드물어, 알뜰한 형수님은 늦게 귀가하는 형님을 위해 연탄불로 만든 밥을 스티로폼 박스에 넣어 식지 않게 보관했다.

미국 대통령이 된 지미 카터(Jimmy Carter)가 한국의 인권 문제에 딴지를 걸던 1970년대 중반 무렵 도시화는 더 진전되었다. 중학생 때였다. 서면 로터리에 '초고층 건물'인 부산은행이 신축되었다. 9층이었다. 그 당시로서는 매우 놀라운 건물이었기에 친구들과 옥상에 올라가서 빌딩 저 밑으로 침을 뱉기도 하며 놀았다. 아직도 전화를 설치한 집은 매우 드물었기에 급할 때는 옆집 전화를 빌려 썼다. TV와 라디오가 제일 큰 재산이었고, 카메라가 있다면 좀 사는 집으로 간주되었다. 〈표 4-1〉에서 볼 수 있는 이른바 도시화 1기 시대의 광경이다. 연탄불을 사용하는 단독주택 밀집 주거형 도시가 1970년대 중반 이전의 상황이었다.

2. 아파트의 대중화에 따른 생활 과학기술의 도입

한국 사회에서 도시화와 주거 환경의 변화는 우리의 경제성장 속도에 비례하여 급속하게 진행되었다. 부산의 경우, 1970년대 중반 들어서 도로와 교통이 정비되는 등 도시화의 외연이 점점 확장되었을 뿐 아니라 인재의 유입, 정보의 집적화 등 내적 성장도 가속화되었다. 그리고 1980년대 들어서는 남포동 지역도 발전하면서 서면 로터리와 함께 다극 중심 도시로 발전했다. 이때 주거에 놀라운 변화가 발생했는데, 다름 아닌 아파트 주거의 등장이다. 도시화의 제2기 시대의 도래다.

아파트 주거 형태는 등장하자마자 선풍적인 인기를 끌며 선망의 대상이 된다. 그것은 편리함의 대명사였다. 난방을 위해 자다가 일어나 연탄을 갈거나, 집을 일일이 수리하는 부담을 일체 없애버린 주거 형태였다. 특히 주방과 거실을 연결시킨 동선 구조는 인기 그만이었다. 아파트는 과학기술이 주거에 정착하는 경연장과 같았다. 물론 콘크리트로 만들어지는 고층 구조 자체에도 복잡한 구조역학이 고려되었을 뿐 아니라, 더 과학적인 시공 기법이 사용되었다. 이 공간에 냉난방 제품으로는 보일러와 에어컨, 가전제품으로는 냉장고, 가스레인지, 보온밥통, 세탁기가 속속히 도입되었다. 아파트가 보편화되면서 가전의 대중화가 시작된 것이다.

도심에 세워지는 아파트는 경제적으로 최소 비용 최대 효율의 상징이었다. 대중교통의 정거장, 진입로, 엘리베이터, 현관과 초인종, 거실과 주방의 복합 구조, 편리한 화장실 ……. 이 모든 것이 효율 극대화를 추구하는 시대 요구와 부합되었다. 부산에는 남천동의 한 바다 매립지에 삼익아파트라는 고급 아파트촌이 들어서서 선망의 대상이 되었다. 인구에 비해 용지가 절대적으로 부족한 한국의 도시에 딱 맞는 주거 형태였다.

이렇게 아파트가 인기 있다 보니, 아파트를 배경으로 한 드라마나 이를 소재로 한 가요도 등장했다. 예를 들어 이국적 외모의 윤수일은 1982년 「아파트」라는 가요를 발표했다. 초인종 소리와 함께 시작되는 이 노래는 경쾌한 리듬 속에 고독하고 우울한 가사로 구성되었다. 당시 도시화라는 새로운 생활환경에 적응하느라 힘든 도시인의 애환을 위로해주어 인기 폭발이었다.

> 별빛이 흐르는 다리를 건너 바람 부는 갈대숲을 지나 / 언제나 나를 언제나 나를 기다리던 너의 아파트 // (중략) // 흘러가는 강물처럼, 흘러가는 구름처럼 / 머물지 못해 떠나 가버린 너를 못 잊어 // 오늘도 바보처럼 미련 때문에 다시 또 찾아왔지만 / 아무도 없는 아무도 없는 쓸쓸한 너의 아파트

그러던 1982년, 주거 문화에 또 하나의 혁명이 일어난다. 컬러 TV의 등장이다. 컬러 TV의 등장은 대중의 탈정치화를 위한 전두환 군부의 3S(Screen, Sports, Sex) 노림수라는 지적도 있었다. 그때 경제는 호황 국면이었지만, 정치는 시련 국면이었다. 어쨌든 컬러 TV는 가정의 문화를 컬러풀하게 바꾸었다. 연이어 대중은 전화, 카메라는 물론, 카세트 등을

집에 하나 둘씩 소유할 수 있었다. 젊은이들 사이에는 전자제품이 유행했다. 대학생들은 '워크맨'이라는 미니 카세트를 옆구리에 차고 다녔다. 그리고 예전에 국가 정보 요원들만 소지했던 삐삐도 점차 대중화되었다.

1990년대에 이르기까지 경제 상황은 널뛰기를 해도 도시화는 여전히 급진전했다. 과거의 경우 도시를 뜻하는 용어로 'city'가 사용되었지만 이때쯤 대도시를 뜻하는 'metro-city'라는 용어가 사용되었다. 도시 연담화(conurbation)가 보편화되고 이를 뒷받침하는 지하철 등 교통 기반 시설이 속속히 들어섰다.[1] 또한 이른바 신도시라 불리는 계획도시가 일산, 분당, 해운대 등에 들어섰다. 주거 측면에서 보는 도시화의 제3기로 나아가는 것이다.

제3기 시대에는 디지털 정보기술이 생활 속에서 더 확산되었고, 건축 소재 및 공법도 더 발전되었다. 1997년 국가 경제의 위기에도 불구하고 더 많은 과학기술이 도입되었다. 아파트 건설 기술에도 차별화가 일어났다. 계층에 따라 다소간 차이는 있지만, 기본 가전제품에 보태어 특수한 기능을 가진 가전제품을 더 장만하게 되었다. 보일러 외에 전기담요나 흙침대와 같은 침구 침대가 도입되고, 욕실 바닥 난방, 대중화된 에어컨 외에 가습기와 제습기, 대형화된 냉장고 외에도 김치냉장고·와인냉장고, 세탁기 외에도 탈수기·건조기, 보온밥통뿐만 아니라 압력밥솥, 수도 외에 음용 전용 정수기 등이 대중화되었다. 또한 복합 오븐으로 발전된 음식조리기, 진공청소기, 식기세척기도 인기 품목으로 판매되고 나아가 전동 칫솔, 비데 등도 흔한 기기가 되었다. 식단의 서구화에 따라 토스터기

---

[1] 도시 연담화는 2개 이상의 인접한 도시가 각기 성장하다가 공간적으로 결합되고 나아가 기능적 연관성을 가지고 하나의 거대 도시로 형성되는 것을 말한다. 영국 학자 패트릭 게데스(Patrick Geddes)가 『진화 속의 도시(Cities in Evolution)』에서 처음 언급한 도시 현상이다.

와 커피 기기도 주방을 차지했다.

제3기의 또 하나의 특징은 주거에 커뮤니케이션 기술이 대량 도입되었다는 사실이다. 예를 들어 인터넷, 가정용 무선 전화, 휴대전화, 디지털 카메라 등이 아주 보편화된다. 국가 경제위기를 맞아 도산하는 기업이 늘고, 빌딩 사무실은 텅텅 비고, 실업자가 즐비하던 1997~1998년 이후에도 휴대전화만큼은 이용자도, 가계의 비용 지출도 늘어났다.[2] 한국인의 호모 디지토 로퀜스(Homo Digito Loquens) 특성은 제3기의 특징이었다 (고영삼, 2005: 64~94). 한편 제3기 시대에는 자가용의 대중화에 따른 이동 능력도 매우 증가했다. 자가용은 갑갑한 도시인의 탈출구로 작용했다. 그리고 2000년대 들어서 고화질 평면 TV, 현관의 디지털 잠금장치, 조금 사는 집은 홈시어터, 벽걸이 TV 등이 자리 잡아 이른바 문화적 가정생활이 가능하게 되었다.

종합해볼 때, 제2기와 제3기에는 주거에 도입된 과학기술에 공통된 특징이 하나 있다. 그것은 국산 주방 가전제품 및 정보 기기가 차지하는 존재감이다. 1970년대 이전까지만 해도 상층 계급들의 보온밥솥과 가전제품은 외산 제품이었다. 그러나 1980년대 이후 국산 제품은 점점 신뢰를 받으며 확고한 자리를 차지해왔다. 우리나라 국가 브랜드보다 해외 인지도가 더 높다고 하는 삼성, LG, 대우 등에서 만든 가전제품이 우리나라 주방을 장악하기 시작한 것이다. 지금도 커피 기기는 외산으로 사용하는 사람들이 있지만, 우리의 일상문화가 계속 서구화되는 가운데 국산 제품이 신뢰를 획득한 것이다. 중·후진국을 다녀보면 우리나라처럼 홈플러스

---

[2] 임일섭(2001: 22)에 따르면, 1991년부터 2001년 사이의 연평균 소비지출 비중 증가율이 높은 것을 순서대로 보면 통신(11.06%), 개인교통(9.08%), 기타 주거비(7.25%), 가사 서비스(5.73%), 교재비(4.85%), 외식비(4.78%), 보충 교육비(4.40%), 교양오락 서비스(4.05%), 전기료(2.39%), 이·미용(2.07%) 등의 순서이다.

나 이마트 등과 같은 생활용품 대형 매장을 자국의 기업에서 운영하는 곳도 찾기 힘들고 자국의 가전제품을 대중화한 곳도 거의 없다. 세계화 시대의 우리의 자부심이 아닐 수 없다.

3. 스마트 주거 양식의 충격

2010년대는 스마트 도시 주거기이다. 편의상 4차 산업혁명기의 도시라고 할 수 있다.[3] 이 도시가 전통 도시와 다른 점은 지능 정보기술이 발전하여 도시에서 생성되는 많은 데이터를 지능형 정보 시스템이 관리할 뿐 아니라 사물인터넷(IoT: Internet of Things)이 보편적으로 활용되어 도시 자체가 아주 긴밀하게 연결된 유기체처럼 작동된다는 점이다. 이 도시에는 지능형 자율주행차가 잘 프로그램화된 교통 물류 시스템 속에서 안전하게 운행될 뿐만 아니라 에너지 공급, 위기 대응 등도 매우 세련된 방식으로 처리된다.

스마트 기술은 멀게 느껴지던 과학기술을 일상 속으로 끌어오는 역할을 수행하고 있다. 사실 우리에게 과학기술은 고마운 것이지만 매우 어렵게 느껴지는 것이었다. 가공할 만한 속도, 매우 미세한 단위까지의 셈법 등은 물론이고, 먼 거리에 떨어진 사람과의 영상통화, 첨단 의료 기술은 필요할 수도 있다. 그러나 소나 개를 복사해내는 과학기술들은 왠지 괴리감이 있었던 것도 사실이었다.

---

3) 2016년 1월에서 스위스 다보스에서 열린 세계경제포럼에서는 인류가 이제 4차 산업혁명기에 진입한다고 발표한 바 있다. 4차 산업혁명은 인공지능, 드론, 3D 프린터, 가상비서, 로봇 등 다양한 첨단 신기술과 사회의 요구가 공진화하여 나타나는 혁명이다.

분야	주요 시스템
안전·보안	침입·도난 방지 시스템, 주동 출입 시스템, 화재·가스 누출 감지 시스템, 구급 시스템, 통합 키 시스템, 외출 안전 시스템, 현관 출입 시스템, 엘리베이터 안전 시스템, 감시 시스템, 지하주차장 응급 자동 호출 시스템, 단지 내 CCTV
관리·가사	에너지 관리 시스템, 시스템 간 통제 시스템(실내·외 리모트), 조명 제어 시스템, 냉난방 조절 시스템, 환기 시스템, 전동 커튼 블라인드 시스템, 쓰레기 자동 수거 시스템, 자동 요리 지원 시스템, 자동 청소 시스템, 다기능 주방 라디오폰, 네트워크 냉장고, 주방 액정 TV,
문화·교육	스마트 거울 시스템, 대화형 디지털 TV, 멀티미디어 시스템, 취미 지원 시스템, VOD 시스템, 원격 교육 시스템, 교육 내용 자동 검색 시스템, 전자 미디어 북, 화상 회의 시스템, 스마트 업무 지원 시스템
건강·의료	원격 진료 시스템, 건강검진·체크 시스템(침실, 화장실), 지능형 인터콤 시스템(복용 시간 알림), 체형 자동 조절 침대, 스마트 운동기구, 거주자 체력 관리 시스템, 중앙 정수 시스템, 자동 수위·온도 조절 시스템, 욕실 비상 버튼 시스템, 스마트 샤워 시스템, 알람 스케줄 시스템

그런데 이 가공할 만한 기술들이 〈표 4-2〉에서 볼 수 있듯이 스마트 아파트의 이름으로 바로 우리의 일상에서 맛볼 수 있는 친근한 기술로 재탄생하고 있다.

앞서 〈표 4-1〉에서 주거 과학기술을 설명할 때, 분류 기준을 냉·난방 기술, 주방·건강 기술, 그리고 미디어·교통 기술 등으로 구분했다. 그런데 이제 스마트 시대에는 〈표 4-2〉에 볼 수 있듯이 안전·보안 기술, 관리·가사기술, 문화·교육 기술, 건강·의료 기술 등을 첨가해야 해야 한다. 과거의 분류 기준을 넘어서는 기술이 도입되는 것이다. 스마트 주거 기술이 일상화된 미래는 다음과 같은 모습이 아닐까?

아침에 일어나면 항상 화장실에 가는 김유비(67세) 씨는 오늘도 화장실 변기에 앉았으나 어제 과음 때문인지 속은 불편하고 머리는 띵하다. 변기에 앉으니, 변기가 그의 소변, 대변 그리고 체온을 순식간에 분석하면서 신장에 문제가 있다고 지적하고 있다. 그녀는 변기에 앉은 채 신장 분야의 저명한 의사에게 오전 중 원격 진료를 할 수 있도록 신청한다. 아침 식사를 하고 옷장 거울 앞에 서니 지능형 거울이 오늘의 날씨를 분석하여 어울리는 옷을 번갈아 보여준다. 스마트 기능이 내재된 그릇에, 가장 알맞은 온도로 담긴 음식을 먹고 난 뒤 유비 씨는 집을 나선다. 집으로부터 20여 분 이동했을까, 주방의 가스 밸브를 잠그지 않았다는 생각이 난 그는 휴대전화를 연결하여 가스 밸브를 잠그고 설비 시설의 안전을 점검한다. 그러고는 본인의 신체 파동에 가장 알맞은 음악을 들으며 자율주행 스마트 카로 직장에 도착한다.

이 스마트 주거 양식의 기본 기술은 스마트 기술이다. 이 기술들은 냉장고, 변기, 그리고 벽 등 기술이 자체 지능을 가지고서 인간의 필요에 능동적으로 작동해준다.[4] 이 기술이 가정에 도입되면 생활에 어떤 효과가 일어날까? 안전, 가사, 교육, 의료 등에 관련된 각종 시스템을 보면 이 기술이 도시화 이후 가정에서 전문가 조직으로 분리시켜갔던 가정의 원초적 기능들을 다시 회수하는 역할을 할 것 같다. 예를 들면, 경찰에게 위임되었던 보안 기능, 식당으로 위임되었던 가사 기능, 학교로 위임되었던 교육 기능, 병원으로 위임되었던 의료 기능 등을 집에서도 향유할 수 있도록 지원한다. 집이 이 기능을 단순히 되찾는 것이 아니라, 외부의 가장 나은 전문가를 시공간의 제약을 넘어서 편리하게 이용할 수 있게 한다.

이렇게, 스마트 도시 주거기의 아파트는 거리감 있던 과학기술을 대중의 일상 속으로 끌어들이는 역할을 한다. 고도 군사 과학 기술로 개발된

---

4) 스마트 기술과 스마트 시티에 대한 글은 홍효진·심정훈(2010: 229~247)을 참고.

통신 기술은 먼 곳에 있는 가족 간의 영상통화를 가능하게 하는 기술로, 고도의 감시 기술은 아파트 놀이터에 놓고 있는 아이의 안전을 지켜보는 기술로, 그리고 고분자화학 기술은 냉장고 속의 김치를 숙성시키는 기술로 사용된다.

4. 현대 도시의 주거 문화와 일상의 의미

1) 편리의 극단을 추구하는 '가전 욕망'

주거 분야에 과학기술이 스며든 이유는 무엇보다도 생활의 편리함 때문이다. 실로 한국 사회에서 도시화는 곧 아파트 주거 공간의 효율화에 다름 아닌데, 이 작은 공간에서 각종 가전제품들이 생활의 편리함을 지원한다. 최근의 기술은 더 극단적이다. 밥을 하는 것부터 시작하여 각종 조리에 시간 절약형 혹은 노력 절감형 제품들이 상상할 수 없을 만큼 많이 등장하고 있다. 더구나 이 제품들이 주방에만 있는 것이 아니다. 예를 들어 매우 근접 거리에 위치해 있는 24시간 편의점을 생각해보라. 이곳은 도시인의 또 하나의 공동 주방이라 해도 과언이 아니다. 라면과 같은 패스트푸드는 물론이고 이른바 '밥 힘'으로 사는 사람들을 위해 김밥, 도시락, 닭튀김, 제육볶음, 심지어 백반과 곰국, 갈비탕도 팩으로 있다. 편리의 극단이다.

실로 인간에게서 편리함이란 영원히 추구되는 그 무엇이다. 그런데 그것은 아무리 생각해도 행복과는 다른 것이지만, 죽도록 고생하며 살아온 한민족이 제일 선망하는 어떤 상태인 것 같다. 이 용어에는 한국인의 어떤 보상 심리가 내재해 있는 것 같다. 즉, 한국인이 그토록 추구하는 '편안함'은 역사의 수레바퀴에 깔려 한없이 고생해온 그늘 때문에 선망되는 것이다. 예를 들어, "그 집 아들 이번에 사법고시 걸렸데잉"라고 말하면 듣는 사람은 "아이코 그려, 인제 아들 덕분에 고생 안 하고 편할 끼구마"라고 한다. 사회 발전을 위해 활동하도록 기원하기보다 '편해진다는 것'을 먼저 언급한다. 우리에게서 '편함'이란 그냥 '편안해진다'는 의미가 아니라, '업보로부터의 벗어남'이다. 이런 이유로 추구되는 편리함은 극단으로 갈 수밖에 없다.

스마트 기술은 이렇게 극단적으로 추구하는 편리함을 지원하는 가장 절묘한 도구이다. 스마트 기술이 무서운 이유는 이 가전기술은 사람들이 의식하지 못하는 순간에도 작동된다는 사실 때문이다.

DVD(디지털 비디오 디스플레이) 영화를 즐기다 화면에 친구의 전자 메일이 도착했다는 메시지 발견. 답장을 써 보내고는 거실 냉장고 문에 붙은 LCD(액정화면)에서 몇 가지 문자메시지를 체크한다. 오늘 저녁 우리 가족의 식단. 곧 전자레인지가 인터넷에서 다운받은 조리방법에 따라 선택한 요리 시작. 그동안 뒤편의 세탁기는 빨랫감의 특성에 맞는 물살을 쏟아내며 저 혼자 작업을 끝마치고는 곧 '빨래 끝' 메시지를 안방의 텔레비전 화면으로 보내온다("온라인 가정, 문이 열리네", ≪한겨레 21≫, 2000.8.16: 18).

홈 네트워크에 대한 글이다. 홈 네트워크는 TV, 라디오, 전자레인지, 가스레인지, 냉장고, 세탁기, 에어컨 등 모든 가전기구가 연결되어 있을 뿐만 아니라, 컴퓨터와 인터넷으로 연결되어 있어서 그 자체가 살아 있는 하나의 유기체처럼 작동되는 가정 내 디지털 환경을 말한다. 홈 네트워크가 제공하는 일상은 편리성의 면에서 과히 혁명적이다. 스마트 냉장고는 음식물을 보관하는 고유 기능 외에 인터넷 혹은 LCD로 날씨나 식료품 시세, 주식 정보, 아파트 어린이 놀이터의 아이들의 놀이 동작까지도 실시간 제공한다. 주부는 LCD 화면을 통해 보관 중인 각 식품의 유효 기간, 신선도 등을 검색할 수 있다. 부엌은 음식만 하는 공간이 아니라, 주부들의 정보 수집 및 엔터테인먼트 문화 공간이 되는 것이다.

우리는 이들을 쉽게 수용할 것이다. 기술에 대한 신뢰도가 극히 높은 사람들이기 때문이다. 문제는 기술에 대한 신뢰는 '과학기술'과 이러한 기술을 배태한 '이성'과 '합리주의'에 대한 신뢰보다는 기술로 인해 향유할 수 있는 '편리함'의 선호 때문이란 것이다. 이때 편리함의 역설이 발생한다. 기술에 의존함으로써 지극히 편리해진 우리는 더 이상 욕망하기를 멈출까? 자크 엘륄(Jacques Ellul)은 모든 기술은 비용을 지불하면서 발전한다고 했다.[5] 원 없이 편리해진 어느 날, 우리는 돈이 아닌 예상치 못한 다른 어떤 비용을 지불할 수 있을 것이다. 그때 우리는 무엇을 생각하고 무엇을 욕망할까?

2) 안전과 위험의 경계선 위에 놓인 일상

과학기술의 지원을 받는 주거가 그렇지 못한 주거보다 항상 더 안전한 것은 아니다. 즉, 스마트 주거가 또 하나의 제일 가치로 삼는 안전의 실체를 짚어내야 한다. 목전에서 일어나는 스마트 주거는 안전을 보장하고 있는가?

---

5) 인간이 기술을 발전시켜왔지만, 기술 자체의 속성으로 인해 인간이 기술에 종속적인 존재가 될 수 있음을 사회학적 관점에서 깊이 있게 논하며 기술에 대한 균형 잡힌 사고를 할 수 있도록 하는 책으로는 엘륄의 『기술의 역사』(1996)가 있다.

복합 기능과 탁 트인 조망권 확보로 인기를 끌고 있는 초고층 아파트. 높이와 하중을 지탱하기 위해 강도 범위가 40메가 파스칼 이상인 고강도 콘크리트가 사용됩니다.…… 실제로 도곡동 타워팰리스의 경우 50에서 80메가 파스칼, 삼성동 아이파크는 60메가 파스칼의 콘크리트가 사용됐습니다. 하지만, 이 고강도 콘크리트가 화재에는 취약한 것으로 드러났습니다. 국내 한 연구소가 …… 실험을 해본 결과 50메가 파스칼의 콘크리트는 1시간 40분, 80메가 파스칼의 콘크리트는 57분 만에 허물어졌습니다. 기둥과 보 등 구조물이 화재에 버텨야 하는 시간은 건교부 안전규정상 최소 3시간. 그런 만큼 이들 초고층 건축물들은 불이 나면 사람이 대피하기도 전에 건물이 먼저 붕괴할 가능성이 크다는 지적입니다(YTN, 2007.10.29).

초고층 주거 방식은 자연에서 멀어짐의 위험은 물론이고, 화재의 위험도 크다. 과거 낮은 아파트는 철근 콘크리트로 지어졌지만, 고층 아파트는 철골 구조이다. 조그마한 화재에도 취약할 수밖에 없다. 더구나 스마트 홈 시스템이 유발하는 위험도 상당할 수 있다. 가정의 모든 기기가 하나의 유기체처럼 동작할 수 있다는 것은 위험하기 짝이 없다. 아날로그 시대에는 어떤 사물이나 일이 돌아가는 과정이 다소 느슨하다. 그리고 전체를 구성하고 있으면서도 개별적으로 작동하기에 하나의 오류가 전체의 사고로 연결되지 않는다. 그러나 고도 디지털 시대의 사물은 강하게 통합되어 있기에 하나의 코드를 모르면 전혀 사용하지 못하게 되며, 하나의 오류가 발생하면 전체의 오류로 된다.

이런 예를 잘 보여주는 영화가 어윈 윙클러(Irwin Winkler) 감독의 1995년 영화, 〈네트(The Net)〉이다. 컴퓨터 프로그래머로 나오는 샌드라 불럭(Sandra Bullock)은 디지털 네트워크의 원인 모를 오류 때문에 죽도록 고생한다. 이 영화 속의 이야기는 영화의 한 장면만으로 그치지 않을 수 있다. 누구에 의해서 안전을 보장받는가의 문제 때문이다. 가령 스마트 초고층 아파트에서의 안전이란 것은 전적으로 디지털 기술의 안전이다. 이러한 유형의 안전에는 인간의 자율 능력이나 배려, 양해 등이 통하지 않는다.

3) 마천루 아파트의 등장과 격차 문제

스마트 도시 주거의 시기에는 가정 내적으로는 스마트 기술의 시스템이 내장되지만 외형적으로는 마천루이다.[6] 그런데 이 마천루 아파트 문화에는 사회적 불평등 구조가 동행하고 있다. 알다시피 현대 한국 사회는 치열한 경쟁, 승자 독식, 낙오에 대한 두려움 등에 의해 불안 심리가 항상 팽배해 있는 정글 자본주의이다. 이 사회의 승자들은, 사회 일반의 불안에 아랑곳하지 않고 소유욕이 너무 강하다.

연전에 부산의 마린시티에 47억 원짜리 아파트가 출시되어 사람들에게 회자된 적이 있다. 여기서 혼이 난 택시 기사를 사건 다음 날 만났다. 기사는 이곳의 아파트 가로를 운전하다가 갑자기 뛰어든 강아지를 칠 뻔했단다. 다행스럽게 강아지는 무사했다. 그런데 땀을 식히고 있는데, 어

---

6) 마천루 아파트는 하늘 높이 치솟아 올라가는 아파트를 말한다. "2016년 완공을 목표로 한 부산 해운대의 108층짜리 두 건물 간 마천루 경쟁이 곧 본격화될 전망이다.……건축심의를 통과한 솔로몬 그룹 측은 2016년 완공을 목표로 시공사 선정을 서두르고 곧 착공에 들어갈 예정이어서 두 건물 간 마천루 경쟁이 불붙을 전망이다. 솔로몬 타워는 …… 높이는 418m로 해운대 관광 리조트보다 60m가량 낮고 내부시설은 아파트, 오피스텔, 호텔로 채워질 예정이다. 현재 100층 이상(400m) 건축물은 전 세계 8개에 불과하며, 우리나라에서는 완공된 사례가 없다"(≪매일경제≫, 2011.2.15: 29).

디서 잠옷인지 속옷인지 헛갈리는 옷을 걸친 여인이 나타나 1000만 원을 넘는 애견을 다치게 할 뻔 했다며 몰아세우더란다. 헐렁한 평민이 캐슬 (Castle)에 가서 혼난 이야기가 어디 이뿐이겠는가?

68평에 사는 한 주민은 "아들이 100평짜리 친구 집에 올라갔다 오더니 '우리 집은 거기다 대면 불우이웃 수준'이라고 말했다"며 "항간에 '호화판'이라고 소문난 것은 100평짜리일 것"이라고 말했다. …… 인근 슈퍼에서 프랑스산 치즈를 사던 100평 입주자는 "서울 야경이 바라다 보이는 욕조에 몸을 담그고 있으면 영화 '프리티 우먼'에서 백만장자를 만난 줄리아 로버츠가 된 느낌이다"라며 조심스럽게 웃었다("호텔? 아파트? 아파텔? 편리·첨단 총집합", ≪주간조선≫, 2003.1.30: 21).

그녀를 나무랄 수만은 없다. 그러나 그녀의 삶이 대중을 좌절시킬 수 있다는 점은 기억해야 한다. 사회가 지속하려면 무엇보다 공정해야 한다. 연전 미국의 한 컨퍼런스에서 가난한 사람만 말라리아에 걸리라는 법은 없다며, 유리병에 담긴 모기를 컨퍼런스 룸에 풀었던 빌 게이츠(Bill Gates)는 빈곤국의 말라리아 약 개발보다 대머리 치료제 개발에 투자금이 더 큰 것을 비판한 바 있다. 개인과 자본은 목전의 이익을 먼저 생각할 수 있다. 도시의 랜드마크가 되려는 듯, 하늘로 치솟기만 하는 스마트 아파트는 향후 주류 주거 양식이 될 수도 있다. 하지만 현재로서는 일반인들이 쉽게 넘볼 수 없는 특권의 상징인 것도 사실이다.

우리의 디지털은 아날로그와 융합되어야 한다고 하면서, 디지로그 (digilog)의 열쇠말을 제시한 이어령은 21세기로 들어서면서 정보 격차는 이념이나 빈부차보다도 더 심각하고 해결하기 힘든 난제라고 지적했다 (이어령, 2006: 150). 얼마 전 면담한 58세의 한 고위 공무원의 말이다.

내가 이제까지 한 30년 이상 공직에 종사했는데, 이제 부이사관이니 나름대로 인정받고 살아왔다고 할 수 있어요. 그런데 최근 아파트 시세를 보면 내가 잘못 산 것 같아요. 세상에, 한 10년 전에 구입한 단독주택을 팔아도, 그래도 명색이 내가 광역시 부구청장인데, 요즘의 유비쿼터스 아파트인가에 그곳에 전세도 못 들어 갈 정도입니다. 도대체 이게 제대로 됐다고 할 수 있나요?(한 지방정부 공무원과의 면담, 2011.8.25).

결국 마천루 아파트란 것이 많은 사람들에게는 부동산 투자나 재테크, 혹은 로또에 당첨되지 않으면 생각하기 힘든 꿈의 주택이다. 청년 실업자 120만 명 시대, 이른바 '사오정'·'오류도'라고 하는 고용 불안, 애들 학원비를 대느라 허리가 휘는 이 시대 사람들에게 다음과 같은 광고 문안은 어떤 의미일까?

"대한민국 맨 위를 위하여, 80층 누구도 오르지 못한 명품생활"(두산 위브더제니스)
"나에게 힐스테이트란 뉴욕의 최고급에 머물러도 모자라게 느껴지는 포근한 그 무엇"(힐스테이트)
"세상의 모든 도시에게 겸손이란 교훈을 주기 위하여 해운대 아이파크를 선택하다"(IPARK)

마천루형 아파트의 욕조에 누우면 한두 번은 〈귀여운 여인〉의 줄리아 로버츠가 된 것 같고, 〈타이타닉〉의 리어나도 디캐프리오가 된 것 같을 수도 있다. 그러나 반복되면 항상 그런 기분만은 아닐 것이다. 부자이거나 빈자이거나 그에게 반복되는 모든 일상은 진부해진다. 그 진부함 속에서 사람이 정말로 고상한 존재로 살아갈 방법을 갖기는 어렵지만, 어쨌든 돈 자랑은 본인에겐 진부하고 타인에겐 '진상'이다.

4) 과시 소비 주거 문화에서 공동체 해체

요즘 부자들은 '어디 사는지?'의 질문에 강남이나 목동 등 지역 이름보다는 아파트 이름으로 응답한다. 그래서 "어디 사세요?"라는 질문에 대한 응답은 이제 "래미안요!", "자이요!" 혹은 "난 힐스테이트 살거든요!"가 된다. 시공간을 넘어서는 과학기술이 내재된 곳에 산다면 굳이 '물리적 장소'를 말해줄 필요가 어디 있느냐의 것이다. 이러다 보니 이제 같은 장소, 혹은 골목길을 사이에 두고 같은 동네에 산다는 공동체 의식보다는, 서울에 살건 부산에 살건, 혹은 동해안의 어느 곳에 살건 상관없이, 단지 '아이파크'에 산다는 새로운 공동체 의식이 나타나고 있다. 계층에 기반을 둔 '의식 공동체'가 탄생하는 순간이다.

이것은 확실히 매우 한국적인 주거 문화 현상이다. 삼성이나 현대, GS, 대우와 같은 대기업이 그들의 주력 사업으로 아파트 건설업을 하면서, 경쟁적으로 브랜드를 만들어 홍보하면서 나타난 신아파트 주거 문화 양식이다. 이미 신뢰가 확보된 대기업에서 과학기술을 동원하여 내놓는 비싸디비싼 아파트에 살고 있으니, 이를 돋보이고 싶어 하는 건 당연하다.

문제는 첨단 마천루 아파트의 층수는 하늘을 찌르는데, 공동체 의식은 땅 밑으로 실종된다는 사실이다. 가진 사람들의 과시적 소비는 마천루 아파트가 중심이 되어 자동차, 의상, 핸드백, 가구, 그리고 가전제품으로 나타난다. 이 과시 소비의 바람에 사람 냄새는 날려 가버린다.

Oh my darling / Knock three times on the ceiling if you want me. / Hmm, twice on the pipe if the answer is no. // Oh my sweetness / (Knock, knock, knock) means you'll meet me in the hallway. / Oh-oh, twice on the pipe means you ain't gonna show.

오 나의 사랑 / 당신이 날 원하신다면 천장을 세 번 두드리세요. / 원하지 않으면 파이프 관을 두 번 두드리고요. // 오 나의 사랑 / (똑, 똑, 똑) 그것은 복도에서 나를 만나자는 의미지요. / 오오, 파이프 관을 두 번 두드리는 것은 당신이 나타나지 않는다는 것을 의미하지요.

이 노래는 「노란 리본을 달아줘요(Tie A Yellow Ribbon Round The Ole Oak Tree)」로 유명한 토니 올랜도와 던이 불러 1971년 빌보드 차트에 3주간 1위를 기록한 「세 번 두드려줘(Knock three time)」의 가사다. 올란도는 아래층에 사는 여인을 사모하면서 여인에게 자신을 사랑한다면 천장을 세 번 두드려달라고 노래한다(조정아, 2004: 251). 경쾌한 리듬 속에서 서민 아파트에 사는 사람들의 일상의 정감이 묻어 나온다.

그러나 우리나라에서 최근 붐이 일어나는 과학기술 주거 문화는 개인만이 너무 강조된 문화이기 때문에 우려스럽다. 스마트 문화는 공동체 문화와 대비된다. 시공간의 제약을 넘어서 개인의 신체 특성, 정신적 기호, 취미 등에 맞춘 맞춤형 문화이기에 전통적 주거 양식에 있었던 공동체 문화를 찾기란 힘들다. 이 '똑똑한 아파트'에서는 좀 모자라도 배려하고 아껴주는 사람의 관계가 탈색된다.

사실 도시는 사람끼리 모여 땀 흘리고 웃고 위로하는 곳이 되어야 한다. 어울려 사는 이야기 공간. 기억의 공간이 되어야 한다. 그런데 과시적 기술 소비문화가 설치는 곳에서 인간은 기억을 할 수 없다. 과학기술로 철저히 관리되는 환경은 어떤 장소, 그러니까 자연환경이 어떠하든 무관하게 항상 동일한 형태를 취하게 된다. 장소 감각이 거세된 공간이다.

과거의 주거는 지형이나 경관 등과 같은 자연환경을 중요하게 생각했다. 그러나 마천루 아파트에서는 장소가 소멸된다. 장소의 소멸은 자연 환경 속에서 자연스럽게 세계를 인식하는 '나'를 증발시킨다. 박훈아 (2008)는 이 부재를 틈타 자본과 국가권력, 미디어 등이 '나'를 주조해가는 것이 아닌가 우려했다.[7] 최병두(2002)도 과시적 소비 자본주의는 신경제의 정신 위에 탑을 쌓고 효율을 추구하는데, 그만큼 무언가를 지배하고자 하는 욕구에 의해 작동된다고 비판했다. 이 문화는 영토, 공동체 공간을 차례로 정복하고서 사이버 공간을 점령하고 마침내 인간의 신체까지 정복하고 상품화한다고 한다.[8] 아니, 이제 가전제품의 이름으로 인간의 영혼까지도 상품화하려 들 때 인간은 과연 행복할 수 있을까?

물론 첨단 기술의 아파트에서도 공동체 문화 형성을 위한 노력이 없지는 않았다.[9] 그러나 이곳에서 어울림의 낭만을 기대하는 것은 어리석은 일이다. 초고층 아파트 자체가 철저히 단절의 공간 구조로 되어 있기 때문이다. 이웃 간에 만난다 할지라도 선을 그어놓는 만남이다. 한국의 아파트를 보면서 놀라는 사람들은 제3세계 사람들이 아니라, 오히려 선진국의 사람들이다. 이들은 한국의 초고층 아파트는 아파트를 최초로 주장

---

7) 유비쿼터스 도시에서 장소 상실과 디스토피아의 우려를 에드워드 소자(E. Soja), 데이비드 하비(D. Harvey), 미셸 푸코(M. Foucault), 앙리 르페브르(H. Lefebvre)의 시각으로 비평한 글로는 박훈아(2008, 미발표문)가 있다.

8) 최병두(2002)는 자본주의의 정치와 문화가 지배의 성격을 가지고 인간이 주체적으로 참여하는 공간을 없앴다고 주장한다.

9) 예를 들어 어떤 아파트는 더불어 사는 사회를 위한 아파트 생활 문화 캠페인을 하고 있다. 구호는 다음과 같다. ① 이웃을 배려해서 아파트 에티켓을 잘 지켜요. ② 스스로 단지를 아름답게 가꿔요. ③ 사회를 생각해서 봉사와 나눔을 함께해요. ④ 환경을 생각해서 아끼고 보호해요. ⑤ 화합과 여가 증진으로 행복한 아파트 문화를 만들어가요 ["공동 문화생활 캠페인", ≪힐스테이트 라이프≫, http://cafe.naver.com/hillstate.cafe?iframe_url=/ArticleRead.nhn%3Farticleid=2923(2016.11.23 검색)]

하고 제안한 르코르뷔지에(Le Corbusier)의 것과는 성격부터 다르다고 지적했다. 르코르뷔지에는 못사는 사람들도 햇빛을 받고 바람을 쏘일 수 있게 하기 위해 고층 아파트가 필요하다고 주장했다. 자연의 공유화를 위해 제안했던 것이다. 그러나 한국의 마천루는 가진 사람들의 사유화를 위해서 존재한다. 돈 많은 사람들이 자신을 타인으로부터, 자연으로부터 격리시켜 놓는 방식이다. 21세기형 신형 게토(neo-getto)라고 부를 수 있을 것 같다. 이쯤 되면 자크 아탈리(Jacques Attali)가 고급스러운 단어로 지칭하는 디지털 유목민(digital nomad)은 디지털 디아스포라(digital diaspora)가 되어버린다.

과학기술 문명은 우리에게 좋은 것들을 많이 안겨주고 있는 것은 사실이다. 스마트 기술은 고급 의료 혜택을 받기 어려운 시골 벽지의 노인들에게 원격 진료를 통해 건강을 진단할 수 있게 한다. 또 그곳의 아이들이 U-교육 시스템(Ubiquitous Education System)을 통해 좋은 교육 혜택을 받을 수 있게 한다.

그러나 모든 기술은 양면성을 가지고 있다. 그렇기 때문에 기술을 경쟁적으로 도입하려는 시도를 멈추어야 한다. 우리가 어떤 기술이라도 도입할 수 있는 능력을 가진 것은 입증되었다. 이제는 기술이 인간과 사회에 어떤 의미를 가지는지를 성찰하면서 도입하는 것이 중요하다.

이럴 때 칼 폴라니(Karl Polanyi)의 통찰력을 도입해보면 어떨까? 죄르지 루카치(György Lukács), 카를 만하임(Karl Mannheim) 등과 교류했던 폴라니는 돈의 크기에 의해 인간의 가치가 정해지는 시장 만능의 신자유주의 문화를 비판했다. 프리드리히 하이에크(Friedrich Hayek)의 시장자유주의는 경제가 여타 부분을 일방적으로 주도하면서 인간의 모든 행위도 돈의 가치로만 환산하여 인간만이 가질 수 있는 고유한 품격을 없앤다는 것이다. 그는 현대 자본주의가 완전해지기 이전의 시대에는 정치, 경제, 사회, 문화 등의 각 부분의 가치가 골고루 인정되었었지만, 이제 경제만이 유일한 가치가 되었다고 비판한다. 그는 자본주의를 '악마의 맷돌'로 표현하며 이것은 결국 인간을 갈아서 가루로 만들어버릴 것이라고 주장했다.[10]

우리는 주거 기술을 효율성, 편리성, 그리고 경제적으로만 사고하는 문화를 넘어서야 한다. 그보다는 우리가 추구해야 할 궁극적인 가치의 문제로 보는 것이 좋을 것 같다. 예를 들어 행복, 위안 등을 기준으로 이해하는 것이다. 그렇게 되면 첨단 가전을 강박적이거나 과시적으로 도입하기보다는 적정한 정도로만 도입할 것이다. 더불어 지속 가능한 공동체도 가능하게 될 것이다.

참고문헌

단행본

고영삼. 2005. 「새로운 인간 유형: 호모 디지토 로쿠엔스」. 박재환, 일상성·일상생활연구회 엮음. 『현대 한국사회의 일상문화코드』. 한울.

김영진. 2005. 『시장자유주의를 넘어서: 칼 폴라니의 사회경제론』. 한울.

박훈하. 2008. 「부산의 공간변화와 삶의 인식 지형도」(미발표문).

이어령. 2006. 『디지로그』. 생각의 나무.

자크 엘루. 1996. 『기술의 역사』. 박광덕 옮김. 한울.

조정아. 2004. 『팝음악의 결정적 순간들』. 돌울새김.

최병두. 2002. 『근대적 공간의 한계』. 삼인.

10) 진보의 방향타를 잃어버린 시점에 재조명할 만한 폴라니에 대해서는 김영진(2005)을 참고할 것.

홍효진·심정훈. 2010. 「스마트시티를 통해 본 미래도시」. 한국정보화진흥원 엮음.『스마트 시대의 패러다임 변화 전망과 ICT 전략』. 한국정보화진흥원.

신문·잡지·방송·인터넷 및 기타 자료

≪매일경제≫. 2011.2.15. "마천루 경쟁", 29면.

≪주간조선≫. 2003.1.30. "호텔? 아파트? 아파텔? 편리·첨단 총집합", 21면.

≪한겨레 21≫. 2000.8.16. "온라인 가정, 문이 열리네", 18면.

≪힐스테이트 라이프≫. 2007. "공동 문화생활 캠페인". http://cafe.naver.com/hillstate.cafe?iframe_url=/ArticleRead.nhn%3Farticleid=2923(검색일: 2016.11.23).

≪LG 주간경제≫. 2002.4.17. "미래 소비의 주역, 20대의 소비패턴".

YTN. 2007.10.29. "초고층 아파트 화재시 붕괴위험". http://www.ytn.co.kr/_ln/0102_200710090503541377(검색일: 2016.11.23)

05

집으로 먹고사는 사람들

▌▌▌ ▌▌▌▌ ▌▌▌

김혜민 ㅣ 안전보건공단 산업안전보건연구원

1. 집 짓기는 밥 짓기?

한 도목수는 "옛날에는 '집 짓기'를 '밥 짓기'라고 했다. 밥만 주면 동네 사람들이 다 나와서 집 짓는 것을 도와주었다"(서재철, 2003.12.24)고 말한다. 밥만 있어도 집을 지을 만큼 과거 집을 짓는 과정은 비교적 간단했다. 집을 짓는 데 필요한 자재들은 주변에서 구할 수 있는 짚이나 나무, 흙과 같은 것들이었다. 지금 밥만 준다면 집을 지어줄 사람은 아무도 없을 것이다. 이제는 집을 짓는 데 기본적으로 시멘트, 철근 콘크리트 등 건축 자재들과 전기 기술자, 상하수도 시공자 등 전문적인 기술을 가진 사람들이 필요하기 때문이다.

집 짓는 것만큼이나 집을 사고파는 데도 많은 변화가 생겼다. 과거 집을 구하는 방식은 동네에 빈집이 있으면 이장이나 마을 사람들에게 이야기를 하고 들어와 사는 방식이었다. 빈집에 대한 정보가 없을 때는 동네에서 오래 산 노인들이 운영하던 복덕방을 통해 집을 구했다. 하지만 이제는 전문 부동산 중개인을 통해서 집을 사고판다. 집을 구하면 이사를 해야 하는데, 포장 이사나 입주 청소 등 세분화된 직업을 가진 이들에게 이사를 맡기는 게 보편적인 현대의 이사다. 즉, 현대의 집과 관련해서는 전문적이고 세분화된 직업들이 존재하고 있으며, 우리는 이러한 사람들을 통해 집을 만들거나, 사고팔고 있다.

집과 관련한 직업들이 나타나게 된 것은 집이 대량으로 생산되던 1960년대부터이다. 한국전쟁으로 많은 집이 파괴된 후 정부는 외국에서 원조를 받아 무상으로 제공되는 건축 자재를 사용해 긴급 구호 주택을 건설하기 시작했다(윤정숙 외, 2007). 공영 주택, 재건 주택 등으로 불리던 흙벽돌을 사용하여 만든 집에서부터, 시멘트로 만든 단독주택, 연립주택이 생겨났고, 농촌의 초가집들도 슬레이트 지붕을 얹은 주택으로 바뀌었다. 1970년대 들어 철근 콘크리트의 대량 공급으로 아파트들이 생겨났고 아파트 건설에 관련된 직업들도 생겨났다. 집을 짓는 것을 직업으로 삼는 사람들은 점차 아파트 전문, 일반 주택 전문으로 나뉘게 되었고, 대량으로 생산된 집들을 사고파는 '집 장수'들도 생겨나게 되었다. 아파트와 같은 공동주택을 전문으로 관리하는 경비원과 같은 직업과 전문 경비업체도 생기기 시작했다.

집과 관련된 직업에는 어떤 것들이 있을까? 한국고용정보원에서 운영하고 있는 한국직업정보시스템(http://www.work.go.kr)에서 '주택'으로 직업 정보를 검색해보면 건물시설관리원, 건축목공, 경비원, 분양 및 임대사무원, 인테리어디자이너, 주택관리사, 콘크리트공 등 다양한 직업이 검색된다. 이러한 직업들을 분류해보면 크게 집을 만들고(건축목공, 내선전공, 콘크리트공, 인테리어 디자이너, 건설견적원, 조경기술자 등), 집을 사고팔며(분양 및 임대사무원, 보험사무원 등), 집을 관리하는(건물시설관리원, 경비원, 청소원 등) 세 부분으로 나눠볼 수 있다. 그런데 예전에는 없었던 집과 관련한 직업이 현대에 들어 이토록 많고 다양해졌다는 것은 집의 의미가 과거와는 달라졌다는 것과 맞닿아 있다. 예전의 식모와 같은 집을 관리하던 직업들은 사라지고 없다. 그 대신에 다양한 주방기기와 생활가전제품들이 그 자리를 대신하고 있다. 주로 여성으로 대표되는 가사 노동자가 청소, 세탁, 요리, 양육 등 여러 분야를 아울러 관리하고 있었다면 이제는 가사도우미, 세탁원, 로봇 청소기 등 사람 또는 기계에 의해 구분되어 관리되고 있다. 집에 대한 관념들도 식구가 살아가는 공간이라는 가치 중심적 개념에서 개별적이고 분할된 공간으로 먹고, 자고, 씻는 등의 기능 중심적인 것으로 변했다.

그렇다면 집을 만들고, 사고팔며, 관리하는 등 집과 관련하여 과거에는 어떤 직업들이 있었고 현재에는 어떤 직업들이 있는지 살펴보도록 하겠다. 직업의 변화를 살펴봄으로써 집에 대한 의미도 어떻게 변화했는지 알아볼 수 있을 것이다.

2. 살기 위해 만들던 집을 이제는 산다

우선 우리가 살고 있는 이 집을 누가 짓는가부터 생각해볼 필요가 있다. 과거에 집을 짓는 사람은 누구였는가. 그리고 지금 집을 짓는 사람은 누구인가.

예전에야 시골에서 집은 우리 아버지하고 나하고 그렇게 지었지. 간단한 거야 그렇게 했고, 손 많이 가고 그런 거는 동네 사람들하고 같이 했지. 그땐 집이라는 게 우리가 다 지었으니까. 지금이야 도시로 나와야 돼서 아파트를 사가지고 들어와 살지(60대 남성 L 씨).

과거에는 살 집을 집 주인이 직접 짓거나 동네 이웃들과 함께 지었다. 집 짓기의 시작은 집을 짓는 날을 정하는 것부터 시작한다. 손 없는 날이라고 해서 귀신의 출입이 없고 운수좋은 날을 택하여 지신에게 제사를 모시고 좋은 자재를 구비하는 것으로 준비가 시작된다. 먼저 집터를 다지기 시작한다. 이때는 마을 사람 중 남자들이 나와 도와가며 집터를 다졌다. 집터가 잘 다져지면 집터를 나무로 막아 두르고 잘 다져진 땅 위에 주춧돌을 놓아 위치를 정했다. 이때는 마을 어르신이나 집을 지어본 경험이 있는 이들이 나와 주추의 위치와 간격을 정했고, 이 주추를 기반으로 기둥이 서고 지붕을 떠받치는 들보가 올려졌다. 토지를 다지고 주추와 기둥이 세워지면 대략적인 집의 틀이 완성된다. 이 틀을 중심으로 잘 다듬어진 나무들로 기둥과 기둥을 연결하고, 장정들이 들보 위로 올라가 지붕과 처마를 지탱할 가로의 재목을 퍼즐 맞추듯 세밀하게 맞추었다.

간단한 작업이 아닌 서까래를 올리는 전문적인 작업이 필요할 때는 도목수 혹은 도편수라는 목수가 이를 맡았다. 목수 가운데 상목수를 칭하는 도목수는 여러 목수를 총괄하는 위치에 있는 이로 지금으로 치면 현장 소장이나 책임자를 뜻한다. 그래서 비교적 큰 규모의 집을 지을 때에는 도목수의 지휘하에 여러 목수들, 그 집에 살 사람들, 그리고 주변에 살고 있던 동네 사람들과 함께 집을 짓고 자재를 날랐다.

도목수는 목수 기술만 뛰어나서 될 수 있는 것은 아니었다. 도목수는 여러 사람과 화합할 수 있는 인격도 갖추어야 하고 리더십도 있어야 했다. 왜냐하면 집 짓는 일을 기둥 세우는 일, 지붕, 추녀, 서까래, 창호, 마루, 석공, 미장 등 각 부분으로 나눠 소목수에게 나눠주고 그 일을 통합하여 관리해야 하기 때문이다. 그래서 작업장의 문제를 해결하고, 작업장

내 분위기를 모으는 일을 모두 주관했다.

이렇게 마을 사람들과 혹은 도목수와 소목수들과 함께 집을 완성하면, 집의 내부를 꾸미는 일은 가족들의 책임이다. 가족들은 기존의 관습에 따라 벽지를 바르고 한지로 창을 꾸미며, 창이 있는 곳을 기준으로 채광과 일조를 생각하여 가구를 배치한다. 이렇게 한차례 가족들의 분주한 움직임이 있은 후에 가족들과 그리고 일을 도왔던 마을의 주민들이 또 한차례의 축제의 장을 열어 마을의 유대를 보다 끈끈하게 만든다.

그렇다면 오늘날 집을 짓는 사람들은 누구인가? 현재 대도시에서 집은 대부분 아파트와 같은 공동주택이다. 공동주택을 짓기 위해서는 가장 먼저 입지 선정에서부터 건축주와 설계자의 전문적인 지식이 필요하다. 건물을 지을 수 있는 토지인지 아닌지에 대한 분석부터 시작해서 주위 상권과 역세권 등의 정보를 수집하고 차후의 발전 가능성도 분석 대상에 포함된다. 오늘날의 입지 선정은 과거의 풍수지리보다 역세권, 학교의 위치, 주변의 부대시설이 중요한 선택 변수로 여겨진다. 입지가 선정되면 건물의 대략적인 구상이 그려진다. 그리고 전문가의 손길을 거친 건축 허가서와 건물 설계도면이 나오면 이제는 건축 시공사의 전문 감독관들이 그 자리를 대신한다. 이들은 건축시공허가서를 해당 행정 부서에서 받아 건축 시공에 필요한 토지 측량을 거쳐서 철근, 콘크리트를 사용하여 토목과 골조 공사를 시작한다. 집을 지을 때는 경계 및 주변 환경 확인에서부터, 지반 조사, 전화선 확인, 전기 확인, 정화조, 배수로 파악, 상수도·가스 배관 확인, 도로 폭 파악 등 따져봐야 할 것들이 한두 개가 아니다. 그리고 이 각각의 작업을 전문적으로 담당하는 직업들이 존재한다. 건축 자재를 나르고 간단한 일을 하는 인부들부터 굴착기 기사, 전화 및 통신 관련 업자와 전기 기술자, 상하수도 공사 시공자, 택지조사가, 감리원, 현장 관리소장 등이 집을 짓는 것과 관련된 직업이다. 그런데 이런 직업들은 관련 전문 기술을 가지고 있을 뿐만 아니라 그 기술과 관련한 장비를 운용할 줄 아는 사람들이다. 예전에 땅을 파기 위해서는 대규모의 인력으로 이를 감당했지만, 현재 땅을 파기 위해서는 굴착기 운전 기능사 자격증을 가지고 있는 사람이 굴착기를 이용해 땅을 판다. 그래서 오늘날 집을 지을 때는 목수가 아닌 기계와 그 기계를 다룰 줄 아는 분야별 전문가들이 필요하다. 일단 나무 같은 건축자재를 다듬고 다른 인부들과 함께 공사를 해나갈 때 도목수 대신 관리, 감독하는 현장소장이 필요하다. 예전의 도목수들은 다른 목수들을 관리하기도 했지만 함께 육체노동을 하며 집을 지었다. 하지만 건축현장의 소장들은 육체노동을 하지 않는다. 사람들을 관리만 할 뿐이다. 현대의 집 짓기는 관리 감독 일을 하는 사람과, 실제 육체노동을 하는 사람, 배관, 전기 등 전문 분야를 다루는 기술자, 전문 건설 장비를 사용할 줄 아는 운용 기술자, 감리 전문가, 조경 시공자 등이 필요하다. 즉, 집을 만드는 데 필요한 직업은 과거에 비해 상당히 세분화된 것이다.

집을 짓는 데 필요한 새로운 직업들이 나타났듯이 집에 대한 의미도 역시 변했다. 과거 본인이 살 집을 직접 지은 경우, 그 집은 자기 삶의 보금자리이자 작품이었다. 그만큼 자신의 집에 대한 애착이 생겼을 것이다. 문짝 하나를 만드는 것에서부터 마당을 꾸미는 일까지, 집을 직접 지어 살았던 과거의 사람들은 지금으로 따지면 인테리어 전문가이자 건축 설계사다. 동네 사람들의 도움으로 함께 집을 지으면서 이웃 간의 정과 마을에 대한 애정도 쌓였을 것이다. 이제는 그 집에서 살게 될 내가 직접 집을 짓는 것이 아니라, 지어놓은 집을 사기만 하면 된다. 직접 짓지 않으니 그만큼 집에 대한 애정도 덜하기 마련이다. 만들어진 집을 사기 때문에 집은 내 삶의 보금자리이자 작품이라기보다는 자동차와 같은 상품이 되었다. 마을 어르신들의 삶의 지혜보다 과학적인 장비와 전문적 지식이 더욱 중요해지고, 상부상조의 공동체적 정신은 돈에 의한 계약 관계로 변화되었다.

재밌는 것은, 집을 직접 짓던 집 주인들이 이제는 집을 짓지 않고 취미로 가구를 만든다는 것이다. 큰 장롱 같은 것이 아니라 수납장과 같은 부피가 작은 가구를 만든다. 이른바 DIY(Do It Yourself)이다. DIY라는 용어는 우리나라에서는 1980년대 후반 한 백화점에서 DIY 코너가 등장하면서부터 알려지기 시작했다. 한 기사는 DIY를 하는 사람들을 "집안 목수"라고 표현[1]하기도 했다. 그런데 이 DIY를 전문으로 하는 가게들에서는 직접 만들고자 하는 가구를 만들 재료에서부터 만드는 과정을 담은 설명서까지 모두를 판다.[2] 대형마트뿐만 아니라 최근에는 인터넷 쇼핑몰에도 DIY 전문 코너[3]가 있는 것을 쉽게 찾을 수 있다.

집은 결코 취미로 만들 수는 없다. 그러나 인테리어 정도는 직접 하기도 한다. 셀프 인테리어가 각광받는 것은 전문 인테리어업체를 통해 하는 것보다 가격이 저렴한 이유도 있겠지만, 스스로 원하는 공간을 만들어 나간다는 성취감과 기쁨이 크기 때문일 것이다. 자신이 직접 인테리어

---

1) "책장, 의자, 식탁 등 작은 가구를 직접 만드는 「집안 목수」가 늘어나고 있다. DIY용의 반제품으로 제작할 수 있는 생활용품은 탁자, 선반, 다용도벽걸이, 옷걸이, 진열장, 벤치, 조립식 가구 등 매우 다양하다"(허승호, 1991.10.21: 23).

2) "새봄을 맞아 집안의 분위기를 산뜻하게 바꾸기 위한 집단장용품을 구입할 때 한 품목을 대량으로 취급하는 전문상가를 이용하면 전문가들의 조언과 함께 알뜰구매를 할 수 있는 장점이 있다"(박희균, 1992.4.15: 9).

3) "DIY는 불황으로 의자나 책상 등 소형 가구들을 버리지 않고 사용하는 사람들이 늘면서 자연스레 생겨난 트렌드다. 오픈마켓 옥션에서는 목재와 DIY 공구 등 가구 리폼 상품들이 '베스트 상품'으로 인기를 모으고 있다. 최근 상품 검색센터에 책상 다리, 가구 바퀴, 가구 손잡이 등 실속형 수리 재료가 대거 진입하기도 했다. 가구 부자재 판매량은 올 들어(1~8월) 전년 대비 55% 늘었다"(권오준, 2012.9.21).

한 사진을 블로그에 올리고 정보를 공유하기도 한다. 나의 생계를 보장하기 위해 스스로 혹은 동네 사람들과 함께 집을 짓던 것에서 이제는 분야별 전문 기술자가 상품으로서 집을 짓는다. 그리고 내 스스로 하는 작업은 셀프 가구 만들기나 인테리어 정도다. 이제 집을 만드는 것은 생계를 보장해주는 하나의 직업이 되었다. 그리고 그 직업들은 분야별로 나뉘어 기술로 평가받는 것이 되었다.

3. 집주릅에서 공인중개사로

집이 만들어졌으면 이제 그 집으로 이사를 가 살림을 꾸릴 차례다. 집을 사고팔기 위해서는 집의 거래를 전문으로 하는 직업인 '집장수'들을 만나야 한다. 예전에는 가쾌(家儈) 또는 집주릅이라 하여 땅이나 집의 매매를 알선하는 사람들이 있었다. 이 사람들이 거주하던 곳이 바로 복덕방이다. 복덕방은 생기복덕(生起福德)의 방(房)이라는 의미에서 붙여진 말로 토지와 주택을 풍수지리에 따라 중개함으로써 거래 당사자에게 복과 덕을 가져다 준다는 뜻을 담고 있다. 그런데 이 복덕방은 특별한 자격이 없어도 한 동네에서 오래 살면서 마을 곳곳의 어느 집안 개인 사정까지 잘 아는 사람이면 누구나 할 수 있는 것이었다. 그래서 대개 노인들의 일이었고, 복덕방은 동네 사랑방과 같은 곳이었다. 복덕방 주인은 집과 관련한 정보는 물론이고 그 집에 사는 사람들의 세밀한 속사정까지도 알고 있었다. 복덕방은 그 동네의 집과 관련한 소식이 모이는 곳이자 사람들의 소식까지 모이는 곳인 셈이다.

그러나 1983년 부동산 중개사 제도가 시행되면서 복덕방에는 큰 변화가 생겼다. 바로 전문 자격을 획득해야 하는 부동산 중개인이 생긴 것이다. 이들은 부동산 관련 법규와 부동산 중개 업무에 관한 전문지식을 갖춰 부동산 중개업의 허가를 받은 사람들이다. 복덕방은 공인중개사가 운영하는 부동산으로 바뀌었다. 이는 1980년대 후반 도시화가 급속도로 진행되면서 기와집들이 고층 아파트 단지들로 바뀌면서 부동산 시장도 보다 전문화되기 시작했기 때문이다. 특히 아파트 가격이 급등해 거래 금액이 커지면서 계약을 공식적으로 증명해줄 중개업소 역할이 커졌다. 부동산 관련 법률과 중개업소 자격 요건이 생겨났다. 주택을 사고파는 시장이 활성화되고 과열되면서 부동산 중개업소도 나날이 늘어났고, 따라서 각 중개업소들은 경쟁에서 살아남기 위해 전문성을 더욱 강화할 수밖에 없게 되었다.

주택시장 활성화와 부동산 투기 증가는 아파트 과열화 현상과 연관이 있고, 따라서 아파트 단지 주변 상가에는 한 집 건너 한 집씩 공인중개사 자격증을 내건 중개업소가 들어섰다. 이러한 과열 경쟁으로 1990년대 말 들어서는 아파트 분양 현장을 찾아다니는 '떴다방'까지 출현하기에 이르렀다(유하룡·고기정, 1999.10.20: 1, 3). 집과 직접 관련된 정보뿐만 아니라 그 집에 관한 일상적이고 세세한 정보까지 잘 알고 있던 '집장수'들은 이제 집이라는 상품만을 팔고 사는 '집 거래인'이 되었다. 이들은 집에 관한 경제적 정보에는 능한 전문가일지 모르나, 그 집에 살았던 사람과 그 집에 앞으로 살게 될 사람들에게 필요한 삶의 정보에는 무지하다. 이는 현대 사회에 집이라는 존재는 이제는 교환가치만이 강조되고 있다는 사실을 의미하며, 집을 사고파는 것과 관련한 직업들은 점차 전문화되어가고 있음을 말해주는 것이다.

그리고 이 변화는 이사하는 순간에도 잘 나타난다. 예전에는 아는 사람을 통해 차를 빌리거나 용달차를 빌려서 하는 이사가 일반적이었다. 동네에 이사하는 집이 있으면 아는 사람에 아는 사람까지 다 불러 모아 함께 짐을 나르고, 점심때가 되면 짜장면을 시켜 먹던 과거의 풍경은 사라지고, 이제는 전문 포장이사업체의 작업으로 한번에 끝나게 되었다. 짐을 싸고 용달차에 그 짐을 실으며 떠나는 집에 대한 아쉬움과 새로운 집에 대한 설렘을 느꼈던 것은 사라졌다. 아침에는 옛 집에서 출근한 사람도 저녁에는 새 집으로 퇴근하면 그만이다. 집 안의 가구며 옷가지며 모든 세간은 포장이사업체가 완벽하게 정리해준다. 이사 전문 업체의 등장역시 집과 관련한 직업들이 전문화되고 있음을 잘 드러내주는 것이다.

또한 최근에 들어서 개인 혹은 적은 수의 운영진으로 구성된 부동산임대업도 활성화되고 있다. 이 임대업자들은 민박, 펜션 등 여행객을 위한 부동산 임대에서부터 행사나 공연을 위한 숙소 임대 등 상대적으로 짧은 기간 동안 머무를 수 있는 집을 임대해준다. 또한 호텔, 모텔, 민박, 펜션에 이르기까지 손쉽게 공간을 빌릴 수 있는 모바일폰 애플리케이션의 성행과 에어비앤비와 같이 변화된 형태의 숙박 임대업 확대를 통해 우리는 한시적 형태의 주거가 진화하고 있는 것을 확인할 수 있다.

4. 식모에서 가사도우미, 그리고 로봇 청소기로

이제는 집을 관리하는 일과 관련된 직업들을 살펴보자. 1960~1970년대 '식모'는 흔한 직업이었다. 1960년대 중반부터 우리나라에서는 급속한산업화와 이에 따른 도시화의 결과로 많은 농촌 여성들이 도시로 올라와식모로 일을 했다. 식모는 남의 집에 고용되어 주로 부엌일을 맡아 하지만, 부엌일 이외에도 육아, 청소, 세탁부터 소소한 집 주인의 심부름까지집에 관한 모든 일(의사 결정을 제외한)을 한다. 한마디로 집을 관리해주는직업인 것이다. 1970년대 건설된 고급 아파트의 주방 옆에는 '식모방'이라는 작은방이 있었다. 당시에 '식모방'은 흔한 것이었다. 그만큼 식모들도 흔한 직업이었다. 그러나 현재 식모라는 말은 사라지고 가사도우미, 청소도우미, 베이비시터 등 전문적인 가사 관련 직업들이 생겼다. 그런데 식모나 도우미들의 일은 크게 다르지 않지만, 도우미들은 자신이 맡은 분야의 일만을 처리하고 보수를 받으며 정해진 시간에 출퇴근을 한다는 점이 다르다.

식모 외에 집을 관리해주는 직업이 있다. 경비원이 가장 대표적인 직업이다. 식모가 집의 내부를 관리해주는 직업이라면, 경비원은 집의 외부를 관리해주는 직업이다. 아파트가 보편화되면서 아파트 방범 및 공공의 영역을 관리해주는 경비원이라는 직업이 생겨나게 된 것이다. 또한 원룸이나 오피스텔과 같은 공동 주거 공간을 관리해주는 관리소장이라는 직업도 생겼다. 이들은 예전에 집안 구성원들이 직접 해야 했던 쓰레기 처리, 각종 시설관리, 택배 수령, 심지어 층간 소음으로 인한 주민 간 갈등 해소 등 다양한 일을 맡고 있다. 즉, 집을 관리하는 대부분의 일들이 모두 외부화되어 새로운 직업이 생겨난 것이다.

아침에 8시 반에 출근해서 5시 반에 퇴근합니다. 건물에 입주해 있는 40가구 관리를 하고 있습니다. 우선 아침에 오면 건물 주변에 쓰레기부터 모아서 분리수거할 거는 분리하고 정리합니다. 또 건물 주인과 특별한 일이 있으면 연락하는데, 이사 온 사람이 있으면 건물 주인하고 연락해서 계약을 하게 도와주고요. 이사 오고 나가는 사람들 있으면 형광등도 보고 갈고, 하수구도 정리하고 그럽니다. 집에 뭐 부러지거나 그런 거 있으면 가서 또 고치고요. 오후에는 주로 택배도 받고 하다 보면 하루가 갑니다. 주말에는 출근 안 하구요. 집주인이 저한테 거의 다 맡기고 있어서 신경을 써야 할 게 많죠. 생각해보면 내 집 관리하는 거

랑 같아요. 대신 돈 받고 일하니까 더 꼼꼼히 봐야 되는 것도 있고 그렇
죠(오피스텔 관리인, 50대 남성, P 씨).

집을 관리하는 작업의 많은 부분은 과학기술의 발달로 등장한 기계들
의 도움을 받기도 한다. 세탁기, 냉장고는 이미 집에서 없어서는 안 되는
필수적인 가전제품이며, 식기세척기, 심지어 로봇 청소기까지 등장해 집
안을 쉽게 관리할 수 있게 되었다. 또한 집을 관리하는 직업들 중 빼놓을
수 없는 것이 방범업체 직원들이다. 과거에는 주택 앞마당에 묶어놓은
누렁이가 빈집을 지켰다고 한다면, 이제는 각 집마다 붙어 있는 방범업체
스티커가 집을 지킨다고 할 수 있을 것이다. 열 감지, 자석 감지, 적외선
감지 기계와 더불어 경찰보다 신속한 대응에 대부분의 아파트뿐만 아니
라 일반 주택까지 현대의 많은 집들은 방범업체를 통해 집을 지키고 있
다. 이제는 가족들이 스스로 집을 유지·관리하지 않고 대부분 외부의 서
비스를 이용한다.

5. 집에 대한 의미 변화

과거 집과 관련한 직업들은 앞서 살펴본 도목수, 집주룹, 식모에서 굴
착기 기술자, 현장 관리소장, 부동산중개인, 가사도우미, 베이비시터 등
으로 바뀌었다. 집과 관련한 직업들이 생겨나면서 점차 집에 대한 의미
들도 세분화·전문화·외부화되었고 이는 집과 집이 가진 각각의 의미들
을 상품화하기에 이르렀다. 예전에 집을 수리하고 꾸밀 때에는 집주인의
손이 하나하나 들어간 작품이 이제는 도배 전문, 장판 전문 업자의 손을
통해 바뀌게 된다. 막상 그 집에서 살 주인은 손 하나 까딱하지 않고 자신

의 집을 갖게 되는 것이다. 집주인의 취향이 느껴지던 과거 집들은 이제는 전문 업자의 손을 거친 획일화된 집이 되었다. 그나마 집주인의 취향을 드러내주는 것은 신형 전자제품과 최신 유행의 벽지, 셀프 인테리어, 그리고 확장한 베란다의 미니 정원 정도가 아닐까.

88년도에 집을 사서 물 새는 것만 고쳐 쓰다가 한 1년 반쯤 후에 싹 수리를 했어요. 그 때 직접 구들장 다 뜯어내서 연탄보일러를 기름보일러로 바꾸고 장판 깔고 했는데 남편이 아는 사람 불러다 둘이서 다 했죠. 그러면서 벽지도 다시 바르고 그랬는데 그땐 직접 풀 만들어서 하나하나 다 붙였어요. 되게 힘들었죠. 하고 나서 앓아누웠는데 그때 앓아누운 게 아직도 기침할 정도. 그래도 직접 하니 좋았는데 지금 집은 수리하면서 인부들을 불러다 했어요. 베란다 새시랑 베란다 문하고 방문 고칠 때 한 명 불렀고, 도배랑 장판하면서 또 한 명 부르고, 화장실 고칠 때 한 명이서 다 하고. 시장 돌아다니면서 내가 벽지랑 장판은 골랐어요. 그래서 작업할 때 옆에 서서 같이 보고 그래했죠. 옛날에 비하면 정말 수월하죠. (예전엔) 직접 다 했으니까 고생 심하게 했죠(50대 여성, A 씨).

이렇듯 예전에 직접 자기 손으로 살집을 만들었으나, 현재는 많은 작업들이 세분화, 전문화되어 각각의 전문가들이 만들어준 집에 살게 되었다. 하나하나 손이 가던 나의 집은 이제는 나의 손이 갈 필요가 없는 공간이 되었다. 내가 살 공간이지만 주인인 나의 노력은 필요하지 않은 것이다. 집주인의 땀과 정성이 깃들지 않은 집이라는 물건을 사서 살기 때문에 그만큼의 집에 대한 애착이 덜할 수밖에 없다. 집 자체에 대한 생각뿐 아니라 현대인들의 집에 대한 가치 매김의 방식이 바뀌고 있다. 이제는 좋은 경관, 편리한 교통, 훌륭한 학군 등 사회가 요구하는 더 많은 가치들이 포함되어야 좋은 집이다.

하지만 집의 가치는 본래 가족들의 일상적 사건들이 녹아 있는 삶의 공간이자 휴식처, 안식처로서 기능할 때 가치가 있다. 그렇다면 왜 본래의 가치보다는 기능적 가치에 더 집중하게 되었는가. 그것이 이제는 집이 사용가치보다는 교환가치로서 더 중요하게 생각되기 때문이다. 집의 가장 중요한 기능 중의 하나는 삶을 영위하게 해주는 것이다. 즉, 'Live in'의 의미가 원초적이지만 가장 중요한 의미를 갖는다. 생을 유지하기 위해 음식을 섭취하는 기본적인 공간이 마련되어 있고, 옷을 위한 일정의 공간도 집은 마련해 두고 있다. 또한 외부로부터의 침입을 막아주는 안전성이 확보되며, 추위나 더위 등의 환경이 주는 고난을 극복할 수 있는 공간이 집이다. 하지만 현대 사회로의 이행에서 집은 'Live in'의 기능보다 'Deal in'의 가치가 더 높게 평가받게 되었다. 모든 물건이 상품화되는 사회로의 이행에서 집도 예외는 아니었다. 집이 하나의 상품으로 이해되면서 집과 관련한 다양한 시장을 형성했으며, 다양한 직종과 직업을 새롭게 창출했다. 집에 대한 의미 변화는 이렇듯 집과 관련된 직업의 변화에서도 찾아볼 수 있게 된 것이다.

참고문헌

단행본

윤정숙 외. 2007. 『한국 주거와 삶』. 교문사.

신문·잡지·방송·인터넷 및 기타 자료

권오준. 2012.9.21. "반값 넘어 가격 파괴 저가 수분크림 대박 땡처리 매장 급증". ≪한
　　경 BUSINESS≫.

박희균. 1992.4.15. "집단장 DIY 인기". ≪경향신문≫.

서재철. 2003.12.24. "그가 짓는 집에서 살고 싶다". ≪한겨레21≫, 제490호.

유하룡·고기정. 1999.10.20. "집중기획 용인 아파트에 '떴다방' 기승". ≪매일경제≫.

한국직업정보시스템. http://www.work.go.kr/jobMain.do(2017.5.19 검색)

허승호. 19991.10.21. "내집 물건 내손으로 만든다". ≪동아일보≫.

교외, 낭만과 현실의 공존 지대

류영진 | 일본 기타큐슈 시립대학 교수

김현명 | 창원시청 문화예술과 문화예술정책팀

1. 당신은 어디에 사십니까?

　부동산 시장의 살얼음판 같은 경기 변화가 주택 시장에 여러모로 찬바람 더운 바람을 일으키고 있는 시기가 이어지고 있다. 주거라는 것이 삶의 필수적인 요건인 이상 이러한 시장의 신호들은 언제나 민감한 것일 수밖에 없으리라. 이러한 상황을 고려한다면 교외 주거에 대한 수요가 얼마나 있을까 하는 의문도 든다. 하지만 2015년 단독주택 거래가 13만 건으로 2006년 이래 최대치를 기록한 데 이어, 2016년에 들어서도 각 주택공사의 외곽 단독주택들을 구매하고자 하는 연령층이 주로 40대라는 신문보도 등이 나오는 것을 보면(≪해럴드경제≫, 2016.3.16), 교외 주택은 아직까지도 주거에 대한 선택지 중 하나를 차지하고 있음을 무시할 수는 없을 듯하다.

■ 드라마 〈풀하우스〉

■ 영화 〈건축학개론〉

드라마 〈풀하우스〉와 영화 〈건축학개론〉의 스틸 컷. 우리가 머릿속에 그리는 낭만들이 교외 주택이라는 무대에서 공연되고 있는 것은 아닐까?

그렇다면 실제로 우리는 어떠한 의미로 교외에서의 거주를 생각하고 있을까? 교외 주택이라는 말을 단순히 의미로서만 풀어보면 '중심가에서 떨어진 외곽에 위치한 주택'이라는 뜻이다. 하지만 생각해보면 우리는 영화나 드라마, 소설 등 다양한 매체를 통하여, 단순히 교외에 있는 주택이라는 의미보다는 훨씬 다양하게 수식되어 있는 좁은 의미로서의 교외 주택의 수많은 이미지를 접하고 있다. 또한 그러한 이미지에 더욱 익숙하다. 영화 〈아메리칸 뷰티〉에서 미국의 전형적인 중산층이 사는 한적한 교외의 주택이 그려진다. 넓은 정원에 장미꽃을 키우는 우아한 분위기는 제목처럼 '뷰티'한 것으로 보인다. KBS 드라마 〈로즈마리〉에서는 교외 전원형 타운하우스가 등장해서 인기를 끌었고, 〈욕망의 불꽃〉, 〈더 킹 투하츠〉, 〈풀하우스〉 등의 드라마에서는 경제적 여유의 상징처럼 화려하고 으리으리한 공간으로서의 별장이 그려진다. 영화 〈귀신이 산다〉에서는 바다가 내려다보이는 거제도의 펜션형 하우스가, 〈굿바이 싱글〉에서는 스타가 거주하는 수영장이 딸린 전원주택이 등장한다. 〈건축학개론〉이 흥행한 이후 달달한 첫사랑에 대한 추억만큼이나 화제가 되었던 것은 제주도에 지어진 주인공의 주택이었다.

이러한 이미지 속의 교외 주택들은 도심부와는 대조되며 교외라는 공간이 가지는 특별한 아이덴티티로서 규정되어 우리에게 다가온다. 일하는 피고용자의 공간이자, 시간에 쫓기는 공간, 매연과 소음으로 가득 차 있어 심리적으로 비좁은 공간과는 대조되는 자유롭고, 여유롭고, 아름다운 공간이며 생활이 있는 공간으로서 제시된다. 악장가사 「청산별곡」의 한 소절마냥 "청산에 살어리랏다"라며 외치며 달려가고 싶은 그런 곳이다.

하지만 이러한 이미지로서의 교외와 실제의 교외는 과연 일치하는 것일까? 그것은 교외의 의미를 어떻게 보는가에서 차이가 나게 된다. 교외라는 공간을 단순히 산 좋고 물 좋은 곳이라는 자연적인 감상으로서, 도심부에서 멀어져 여가를 즐기는 감각으로서 보는 것에서 한 발짝 떨어져, 본디 교외(the Suburbs)의 개념으로 놓고 생각한다면, 교외는 중심가에서 떨어진 곳 자체를 일컫는 것이 된다. 이렇게 보면 교외의 범위는 훨씬 더 넓어지며 그 안에 자리 잡고 있는 교외 주택의 양상은 훨씬 더 다양해진다. 도심과 원교(시골) 사이의 모습이 바로 이 장에서 다루어질 교외의 이미지와 가장 비슷하다. 특히 한국처럼 교외가 도심의 빠른 확장과 함께 급격히 변동을 겪고 있는 경우는 교외 주택에서 삶은 더욱 넓은 의미에서 다양하게 다루어질 수 있다. 이전에는 서울의 교외였던 강남을 지금은 아무도 교외라 부르지 않으며, 오히려 경기권이 교외가 되었다. 지금은 그 경기도 권역마저도 중심가로 포섭되어가고 있다. 그 안에서 수많은 사람들이 새로운 교외를 찾아 이동했고, 또한 수많은 이들이 자신들의 목적에 따라 교외를 선택하지 않았겠는가?

교외, 즉 이 중심의 외곽에는 한편으로 "나도 이런 곳에서 살아봤으면……" 하는 교외(앞서 언급했던 이미지화되어 있는 교외)와 "도대체 이런 곳에서 어떻게 살까?"라는 교외가 공존하고 있다. 그렇기에 이 교외를 찾는 사람들의 양상도 다양할 수밖에 없다. 자신의 파라다이스를 찾아오는 이들도 있으며, 단지 싼 집값 때문에, 아니면 정말 이곳마저 없으면 갈 곳이 없어서 흘러들어 오는 이들도 있다. 교외 주택에서 영위되는 일상과 그로 인한 감성들의 그라데이션은 이러한 여러 경우가 함께 뒤섞인 것들이다.

그렇다면 과연 스스로 교외로 찾아든 사람들과 그렇지 못한 사람들의 동기와 원인은 무엇일까? 그들이 거주하고 있는 주거의 일상은 어떠하며 그들은 그 속에서 무엇을 느끼고 있을까? 지금부터 교외에서 삶을 꾸려가는 이런저런 사람들의 이야기들을 통해 일상을 고찰하고 유형화하며, 그 답을 함께 그려보고자 한다.

2. 능동적 이주자: 교외로 '이동한' 사람들

옛말에 "먹고 입는 것이 충분해야 명예와 수치를 안다"라는 말이 있다. 이 말은 인간으로서 의식주라는 기본적인 요건이 충족되어야 사람 구실을 할 수 있고 사람대접을 받을 수 있다는 의미이다. 오늘날 입을 것과 먹을 것이 없어서 고민하는 사람은 현저하게 줄어든 것은 사실이다. 그러나 어떠한 집에 사느냐의 문제는 아직도 그 무엇보다도 뜨거운 관심사 중 하나이다. 국민총생산액(GNP)이 2만 달러 수준으로 접어들었지만 집 문제는 해가 갈수록 심각한 사회문제로 논의되고 있다.

부의 많고 적음에 따라 천차만별로 달라지는 양상은 주거를 통해서 알 수 있는데, 이 장에서는 그중에서도 우리나라의 교외 주택의 현상을 통해 그 의미를 알아보고자 한다. 교외 주택의 현상은 전체적으로 보았을 때 도시의 열악한 도시 환경에서 벗어나려는 노력일 수 있겠으나 이 현상도 중산층 이상과 빈곤층의 상황을 살펴보면 그 상황이 극과 극으로 나뉜다. 제2의 집(second house)의 개념으로 주말형 별장, 펜션 타운 등으로 사는 사람들이 있는가 하면, 도심 재개발 등으로 인한 요인으로 교외의 비닐하우스, 쪽방촌, 달동네 등을 전전하는 경우도 있다.

먼저 교외로 왜 사람들이 이동하는가에 대한 것은 동기면에서 크게 '삶의 질 추구'와 '경제적 동기'를 들 수 있다. 삶의 질 추구는 특히 도시를 벗어나 한적한 교외의 자연 경관과 환경을 지향하는 경우가 있을 수 있다. 경제적 동기에 의한 이동의 경우는 다시 크게 주택 또는 직장 중 무엇을 우선순위에 두는가가 중요하다고 할 수 있다. 주택 지향형의 경우 내 집 마련이 큰 목표가 될 수 있겠고, 직장 지향형의 경우 직장과의 근접성이 더 중요한 요인이 될 수 있다.

20세기 한국 사회에서 가장 이상적인 주거 입지의 조건은 '도시의 편리함'과 '전원적 쾌적함'을 동시에 추구할 수 있는 장소이다(구동회, 1999). 이와 같은 조건이 잘 갖춰진 곳은 자연환경이 양호하고 중심 도시에서의 접근성이 상대적으로 탁월한 대도시 외곽의 교외와 시골이 될 것이다.

우리나라의 경우는, 서구의 경우처럼 교외와 도심이 거리가 있거나, 필요하면 새로운 도심을 만드는 것과는 양상이 좀 다르다. 예를 들어 강남개발 붐이 일어나기 전(1980년대 후반)에는 '한강 이남'이 서울의 교외 지역이었다. 그러나 현재 강남을 교외라고 생각하는 사람은 없다. 오히려 지금은 지속적인 도심의 확장으로 경기도 일대가 교외로 바뀌었으며, 현재는 경기도 지역도 도시화가 거의 완료되어가고 있다. 서울특별시 보다는 '수도권'이라는 말이 더 익숙한 것도 같은 맥락이다. 서구가 처음 교외를 선망하여 '한적한 교외'에 의미를 부여하고 찾았다면, 한국은 도시와의 거리를 크게 떨어뜨리지 않은 상태의, 즉 도심에 가까운 '도심의 끝자락으로서의 교외'에 자리하고자 한 것이다. 이런 의미에서 흔히 교외 주택을 말할 때 별장처럼 한시적으로 머무는 제2의 집이 있는 교외는 지역적으로 '농촌'까지 포함될 수 있고, 귀농이나 생태 공동체도 이에 해당할 수 있을 것이다.

일본의 철학자 우치야마 다카시(內山節)는 사람들이 시골이나 교외의 마을로 나가는 것을 '근대에 대한 니힐리즘'이라고 말하며 인간으로서 안정감을 찾기 위한 것이라고 평가했다. 나 자신을 둘러싸고 나에게 안정감을 줄 수 있는 여러 가지 것들이 그곳에는 있다는 것이다. 인간들은 일찍이 자연, 문화, 역사, 풍토, 이웃 등에서 멀어져 도시의 개인이 되었다. 그리고 사회제도들이(일본이라면 종신고용제, 연공서열제, 임금제도 등) 개인들을 감싸고 있었다. 이것들은 현대인들에게 그 나름의 안정감을 제공하는 것들이었다. 하지만 지금은 그것들이 차차 벗겨져 나가고 있다. 인간을 이익 추구의 도구로 취급하는 기업을 비롯한 각종 사회의 현실 속에서 개인들은 자신을 둘러싼 모든 것이 벗겨진 '알몸의 개인'이 되어버린다. 현대사회의 알몸의 개인들은 다시 자신을 아늑하게 감싸줄 것들을 찾아 이동하고 싶은 욕구를 느낀다(≪東京新聞 付朝刊≫, 2009.3.22; ≪朝日新聞 夕刊≫, 2009.7.22). 오늘날 한국에서 관찰되는 교외 이동에도 이러한 이유가 없지는 않을 것이다. 적어도 자기가 주체적으로 외부로 나가고자 결정하는 사람들에게는, 똑같은 이유는 아닐지라도, 현재 생활에서 자신에게 부족한 무언가를 찾아가고자 하는 욕구가 작용하는 바가 클 것이다.

능동적으로 전원주택으로 이주하는 사람들에게는 경제적 여건보다 우선하는 것이 주위의 경관과 삶의 질 부분이다. 또한 경제적 능력으로 보았을 때는 중산층 이상이며, 중심 도시와의 연계가 상대적으로 약한 사람들이 지배적이다. 이 집단은 직장 문제의 측면에서 통근이 자유로운 직장이거나, 통근이 필요 없는 퇴직자가 많을 수 있다.

천안시 동면 화덕리에 정착한 S 씨(49세)와 K 씨(41세) 부부의 경우 고향 마을에 귀농한 경우인데 800평 부지에 사육장 7동과 새끼장, 창고를 조성하고, 여기에 더하여 1만 6000여 마리의 오리를 키우며 6000평의 논밭도 소유하고 있다(≪월간 전원주택 라이프≫. 2006.11). 오리 농사를 주업으로 농사는 부업으로 꾸려나간다. 그러나 이 부부의 경우 교외로 이전하면서 어려움도 많았다.

> 2001년 우리 부부가 두 자식과 함께 농사를 짓겠다며 시골 아버지 집으로 들어왔을 때 현재 여든을 넘기신 아버지는 떨떠름해하는 기색이 많았고 가족의 시골살이에 대해 못마땅해서 6년 남짓 눈칫밥을 먹어야 했어요.

또한 이웃 간의 대화도, 고향 마을임에도 불구하고, 마을 사람들은 외지인 대하듯 쌀쌀맞았다고 회고한다.

> 처음 이곳으로 왔을 땐 이웃사촌이란 말도 다 옛말이구나 하는 생각이 들었어요. 도시만 그런 줄 알았는데 시골도 이웃이 남남처럼 된 것 같아 섭섭하더라고요. 우리가 먼저 인사를 건네고 또 정착해 산다는 걸 알고서야 조금씩 마음을 여는 것 같았어요. 잠깐 있다 떠나는 외지인일까 봐 냉담했던 거지요.

이러한 과정을 거쳐 부부는 도시민이 농촌 체험을 통해 자연의 싱싱함과 풍성함을 마음껏 가져갈 수 있는 농장으로 가꾸기를 소망한다고 한다. 특히 "농촌과 도시를 이어주는 도농 교류의 세계를 아우르며 울타리를 넓혀가고 싶다"고 말한 것으로 보아 이웃과 지역마을에 대한 애정이 각별함을 짐작할 수 있다. S 씨 부부의 경우 어느 정도 교외 정착에 성공한 사례라고 말할 수 있겠지만, 반대로 거주지를 완전히 이전했으나 실패하는 경우도 있다. 다음의 A 씨(44), R(59) 씨의 경우는 대표적인 사례이다.

집은 업체에 맡겨서 지었지. 잘 지어 놨거든. 그런데 처음 살기 시작하는데. 사람들 보는 게 정말 아니었어. 정말 힘든 게 많아지더라. 사람들이 힘들더라고. 좋은 공기도 좀 마시면서 휴식할 수 있는 데로 생각을 했는데. 이건 더 스트레스였고. 결국 처분하고 와버렸지.

교외로의 이주의 성공 실패 여부는 둘째 치더라도 이러한 양상들이 보여주는 공통점은 상당히 능동적이고 적극적인 이주 양상을 보여주고 있다는 점이며, 자신이 구성하고자 하는 교외 공간을 적극적으로 추구하고자 한다는 점이다. A 씨의 경우에서도 주거 공간을 '업체'를 통하여 짓는 과정과 공간에 대하여 '휴식'으로서의 의미를 부여하고 있음을 알 수 있다. 주된 이주의 동기는 주로 쾌적한 주거 환경, 교외 생활에의 동경, 생활 패턴의 변화 등에 대한 추구라고 할 수 있다. 이러한 이주의 경우 경제적 능력은 중산층 이상인 경우가 많으며, 자기 의사가 반영되어 스스로 이주한 경우가 대부분이다. 즉, 이러한 형태로 구성되는 교외 주거의 형태는 주로 주말이나 여가 시간에 거주하는 형태로서 주말 별장이나 실버타운 형태가 여기에 해당한다. 세컨드 하우스(second house) 형태의 부분 이주인 셈이다.

하지만 이러한 부분 이주는 자기 의사의 개입이 강했던 만큼 실제 교외에 뿌리내리고 있는 커뮤니티 집단과의 갈등을 불러일으키기도 한다. 앞서 사례들에게서도 주변과의 관계는 사례자들이 교외의 거주에 영향을 주는 주요 요소 중 하나였다. 특히 자신의 의사가 많이 개입되어 있고 그에 더하여 이상화하고 있는 이미지가 강하면 강할수록, 게다가 그 이미지를 지역에서 독단적으로 구현하고자 하는 경향이 강할수록 지역민과의 충돌 가능성도 높아지게 될 것이다. 인간 삶의 질은 각 개인이 지역사회에 유기적으로 통합될 때 더욱 고양될 수 있다. 구동회(1999: 201)는 교외 주거에 필요한 요소들을 설명하면서, '저층 건물의 개성 있는 주택', '편리성', '비배타성', '쾌적한 자연환경'과 함께 '이상적 공동체와 함께한다는 태도'(사생활 보호 및 사회적 상호작용)를 중요한 요소로서 꼽고 있다. 2009년 ≪경향신문≫에 실렸던 한 스님의 칼럼에서 의미 있는 구절을 읽을 수 있다. "사실 일부 우국지사(憂國之士)의 귀농까지 대부분 실패한 까닭은 도시적 시각으로 시골을 바라보았기 때문일 것이다. 시골을 생활과 결합한 농가 공간이 아니라 이미지로 구성된 별장 공간으로 간주한 까닭이다"(≪경향신문≫, 2009.9.18).

교외로의 능동적이고 적극적인 이동에 있어서 이동 주체들은 교외의 환경 위에 지금까지 누리던 도심의 혜택들을 덧칠하고자 하는 욕망을 의도적으로 또는 비의도적으로 표출하고 있는지 모른다. 우리보다 먼저 교외화가 진행되었던 미국에서는, '교외 거주자의 생활이 도시 신중간층의 새로운 생활양식을 상징한다'는 교외 양식론이 교외 이주의 중요한 정당성 제공의 논리가 되어왔다. 그러나 이에 대한 비판으로 간스(Gans, 1968)는 교외의 생활 방식이 교외는 물론 도시에서도 존재하므로 교외에서 나타나는 생활양식이라는 것이 존재하지 않는다고 주장했다. 급속한 산업화로 인한 폐해가 우리나라의 도시에도 이미 익숙한 상황에서 이곳을 탈출하려는 것은 예견된 결과일 것이다. 그러나 우리가 이미지로서 익숙해져 있는 일반화된 교외 생활이라는 것이 과연 있는 것인가?

2005년에 충북 괴산군에 교외 주택을 지은 B 씨(53)는 인천에 주거지를 가지고 있었으나 교외에서 도시와는 다른 여유로움과 쾌적함이 있는 공간을 절실히 원했다. 당시 해당 지역에는 같이 이전해온 사람들이 몇 가구 더 있었다. 그러나 지역민들과 함께 어울리는 것, 도시의 생활양식을 완전히 버리고 산다는 것은 결코 쉽지 않은 일이었다.

교외에 주택을 지을 때 많은 생각을 하고 왔지만 처리해야 할 일이 너무 많더라. 집이란 게 지어서 살아야 하는데, 주말에 한 번 정도 올 수 있는데 관리해줄 사람도 필요하고 …… 교외 주택에 나와서 좋은 것도 많아. 텃밭도 가꿔보고 원두막도 혼자 지어서 가족들하고 밤에 별을 보기도 하고 …… 그런데 어떨 땐 너무 할 일이 없어. 그래서 근처 사는 주민들하고 친해지려고 여러 번 말 붙이기도 하고 인사도 했는데 이상하게 좋게 보지는 않는 것 같아. 그 사람들은 내가 놀러왔다고 생각하는 것 같은데, 난 그렇지 않은데 말이야.

이것은 그동안 소외되었던 농촌사람들의 역사에도 묻어나 있다(≪경향신문≫, 1961.8.22). 교외의 사람들은 도시의 삶에서는 떨어져 있는 사람들이다. 특히 교외에서 생업(주로 농사나 어업과 같은 1차산업 분야)을 이어오던 사람들은 도시에 식량을 제공하고 생활을 지원하는 지원군으로서 스스로를 생각하는 경우도 있다. 이러한 경우라면 흔히 말하는 '도시사람'의 유입이 달갑지 않을 가능성은 더욱 높다. 낭만으로서 찾아온 교외에는 생업으로서 살아가는 사람들이 기다리고 있기 때문이다. 지역 주민들과의 마찰 문제는 왕왕 있을 수밖에 없는 일이다. 특히 유행처럼 '귀농'이 다뤄지고, 전원생활의 낭만이 다뤄질수록 교외의 사람들에게 이주자들은 가볍게 보일 가능성이 높다.

강원도로 귀농한 지 2년 만에 다시 도시로 돌아온 박 모(48) 씨는 해당 지역에서 주로 재배하지 않는 블루베리를 선택했다가 실패했다. 지역 어른들은 처음엔 참견했다가 박 씨가 밀어붙이자 '어디 잘되나 보자'는 식의 차가운 반응을 보였다. 박 씨는 "가치관이 다른 노령층과 다닥다닥 붙어 지내려니 사생활 간섭도 심했다"고 극심했던 스트레스를 떠올렸다. 노크도 없이 현관문을 열고 들어오는 일은 다반사였다. 원주민과 융화되지 못한 박 씨는 결국 귀농생활을 접을 수밖에 없었다.

경상북도로 귀농했다가 1년 만에 돌아온 김승연(37) 씨는 역귀농을 결심한 계기가 고령자와의 세대 갈등이었다. 함께 술을 마시다 마을 어른이 시킨 담배 심부름에 볼멘소리를 하자 김 씨에 대한 안 좋은 소문이 마을에 퍼졌다. 젊은 김 씨로선 정당한 반응이었는지 몰라도 마을의 오래된 서열 문화를 건드린 셈이 됐다. 김 씨는 "설사 갈등이 생기더라도 스트레스를 함께 풀 또래 그룹이 있어야 하는데 우리 마을은 30대 귀농자가 4명뿐이라 고립감을 느꼈다(≪중앙SUNDAY≫, 2016.9.25).

이 사례들에서 보듯이 지역에서 지속되어온 커뮤니티에 스며든다는 것은 결코 녹록한 일이 아니며 친밀감 형성에는 반드시 많은 시간과 노력이 필요하다. 기존의 도심 속 일상에 대한 거부로서 선택한 교외에는 도심의 각박한 환경의 대척점들이 이주자들을 맞이하는 것과 동시에 도심의 인간관계와는 전혀 다른 교외의 일상 또한 기다리고 있는 것이다. 환경이 그대로 자신의 일상으로 들어오고 누릴 수 있을 것이라고 느껴진다고 해서 인간관계도 그렇게 자연스럽게 편입될 것이라고 생각하는 것은 오산인 것이다. 교외에도 이미 지역의 토양을 형성하고 있는 일상이 있으며, 이주자는 그곳에 뿌리 없는 풀이 되지 않기 위해 어찌해야 할지를 고민해야만 하는 것이다.

B 씨의 사례로 돌아와 보면, 원래의 집과 먼 농촌의 주택의 위치도 문제가 되었다고 한다. 꼭 무슨 일이 있어서 도시에 가는 것은 아니지만 도

시로부터 거리가 먼 것은 생활상의 꼭 필요한 의료나 치안의 부족 현상을 낳기도 한다.

나는 원래 폐가 좋지 않은데, 지금은 왔다 갔다 하기가 너무 부담스러워. 친구들도 직장도 가족도 모두 도시에 있는 것도 문제지. 나만 여기에 와서 집이 잘 있는지, 깨진 창문은 없는지 보는데, 내가 남자지만 인적이 드문 이곳에 무슨 일이 생기면 문제일 것 같아. 지금이야 괜찮지만 몸 아프면 병원은 또 어떻게 가나 하는 고민이 들어.

다음의 예는 서울에 거주지를 가지고 있으면서 자발적으로 교외로 이전했으나 문제가 발생한 경우이다.

C 씨 부부(50대)는 서울 영등포구에 50평 아파트에 살다가 경제적 여유도 생기고 해서 1995년 이주하기로 했고, 산세가 좋은 양평의 단지형 전원주택에 입주했다. 서울의 집에는 대학 다니는 아들, 딸이 거주하며, C 씨 부부도 가끔은 서울에서 자녀와 지내기도 한다. 자영업에 종사하는 그가 서울로 통근하는 데는 1시간 걸리며 통근이 불편하지만 전원생활에 매우 만족하고 있고, 이주한 후에 텃밭과 정원을 가꾸고 아침마다 산책을 하는 등 생활의 많은 변화를 경험하고 있다(양평군 강상면)(구동회, 2004: 108).

이 사례로 볼 때 도심의 편리함과 농촌의 안락함을 동시에 추구하기 위해서는 이전에 거주하던 도시 생활의 양식을 포함한 도심의 집과 농촌의 전원주택을 동시에 유지할 수밖에 없음을 추측해볼 수 있다. 최상의 호화스러움은 무엇일까? 그것은 언제 어디서나 내가 추구했던 취향을 재현하는 것이 아닐까?

　도심으로부터 떨어진 지역에서 생활하고자 하나 자신들이 교외지역 사회에 적응할 필요가 없는(또는 적응하려고 하지 않는) 하나의 양상을 볼 수 있었다. 결국 인간이 교외 주택을 만들어낸 것은 더 쾌적한 곳에서 살고 싶은 욕망과 도시의 생활양식은 버리지 않고 유지하고픈 욕망을 결합해서 만들어낸 '변이된 생활양식'이다. 왜냐하면, 교외 생활이 도시문제를 해소할 것처럼 보였으나 실제로는 도시문제로 인하여 촉발된 양태인 인구 급증, 공동 소비 시설의 부족, 교통 체증, 여가의 부족, 공해 등에서 벗어나고픈 인간의 욕망을 반영한 것일 뿐 완벽한 해결과는 거리가 멀다고 말할 수 있겠다. 도시를 싫어하나 완전히 벗어날 수 없는 것이다. 보다 나은 삶을 위해서 교외로 나갔지만, 결국은 많은 부분에서 도시를 떠나 생활할 수 없는 사람이 적지 않듯이 교외 생활양식은 도시 생활양식과 다른 별개의 생활양식이 아니라 도시 생활양식의 변종에 불과하다.

　도심 외곽에 지어진 펜션의 경우, 한시적으로 도시민들이 그들의 삶을 벗어나서 여가를 즐기기 위해서 만들었으나 펜션을 통하여, 마냥 그 지역의 경관만 즐기는 경우는 흔치 않다. 그것보다는 도심에서 즐겼던 여가 활동(보통 음주, 노래방, TV 등)이 가능한 시설을 구비하는 경우가 많은 것을 보면 알 수 있다. 쉽게 이야기해서 도시의 놀이 생활 방식이라고 할 수 있는, 사람을 만나고, 식사를 하고, 술을 마시고, 노래를 부르는 등등의 생활양식은 그대로 도시적으로 유지하는 것이다.

　이제까지 제시한 사례를 중심으로 볼 때 알 수 있는 것은 중심 도시에 제2의 집을 두느냐 두지 않느냐가 중요한 변수가 될 수 있다. 즉, 두 가지 유형인 중심 도시에 제2의 집을 두는 형태의 '거주 분열형'과 완전히 교외로 이주하는 '전원 이주형'으로 구분이 가능하다.

　거주 분열형의 경우 중심 도시와의 연계가 강하고 경제적으로 여유가

있는 집단이며, 전원 이주형인 경우 중심 도시와의 연계가 약하고 상대적으로 경제적인 여유가 적을 가능성이 많다. 또한 삶을 교외에서 보내는 시간이 적고, 많음으로 기술한다면 대부분의 시간을 교외 주택에서 보내는 경우 해당 거주 지역에 많은 애착을 보임과 동시에 지역민들과의 교감을 중시할 것으로 예상해볼 수 있는 대목이다. 하지만 이러한 측면은 어디까지나 가능성과 확률 그리고 경향의 문제이며, 실제로 '거주 분열형'과 '전원 이주형'이 얼마나 교외 거주에 연착륙할 수 있느냐는 이들 이주 주체들이 추구하고자 하는 일상의 형태에 따라 좌우될 것이다. 능동적이고 적극적인 '이동하는' 사람들이기 때문이다. 일본의 지역학에서 사용되는 유명한 개념인 '바람의 인간(風の人)'과 '흙의 인간(土の人)'이라는 개념을 원용해보자면, 지역에 이미 뿌리내리고 있는 '흙'과 같은 지역사회에 '바람'을 일으키는 이동 주체는 잠시 스쳐가는 바람이 될지 씨앗을 안고 와서 뿌리 내리는 바람이 될지를 진지하게 고민해볼 필요가 있을 것이다. 그것이 지역의 '풍토(風土)'의 일부분이 된다는 고민과 함께.[1]

---

1) 일본의 지역학(地元學)에서는, '흙의 인간'은 한 지역에 뿌리를 내리고 그 지역에서 조상 대대로 살아가는 사람들을 의미하고, '바람의 인간'은 정주하지 않으며 짧은 기간 머물렀다 떠나는 경우가 많으며, 이질적인 문화들을 안고 들어오는 존재를 의미한다. 흙의 인간은 지역을 지탱하는 중요한 축이지만 새로운 발상과 변화의 시점을 가지기 어려우며, '바람의 인간'은 새로운 자극을 가져오지만 알력과 갈등의 원인이 되며 오해의 대상이 되기 쉬운 존재로 무책임하다고 비판받기 쉽다. 하지만 지역은 이러한 두 존재의 갈등 극복과 융합으로 '풍토'를 일궈내며 유지된다. 자세한 내용은 田中輝美·藤代裕之(2015)를 참고.

3. 수동적 이주자: 교외로 '떠밀린' 사람들

옛날 우리나라가 식민통치와 전쟁의 폭풍에 휩싸였을 때, 많은 사람들은 떠밀리고 또 떠밀려 여러 곳으로 이동했고, 심지어는 국경을 넘어 먼 곳으로 피난을 가기도 했다. 심지어 러시아로 이동한 사람들은 다시 우즈베키스탄 등으로 강제 이주를 당하기도 했다. 그런 엄혹한 시기에 '어디에서 어떻게 살고 싶다'는 고려 따위는 사치에 가까운 것이었다. 어쩔 수 없는 수많은 이유들로 인하여 자신의 거처에 대한 능동적인 결정이 불가능한 시기였다. 하지만 이러한 모습이 비단 역사책 속에서만 볼 수 있는 이야기는 아닌 듯하다. 물론 그 시대와 이 시대의 일상의 맥락이 같을 수는 없겠지만, '이동할 수밖에' 없는 동기와 조건에 의하여 이동을 받아들여야만 하는 사례는 지금 우리의 주변에서도 허다하며, 우리의 주거도 언제든 그런 식으로 이동될 수 있다.

교외의 호젓하고 예쁜 집에서 살고 싶으면 그 집을 짓던, 지어진 집을 구매하던 그만큼의 돈이 있어야 한다. 수동적 이주에서 가장 큰 핵심 요인은 바로 경제적 요인이다. 집값은 교육이나 직장과의 거리 등의 요소들을 상쇄시킬 만큼의 부담이다. 서울에 직장을 두고서 천안이나 수원에 거주지를 찾거나, 부산에 직장을 두고서 서부산권의 외곽인 양산 덕계 등을 선택하는 사람들은 경제적 여건과 자녀의 교육 문제와 직장 통근 문제를 집값이라는 부분과 적절히 절충한 경우라고 할 수 있다. 어느 정도 경제적 요인에 구속되느냐는 수동적 이주의 양상을 구별하는 척도가 될 것이다. 일반적으로 교외로의 이주는 더 살기 쾌적한 곳을 찾아서 능동적으로 이전하는 것이라고 생각되지만, 빈곤층의 경우는 자기의 의사와 관계없이 '이주되는' 상황으로 치닫기도 한다. 이러한 빈곤층의 교외 이주를 살펴보고자 한다.

앞서 서론에서 살펴본 바와 같이 한국의 경우 많은 이들이 도심에서 가까운 곳에 보금자리를 가지고 싶어 한다. 편익이라는 측면에서 가까운 거리를 선호하게 된다. 하지만 도심의 집값은 매우 높고, 또한 지속적으로 상승하고 있는 상황에서 도심에 내 집을 가진다는 것은 정말 어려운 일이다. 주요 도심의 아파트들은 평당 1000만 원 이상을 호가하는 경우가 허다하고, 서울 강남 일대라면 말할 바도 아니다. 결국 많은 사람들은 합리적인 선택으로서 도심에서 최대한 멀리 떨어지지 않으면서 어느 정도 주거 마련 비용을 감당할 수 있는 거주 조건을 탐색하게 된다. 신혼부부들이 교외의 임대 아파트를 구해서 첫 살림을 꾸리는 경우, 전세금 등이 상승하여 그 돈으로 집값이 낮은 교외에 새집을 구하는 것 등이 대표적인 예이다.[2] 실제로 이러한 조건을 만족시키는 주택들은 교외 신도시, 또는 단지형의 임대 아파트 등이라고 할 수 있다. 전국의 저가형 임대 아파트들은 일반적으로 결국 낮은 지가를 찾아서 대부분이 도심에서 거리를 두고서 위치하고 있다. 실제로 사회에서 은퇴하는 중산층들이 그동안 축적한 자금을 이용하여 교외 임대 아파트를 구하는 경우도 많다.

양산 덕계동에 거주하는 B 씨는 부산에 거주하다가 2010년 자녀의 취학과 함께 거주지를 옮겨갔다. 신혼 시절 사직동의 전월세에서 지내던 B 씨는 자녀가 취학하자 자녀의 공간 확보, 추가적인 수납공간 등의 필요성을 느껴 이사를 결심했다. 처음에는 직장과의 거리 등을 생각하여 도심 내에 주택들을 알아보았지만 보증금과 저축을 합하여도 도심 내에서 더 큰 주택을 구할 수 없다고 판단하여, 상대적으로 집값이 낮

---

[2] 전세라는 말이 서서히 사어(死語)가 되어가는 현실 속에서 이러한 양상이 지속될 수 있을지는 의문이다.

지만 공간적으로 여유가 있는 지금의 아파트로 이주하게 되었다(양산 덕계 'ㄱ' 아파트, B 씨, 49세).

이러한 사례는 중산층들에게서 나타나는 양상이다. B 씨는 모아둔 얼마간의 여유 자금 범위 내에서 이주가 가능한 사례였다. 이동의 경로와 위치 등에 대하여, 집값의 부담이라고 하는 조건을 제외하고는 최대한 적극적인 선택을 시도할 수 있다. 특히 교통에 대한 부담이 줄어들면 줄어들수록, 도심의 외곽이라는 주거 위치의 맹점은 큰 문제가 되지 않게 된다. 자녀들의 통학도 크게 어렵지 않게 되었다. 이들의 이주는 '경제적 규모의 축소'라고 하는 수동적 원인이 작용했지만, 주거의 선택에서는 제한된 범위 내에서는 자신의 의사가 반영되는, 이를테면 '5지 선다형'의 상황이다.

전에 살던 집보다 조금 더 넓어지긴 했어요. 자녀들 방도 따로 필요하고 해서 이사를 한 건데, 널찍하고 괜찮아요. 일단 공기가 너무 좋고요. 가까운 곳에 맛있는 식당도 많고 해서 좋아요. 아이들 학교에 가고 나면 가까운 덕계시장에 나가서 이것저것 하고 다니고, 애 아빠는 산책 가는 거 좋아해서 주변 구경도 많이 다녀요. 욕실도 전보다 넓어서 반신욕도 자주 해요. 큰 시내로 나가려면 차를 타고 가야 하긴 하지만 그거 말고는 딱히 불편하다고 할 게 없네요.

B 씨 내외의 일상은 지극히 평범하게 보인다. 집에서 많은 시간을 보낸다는 B 씨 부인의 경우는 집에서 요리를 자주 하고, 독서랑 목욕 등으로 대부분의 여가 시간을 보내고 있었다. "살 만해요"라고 미소 지으며 필자의 질문에 대답해주었던 사례자는 주거에 대한 어느 정도 만족감을

느끼고 있었다. 이것은 무엇보다 집을 소유했다는 경제적 안정감에서 비롯된다. B 씨의 가족은 안정적인 소득이 있어, 주거 유지에 아무런 문제가 없었다. 특히 B 씨는 집안의 가구 배치를 이리저리 바꾸는 것을 좋아했다. 이주 초기 이전보다 넓어진 주거 공간에 이전의 가구들만 들어가다 보니 공간이 많이 남았다고 한다. 특히 음악을 듣는 것을 좋아한다는 B 씨는 작은 진열장을 하나 구입하여 베란다에 놓아두고 그 안을 각종 음반으로 채워두고 있었다. 사례자는 "지금은 (주거하고 있는 공간 내에) 뭐가 많죠. 갑자기 집이 넓어져서 그런가, 이것저것 사다 넣고, 꾸미고 하다 보니 지금 이렇게 됐네요"라며 또 한 번 미소를 지었다. B 씨 내외에게 주거 공간은 자신들의 안정된 생활을 나타내고 또한 그것을 유지하는 작은 유토피아였다. 하지만 "살 만하긴 한데, 아이들 때문이라도 곧 다시 이사를 갈 계획이에요. 더 나이 들어 부부끼리만 사는 거라면 모를까? 회사 가깝고 학교 가까운 데가 아무래도 끌리죠"라는 담담한 사례자의 인터뷰처럼, 주거의 기반은 교외에 있으면서도 도시에 대한 동경은 여전했다. 경제적인 수동성에서 기인한 이주와 그로 인한 현재의 일상 속에서도, 도시적인 주거 생활을 동경하고 있음이 아닐까? 사슴이 사는 아파트라는 캐치프레이즈, 친환경이라는 수식어가 주거 공간의 홍보 문구로 등장하는 오늘날 교외 지역 타운하우스보다도 도심 속에 구현된 전원적인 쾌적함이 더욱 매력적으로 다가오는 것은 아닐까? 이들만의 유토피아가 애써 스스로를 위로하기 위한 방법일 뿐인지 생각해보게 된다.

이러나저러나, 가고 싶은 곳을 그나마 선택해서 움직이는 사람들에겐 최소한의 의사 반영이라는 것이 있다. 하지만 그러지 못하고 진통을 겪거나 '들어다 옮겨지는' 경우도 많다. 사실 한국은 서울에서 무려 80만 명을 퇴거시켜 역대 '세계 슬럼 퇴거 사건사'에 규모 면에서 2위를 차지한 나라다.[3] 그리 멀리 갈 것도 없이 박정희 정권의 '광주 대단지 사건'

이 터진 게 불과 40여 년 전이다. 1960년대 급격한 공업화로 인해 서울로 유입되는 인구는 급격히 증가했다. 이를 분산 수용하기 위한 신도시 건설이 계획되었는데, 그것이 '광주대단지사업 종합계획'이었다. 임미리(2012)에 의하면, 이 사업으로 서울시의 철거민들이 1969년 9월부터 강제 이주를 통하여 떠밀려 나가게 되었고, 1971년경 단지 내 전체 인구는 약 14만~16만 명까지 늘어났다. 이들은 현 주거를 포기하고 다른 주거를 선택함에 있어서 개인의 의사 반영이 거의 없었다. 도시 내에서도 판자촌에 거주하던 그들은 이주 후에도 여전히 가건물이나 천막집에서의 거주가 이어졌다.

이러한 경우는 현 주거에 대해서도 상당히 불안정한 위치에 있으면서, 동시에 새로운 주거지를 구하는 과정도 불안정하다. 심지어는 새로운 주거지에서의 생활마저도 다시 올 주거 이동의 예고편처럼 불안정의 연속이라고 할 수 있다. 이들의 교외 이주는 'OX퀴즈'의 선택지처럼 철거를 당하느냐 이동하느냐의 선택일 뿐이다. 다음 사례를 한 번 보자.

이 씨는 사당2동 달동네 집에서 살고 있었다. 마을 주민들은 주로 일용직 노동자나 택시 운전사들이었다. 1986년 본격적인 철거가 시작됐다. 외국인 관광객을 맞이하기 위해 서울 이곳저곳에서 '도시정비'라는 이름으로 재개발이 진행되던 시기였다. 이 씨는 멀지 않은 관악구 봉천동에 새로 자리를 잡았다. 그러나 봉천동에서도 재개발 이야기가 들려왔다. 봉천동에는 사당2동, 사당4동에서 밀려온 이주민이 많았다. 이 씨

---

3) 마이크 데이비스(2009)의 저서 속에 소개되어 있는 '세계 슬럼 퇴거 사건사'에서 한국은 1988년 서울시가 80만 명을 퇴거시킨 것으로 나와 있다. 이것은 같은 저서에서 1995~1996년 동안에 발생했다고 소개된 미얀마 양곤의 100만 명 규모의 강제 퇴거 사건 다음의 규모이다.

는 93년 관악구 신림동으로 또 집을 옮겨야 했다. 신림동에서도 그는 다시 재개발 등살에 밀려나야 했다. 그가 떠난 자리에는 모두 대규모 아파트 단지가 들어섰다. 결국 이 씨는 97년 경기도 과천시 비닐하우스 주거촌인 꿀벌마을에 자리를 잡았다(≪한겨레≫, 2009.2.4. 일부 재구성).

이러한 떠밀림의 연속이라면 주거 불안은 당연히 지속적으로 발생하게 된다. 결국 위의 경우도 경기도 교외의 비닐하우스촌으로까지 밀려나게 되었다. 하지만 그곳이 종착역이라고 말할 수 있을까? 특히 한국처럼 특정 도심의 확장 속도가 빠른 경우 교외가 도심으로 포섭되면, 떠밀린 이들은 다시 더욱 열악한 교외를 찾아야 할 것이다. 또한 이런 경우의 대부분은 사회적 약자에 속하는 사람들이다. 불안정한 환경은 필시 불안정한 일상을 동반한다. 가장 불안정한 것은 역시 경제적 부분이다. ≪동아일보≫의 한 기사에 따르면 서울시의 인구 감소를 발생시키는 주요 요소는 주택문제와 경제적 요소가 합쳐진 비자발적 이주라고 한다(≪동아일보≫. 2016.6.1). 다음의 사례도 살펴보자.

경리단길, 홍대, 서촌, 상수 ……. 젠트리피케이션 현상이 일어나고 있는 지역들이다. 서울시가 지난해에 조사한 바에 따르면 경리단길의 10년 새 건물 임대료는 최대 6.5배, 원룸 월세는 3배까지 올랐다. 홍대 인근 상가 권리금은 5년 사이 5~10배, 서촌 한옥의 3.3m²당 매매가는 5년 사이 1700만 원에서 2500만~3000만 원으로 상승한 것으로 조사됐다. 임대료 폭등으로 기존 상인이 떠난 자리는 대형 프랜차이즈 업체와 고급 레스토랑이 채웠다. 중·상류층 사람들을 유입시켜 낙후 지역에 활기를 불어넣어 준다는 점은 젠트리피케이션 현상의 장점으로 꼽힌다. 깔끔하게 포장된 도로와 더울 때 시원하고 추울 때 따뜻한 대형 프랜차이즈 카페, 우아한 고급 레스토랑은 누구를 위한 활기일까. 사람 사는 공간에서 삶이 사라져 간다. 삶이 떠난 자리에 돈이 들어찬다(≪뉴스토마토≫. 2016.4.26).

도심에 대한 재개발이 진행되고 젠트리피케이션 문제가 부각되면 될수록 이동하느냐 이동당하느냐의 양자택일을 강요당하는 이들은 더욱 늘어날 수밖에 없을 것이다.

울산의 비닐하우스촌에 거주하는 한 할머니를 취재한 기자의 인터뷰를 보면 "일흔이 넘은 나이에 일을 시켜주는 곳은 없고 무작정 가서 일을 도와주면 만 원씩 주는 사람도 있고 채소를 한 무더기 주는 사람도 있다고 한다. 시장에 나가서 그 채소를 팔면 또 만 원을 번다고 한다. 매일 일을 하지도 못한다. 이 돈과 생활보호대상자라서 받는 돈 30만 원을 보태서 한 달을 나고 저축을 한다"라고 나와 있다. 중산층의 일반적인 경제능력과는 비교할 수 없는 상황에서 여타 다른 교외 거주 형태에서 그나마 관찰되는 안정성은 거의 찾아볼 수 없다. 장애가 있거나 나이가 매우 많은 경우가 아니면 주거 공간은 단 몇 시간 잠을 자기 위한 공간일 뿐 주거 공간 내에 머무르는 시간 자체도 매우 적다. 화재, 태풍 등의 재해로부터도 취약한 공간이다. 결국 이러한 모든 불안정성을 떠안고도, 그곳마저도 없으면 갈 곳이 없는 것이 현실이다. 이러한 상황에서 집에 대한 의미 부여가 이상적 휴식처가 되기는 어려우며, 종종 어떤 이들에겐 오히려 빨리 벗어나야 될 대상으로 받아들여진다.

IMF 이후 사업이 힘들어져 부산에서 창원 가솔리로 이주한 K 씨의 가족은 이주 당시 거의 폐가가 된 집으로 이주했다. 태풍이 와서 문풍지가 다 뜯겨 나가 빗물이 들이치는 곳에서 자고, 보일러가 없어 전기장판에 의지하며 지내야 했다. "정말 지긋지긋했어!"라는 K 씨 가족의 말이 충분히 이해가 될 만큼 자신들의 처지에 대하여 이를 갈며 시간을 보냈다. 그것은 분노였다. 그래도 분노할 수 있다는 것은 현재의 처지에 저항하고자 하는 강한 에너지가 아직 남아 있다는 의미이기도 하다. "삶이 의식을 결정한다"라는 말이 있다. 분노에도 지쳐버릴 만큼의 오랜 일상이 의식마저 지쳐버리게 만들지 모르는 일이다.

다행히 가솔리의 K 씨는 현재 살고 있는 집을 많이 개조하고 새로운 직장도 찾았다. 아직은 젊었던 K 씨의 가족은 지긋지긋한 일상 속에서 그래도 뚫고 나가겠다는 의지로 10년이라는 시간을 버티어 지금은 어느 정도 안정감을 찾았다. 이것은 희망이다. 물론 모두에게 희망이 생긴다면 더없이 좋겠지만, 아무런 선택의 여지와 대책 없이 떠밀려 교외로 흘러들어가 버려진 이들 모두에게 희망이 존재하길 바라는 것은 무리일 것이다. 가장 불안한 곳(어쩌면 주거의 기본적인 기능마저 의심스러운)에서 안정을 찾아야 하는 일상의 모순은, 결국 교외로 밀려나 버린 수많은 '소외된 인간'들을 만들어낼 것이다.

앞서 기사에서도 볼 수 있었듯이 재개발은 수동적인 이전을 가장 많이 양산시키는 대표적 사례이다. 낙후된 지역에 대한 전면 철거와 그에 따른 퇴거 조치는 그들이 정착한 주거 공간에 가해지는 외부적인 요소이다. 이미 그 계기부터가 수동적이다. 물론 재개발 지역에 현 주거인들이 그대로 다시 정착한다면 전혀 문제가 될 것이 없겠지만, 우리나라의 재개발 지역의 '재정착률'이 매우 낮은 것은 여러 자료로도 익히 알려져 있다. 경제적 여건이 도심의 높은 주거비를 감당할 수 없기 때문이다. 도심은커녕 교외로도 능동적인 이전이 부담스러운 환경에서 이동을 강요당한 사람들은 단순히 정착하기 위해, 낙후된 여러 지역을 전전하다가, 교외로 말 그대로 '흘러들어' 가게 된다. 물론 교외로 흘러들게 된 가장 큰 요소는 집값이 될 것이다. 실제로 철거민들은 임대 아파트 입주권이 배정되어도 보증금을 내지 못해 입주하지 못하거나 입주한다고 해도 임대료가 채납되어 다시 거리로 나앉는 경우도 허다하다.

4. '안정되어가는 곳'과 '침체되어가는 곳'

한 가지 더 생각해볼 점은 일정한 특징을 가지는 교외가 나타날 가능성이다. 물론 교외로의 이주는 강제 이주의 형태가 아니라면 소단위의 이주인 경우가 많다. 대부분의 교외들은 순전히 교외로 존재하고 있고, 수시로 개인적인 선택에 의해서 이주가 이루어질 것이다. 하지만 지속적으로 특정 조건을 만족하는 교외를 찾아서 이주가 이루어지며 이로 인해 특정 조건은 더욱 강화되고 고착되는 상황이 발생할 수도 있을 것이다.

만약 이와 같은 경우라면 이주의 의도가 수동적이든 그렇지 않든 유사한 환경(경제적인 조건 등)을 갖춘 교외는 '유사한 처지의 사람'들이 모이게 될 것이다. 예를 들어, 교외에 건설된 임대형 아파트에 모이는 사람들은 그 아파트에서 생활할 만한 경제적 여건을 가지고 있는 사람들이다. 더군다나 아파트라는 주거 양식은 사람들의 주거 생활을 더욱 유사하게 만들어준다. 실버타운에 모이는 사람들도, 교외 펜션타운에 모이는 사람들도, 경제적인 이유에서든 자신의 목적에 따라서든 유사한 조건을 공유하고 있다. 이렇게 유사한 성격의 주거들이 특정 교외에 집중되게 되면 그 교외지역은 다른 교외지역과 자연스럽게 구별되는 결과를 낳을 것이다. 일명 '교외 블록화' 현상을 가져온다. 특정한 환경과 목적들이 모여서 발생한 블록들은 시간이 오래 흐르면 역으로 그 블록화된 교외가 사람들의 일상 속으로 파고들 것이다.

『하류사회』의 저자 미우라 아쓰시(三浦展)는 일본 도쿄의 계층화를 설명하면서 도쿄의 '교외 블록화'라는 것을 설명했다. 그가 설명하는 '교외의 블록화'는 도심의 기능을 부여받은 교외에서 사는 사람들이 도심으로 오지 않고(교외의 생활만으로도 충분히 생활이 가능하기 때문에) 교외에서 계속 생활하면서, 교외에서 태어난 젊은이들이 지모티[4]화되고 있다는 것이다. 미우라 아쓰시가 말하는 블록화에 대한 걱정은 젊은 세대들의 의식과 열정에 관한 문제이며, 그것이 오랜 세월 고착화되었을 때 야기될 수 있는 사회 계층화의 문제이다. 이것은 지금까지 논하고 있는 한국의 교외와는 다른 관점이다. 하지만 아쓰시의 논의에서 한 가지 주목해야 할 점은 교외 특성이 고착화되었을 때 그것이 그곳에서 삶을 영위하는 사람들에게 어떠한 방향으로든 내면화를 초래한다는 점이다. 사람의 목적과 조건, 지역의 환경이 만나서 특정한 '교외'를 만들어냈을 때, 그 '교외'는 다시 사람들의 일상에 내면화될 수 있다. 즉, 하나의 교외가 특정 이미지로 고착된다는 것은 그 속에서 일상을 영위하는 사람들에게 어떠한 의미로든 하나의 꼬리표(label)가 된다.

한국에서의 교외 이동에 있어서 블록화되는 지점은 크게 세 가지 정도

---

4) 지모티(ジモティ)는 자신의 고향이나 지역을 의미하는 지모토(地元)와 영어의 명사형 성접사 -y가 결합하여 만들어진 젊은이들의 은어이다. 교외라고 하는 마을 혹은 고장에서 마음 편히 보내고자 하는 가치관을 가진 젊은이를 말한다(미우라 아쓰시, 2006: 247). 그가 우려하고 있는 바는 젊은이들이 대도시로 나가보고자 하는 욕구나 의지 자체가 없다는 점과 계속해서 블록화된 교외에서 생활할 경우 그들의 의식과 생활이 딱 '교외적인' 수준에 머물 것이라는 점이다. 즉, 교외 블록이 고착화되면 그것이 하나의 계층화를 낳을 수도 있다는 것이다. 젊은이는 작은 마을에 살았던 옛날 농경사회의 농부와 다를 바 없고, 말하자면 신세대 농민인 셈이다. 작은 마을과 농민이 나쁘다는 것은 아니지만 거기에 고정되거나 그 상태에서 만족해버리는 것이 문제인 것이다(미우라 아쓰시, 2006: 252를 재구성).

로 나누어 살펴볼 수 있을 것이다. 물론 완전히 유형별로 정확히 나뉘지는 않겠지만, 지금의 교외들이 상당 부분 특정 유형으로 수렴되어가는 양상은 어렵지 않게 발견할 수 있다.

먼저 교외를 찾아간 사람들의 교외는 대부분 '안정된 교외'로서 블록화된다. 이 블록은 교외로의 이주의 목적이 비교적 뚜렷하고, 장기 계획을 가진 경우가 많다. 특히 경제적인 뒷받침이 되는 경우가 많기 때문에 주거의 기반 자체가 흔들릴 위험은 거의 없다. 따라서 이들의 일상은 자신들의 주변적 일(텃밭, 요양, 낚시 등)에 집중되는 경향이 많다. 주거를 영위하는 사람들의 일상들이 모여서 그곳의 이미지를 형성하게 되고, 이 이미지는 지역의 개성으로 상징화되기도 한다. 도심 주변의 전원주택단지, 예술인촌, 경치 좋은 교외의 별장촌 등을 들 수 있다.

교외로 떠밀려간 사람들의 교외는 대체로 '침체된 교외'로서 블록화된다. 이 블록은 기본적으로 '안정된 교외'에 비하여 상대적으로 경제적인 불안정성이 높다. 따라서 원하는 주거지로 다시 이동하기 어려워 현재의 위치에 정주하게 된 경우가 많다. 스스로 정돈된 삶을 갖춘 '안정감'이 아니라, 그곳에 가라앉아 있을 수밖에 없어 침체되어버린 곳이다. 이러한 경우 주변으로부터 침체된 이미지로 낙인찍혀 거주하고 있는 이들의 활력 자체를 억압할 수 있으며, 실제로 주변 지역과의 갈등이 발생했을 때는 상대적 약자로서 더욱 위축되는 경향이 많을 수밖에 없다. 대표적인 예는 저소득층 중심의 임대 아파트 단지, 비닐하우스촌, 개발에서 제외된 노후 주택단지 등을 들 수 있다.

특별히 한 가지 더 고려하고 싶은 교외는 '예비 도심으로서의 교외'이다. 이것은 지극히 경제적인 목적에 관련된 교외이다. 지금의 경기도 지역에서 여기저기 지구화되어 있는 아파트 개발지구들이 대표적인 예이다. 즉, 현재는 교외이지만 곧 도심과 같은 위치로서 격상될 교외이다.

이 교외에는 상당히 적극적인 이주 목적을 가지고 이주하는 사람들이 집중된다. 따라서 다소 경제적으로 무리가 있더라도 이주를 시도하는 사람들도 많다. 하지만 이 교외에서는 특별한 주거의 양식이 나타나기보다는, 이주 이전의 자신의 삶과 비슷한 주거 생활을 유지하는 경우가 많다. 또한 목적적인 이동으로 인해, 일상 속에서 이웃과의 교류 등에는 큰 관심이 없다. 여기서 교외는 하나의 상품으로서의 주거일 뿐이다.

이렇게 블록화된 교외는 오히려 이후에 독자성을 부여받게 되고, 교외로의 이주를 고려하고 있는 사람들에게 '그곳에서 살고 싶다', '그곳으로 가야겠다'라는 지향점을 제공하게 된다. 아니면 반대로 '저곳은 갈 곳이 못 된다'라는 지양점이 되기도 한다. 유사한 사람들의 일상이 모여 만들어진 블록은 오히려 그들의 일상을 더욱 강화하는 것이 되고, 그것은 다시 더욱 견고한 블록을 만들어갈 것이다.

프랑스에는 방리유(Banlieues)라고 불리는 빈민, 국외 이민자 거주지가 파리를 비롯한 프랑스 대도시 교외 지역에 형성되어 있다. 프랑스 영화 〈증오(La Haine)〉는 방리유의 모습을 잘 묘사하고 있다. 2005년 프랑스의 '방리유 소요 사태'로서 우리에게 알려진 곳이기도 하다. 파리 시내와 외곽 신도시는 부유층 거주 지역과 극빈층 거주 지역이 뚜렷이 갈린다. 거주 비용의 엄청난 격차가 눈에 보이지 않는 진입 장벽 역할을 하기 때문이다(≪조선일보≫, 2010.12.31). 방리유는 제2차 세계대전 이후 주택 부족 문제의 해결 과정에서 탄생했다. 주택 부족을 해결하기 위해 교외에 아파트 단지를 조성했고 그 단지에 사람들이 이주하기 시작하는데, 경제적 여유가 있는 집단은 단순한 아파트 밀집 지역인 방리유를 곧 떠나고 대부분 저소득층만이 방리유에 남아 있게 되었다. 이로 인하여 방리유는 프랑스인 사이에서 저소득층이 주로 거주하는 교외로서 굳어져 갔다. 그 이미지들은 오랜 세월 견고히 굳어져 갔다. 심지어 방리유는 프랑스인들에게 범죄의 온상으로 인식되고 있기까지 하다. 조금은 극단적인 사례이기는 하지만, 프랑스의 방리유는 교외의 블록화에 대하여 여러모로 고민할 필요가 있음을 경고하고 있는 것이 아닐까? 프랑스만의 특수한 조건이 있다고는 해도, 분명한 점은 방리유가 오랜 역사 속에서 그곳에 남을 수밖에 없었던 사람들에 의하여 구축된 교외라는 점이다. 그리고 그곳에 대하여 부여된 이미지들이 오히려 그곳 사람들을 옥죄어왔고, 급기야 프랑스 대통령 니콜라 사르코지(Nicolas Sarkozy)가 '방리유'를 "강력한 호스로 쓸어버려야 할" 대상으로까지 지칭하고, "무관용(Zero tolerance)"을 선언하기에 이른다. 우리의 교외에도 '한국판 방리유'가 출현하지는 않을까? 그건 모를 일이다. 이미 우리의 마음속에 스스로 정해놓은 교외의 '방리유'가 있을지 말이다.

5. 교외 주택, 유토피아와 디스토피아의 사이

리처드 플로리다(2010)는 도시화, 교외화 등이 가져오는 미국인 생활양식의 근본적인 변화를 '그레이트 리셋(The Great Reset)'이라고 명명한 바 있다. 미국은 2008년 금융위기 이후 교외에서 다시 도심으로 이동하는 사례가 증가하기 시작했고, 이것은 미국인들의 일상생활 양상 자체를 모두 바꿔가기 시작했다. 이것이 일명 제3차 '그레이트 리셋'이다. 한국은 아직 그레이트 리셋이라고 할 만큼의 전국적인 이주 현상이 나타난 적은 없는 것 같다. 리처드 플로리다가 '제1차 그레이트 리셋'이라고 부르는 농촌 사회 파괴 이후의 도시화 과정은 한국도 유사하게 나타난다. 하지만 미국의 '제2차 그레이트 리셋'이라고 할 수 있는 교외 주택화는 한국의 경우 현재까지도 지속적으로 관찰되기는 하지만 주류라고 보기는 힘들

■ 표 6-1 교외 주택의 성격에 따른 유형 분류

구분	이주 적극도	경제적 능력	이주 동기	정착 유무	의사 반영	대표적 사례
찾아간 사람들	적극적	중·상류층	삶의 양상 변화	o	o	귀농 생태공동체
	소극적	상류층	쾌적한 주거 환경	x	o	주말 별장 실버타운
떠밀려난 사람들	적극적	중산층	내 집 마련	o	△	신도시 이주 교외 임대 아파트
	소극적	하류층	주거 불안	o	x	빈민촌 철거

듯하다. 하지만 확실한 것은 어떠한 형태의 '그레이트 리셋'이든 한국에서는 지속적으로 교외로의 이동이 관찰되고 있으며, 그 이동은 플로리다 교수가 지적하듯이 일상생활의 변화를 수반하게 된다는 점이다. 어쩌면 한국에서 교외로의 이주는 연속되는 '아담한 리셋'들의 연속이라고 불러야 하는지도 모르겠다.

이 장에서는 이렇듯 교외로의 이주가 가져올 수 있는 일상적인 영향력들을 생각해보며, 교외화의 양상들을 다루어보았다. 한국에서 교외 주택의 의미는 상층에서부터 시작되어 중류층까지 확대된 것이었다. 그로 인하여, 일반적으로 우리에게 교외 주택은 도심의 유익함과 편리함, 시골의 아름다운 건강함을 동시에 누릴 수 있는 것으로 다가온다. 그 때문에 도시 탈출이 가능한 중산층 이상에 마케팅 초점을 맞출 수밖에 없었고, 세간의 관심 또한 이쪽으로 쏠려 있을 수밖에 없었다. 일명 '멀티헤비테이션(multi-habitation)' 추구의 한 측면이었다. 그러나 우리는 일반적인 교외 주택의 이미지인 중산층 이상의 이주뿐만이 아닌 다른 기준을 포함해 논의해보았다. 그것은 어쩔 수 없는 떠밀림으로서의 교외 이주였다. 살펴본 부분은 〈표 6-1〉[5]과 같이 간단히 정리해볼 수 있을 것이다. 물론 이

표는 각 가구의 이주 동기, 경제적 여건, 의사 반영 등 다양한 요소들이 복잡하게 얽혀 있는 부분을 지나치게 단순화한 측면이 있다.

구동회(2001)도 지적하듯이 "이주 동기를 분석하기는 매우 어려운" 일이다. 하지만 이 개념적 정리를 통하여 우리 주변 교외의 큰 구획들을 한번 생각해볼 수 있을 것이다. 어쩌면 지금 우리가 살고 있는 집에 대해서도 그리고 그 일상이 어떠한지도 한번 돌아볼 수 있을 것이다.

한 TV 시사 프로그램에서 사회자가 클로징 멘트로 "집은 서민들의 거의 유일한 재산이자 최소한의 생존권"이라고 말 한 적이 있다. 중산층 이상에게 집은 휴식, 여가, 자기표현의 수단 등 다양한 것으로 생각되겠지만, 하류층에게는 생존의 절실한 공간으로서 다가오게 된다. 이미 그들이 살고 있는 삶은 주거에 대한 의미 자체를 다르게 만들어준다. 끊임없이 불안정하고 위태롭지만, 그곳이 아니면 지낼 곳이 없는 매우 아이러니한 공간으로 위치 지어진다.

교외 주택은 중산층과 상층 이상에게는 욕구 충족의 수단이 될지 모르나, 중산층 이하에게는 도시에 위치할 때보다 더 나쁜, 최악의 상태로 주거가 변한 디스토피아일 수도 있다. 안정된 직장이 없는 사람들에게는 오히려 도시에서의 정보가 더 절실하다. 일이 있을 때 언제나 달려가야 하는 상황이 연출되기도 한다. 이러한 사람들에게 교외로의 이전은 사실 달갑지 않은 일이 될 수도 있다. 삶의 격전장이 될 일터와 휴식처가 될 집이 오히려 더욱 멀어지게 되는 셈이다. 어빙 고프먼(Erving Goffman)은

---

5) 구동회(2001)는 전원 지향 이주 동기에 대하여 "전원지향 이주동기에 관한 주요 쟁점은 삶의 질인가, 경제적 동기인가 하는 문제"라고 언급했다. 이 표는 이러한 아이디어를 활용하여 이주의 동기라는 부분에 더욱 관심을 두었다. 동기라는 것도 순수한 동기만이 아닌 사회적·경제적·일상적 요소들이 작용한 동기임을 살펴보고자 함에 목적이 있다.

인간의 일상적인 삶에 대하여 연극론적 설명을 제시했다. 이러한 어빙 고프먼의 전면(front)과 후면(back-stage)을 잠시 빌려오자면, 전면에서의 힘겨운 연극이 끝나고 후면으로 돌아가고자 할 때, 그 후면으로 걸어 들어가는 길이 너무나도 멀고 험난하다고 말할 수 있다. 더군다나 그 무대의 뒤켠은 잘 정돈되어 있지도 않고 아주 열악한 곳일 뿐이다. 이런 상황에서 배우는 삶이라는 연극에 과연 얼마나 충실할 수 있을까? 또한 관객은 얼마나 그 연극을 즐겁게 보아줄 수 있을지 의문이다.

우리는 모두 자유로운 개인이다. 누구나 어디에서건 살 수 있는 자유가 있다. 교외 주택은 중산층 이상에서 자신만의 낭만을 실현시키는 도구가 될 수도 있다. 하지만 경제적 능력이 갖추어지지 않는 사람에게 이는 어떻게 비치겠는가? 선택의 자유라는 것이 지극히 제한되어 있는 사람들에게는 어떨까? 만약 일상 속에서 이웃과의 교류 없이 개인의 욕망만을 추구하게 되는 수단이 교외 주택이라면, 그것을 통한 행복은 과시적 소비를 통해 자신의 지위를 상징화하는 것에 불과할 수도 있다. 마치 도심 속에 아파트 요새가 들어서듯이 교외에 호젓한 성채들을 만들어나가는 것과 다를 바 없다. 일본의 논픽션 작가 후지와라 도모미(藤原知美)는 그의 저서에서 일본의 노인 범죄 증가 대한 원인을 살펴보면서, 일본의 교외를 '각 호별로 고정되어 있는 가정 군락', '군락을 이루어도 서로 관계하지 않는 모순된 장소'라고 설명한다. 그리고 이를 '고독한 교외 지역'이라고 부르고 있다. 만약 관계성이 부재하는 독자적인 일상만이 존재한다면, 자신만의 성채에 갇혀버린 '고독한 교외'의 삶을 누릴지도 모를 일이다.

또한 안락한 삶을 누리지 못하는 사람들에게 위와 같은 교외의 삶은 '상대적 박탈감'의 자극제가 될 것이다. 사회학자인 에밀 뒤르켐(Émile Durkheim)이 지적했듯이 "인간은 잠재적으로 무제한적 욕망과 열정을 표출할 수 있는 존재"이다. 욕망의 발현으로서의 교외 주택에서는 자연스럽게 자신이 욕망하는 대로의 일상이 주거의 안팎으로 표출되어나갈 것이다. 그것이 커지면 커질수록, 그들만의 유토피아가 부각되는 만큼 또한 그렇지 않은 이들의 디스토피아도 부각될 것이다. 모두에게 유토피아가 될 수 있다면 더없이 좋을 교외이지만, 개인들에게 지워지는 사회적인 조건들은 디스토피아 또한 만들어내고 있다. 그리고 그 안에서의 일상들은 다시 그들의 사회적 조건이 되어간다. 그리고 조건은 다시 그들을 또 다른 디스토피아로 내몰려고 할 것이다. 이 순환의 고리가 교외의 삶 속에서 계속해서 돌고 있는 것이다. 과연 지금 우리의 교외는 어떤 모습일까? 책과 TV로만 보는 이미지로서의 교외가 아니라, 분명 '사람'이 살아가고 있는 그 교외는 과연 우리에게 어떤 의미로 다가올 수 있을지 되돌아볼 필요가 있지는 않을까?

참고문헌

단행본

다쓰오 나루세(成瀬龍夫). 1988. 『생활양식론』. 백욱인 옮김. 민글.

데이비스, 마이크(Mike Davis). 2009. 『슬럼, 지구를 뒤덮다』. 김정아 옮김. 돌베개.

미우라 아쓰시(三浦展). 2006. 『하류사회: 새로운 계층집단의 출현』. 이화성 옮김. 씨앗을 뿌리는 사람들.

테오도르 폴 김. 2011. 『도시 클리닉』. 시대의창.

플로리다, 리처드(Richard Florida). 2010. 『그레이트 리셋』. 김민주 옮김. 비즈니스 맵.

후지와라 토모미(藤原智美). 2008. 『폭주노인』. 이성현 옮김. 시대의창.

田中輝美・藤代裕之. 2015. 『地域ではたらく「風の人」という新しい選択』. ハーベスト出版.

Gans, H. J. 1968. *Planning for the everyday life and problems of suburban and new town residents*. HJ Gans, *People and Plans: Essays on Urban Problems and Solutions*. New York: Basic Books.

논문

구동회. 1998. 「전원주택 거주자의 이주과정과 생활양식」. ≪공간과 사회≫, 통권 제10
　　호. 187~203쪽.

＿＿＿. 1999. 「전원주택의 출현과 입지적 특성」. ≪대한지리학회지≫, 제34권 제2호,
　　193~208쪽.

＿＿＿. 2001. 「전원지향 이주의 동기와 사회경제적 속성」. ≪감정평가논집≫, 제11집
　　181~199쪽.

임미리. 2012. 「1971년 광주대단지 사건의 재해석: 투쟁 주체와 결과를 중심으로」. ≪기
　　억과 전망≫, 통권 제26호. 228~268쪽.

신문·잡지·방송·인터넷 및 기타 자료

≪경향신문≫. 1961.8.22. "[사설] 귀농정착민의 환송에 즈음하여".

＿＿＿. 2009.9.18. "[낮은 목소리로] 이상적인 도농불이(都農不二) 인간형".

≪뉴스토마토≫. 2016.4.26. "젠트리피케이션과 도시의 비자발적 유목민들".

≪동아일보≫. 2016.6.1. "서울시 인구 1000만 명 벽 무너져 … 주택난 등 비자발적 이
　　주 대부분".

≪월간 전원주택 라이프≫. 2006년 11월 호. "[전원에서 만난 사람] 농부의 꿈을 이룬
　　'징검다리농장' 송영수·김진예 부부".

≪조선일보≫. 2010.12.31. "[특파원 칼럼] 선진국, 내면화된 불평등".

≪중앙SUNDAY≫. 2016.9.25. "소득원 못 찾고 원주민과 갈등 준비 안 된 귀농인 다시
　　도시로".

≪한겨레≫. 2009.2.4. "재개발에 떠밀린 '철거 유목민'".

≪해럴드경제≫. 2016.3.16. "집짓기는 40대의 로망? … 단독주택 용지 계약자 분석
　　보니".

≪東京新聞 付朝刊≫. 2009.3.22. "包み合う失い「裸の個人」に".

≪朝日新聞 夕刊≫. 2009.7.22. "農業·農山村ブームの再来".

집, 구별을 낳는 욕망의 공간

이서윤 | 부산대학교 사회학과 박사과정 수료

1. 집, 구별 짓기를 위한 기호로

연예인 김남주 씨는 『김남주의 집』(2010)을 통해 자신의 집을 공개한 바 있는데, 그에 대한 네티즌의 반응은 그야말로 '뜨거웠다'. 사람들은 서울시 강남구 삼성동이라는 집의 위치를, 할리우드에서나 볼 법한 집의 화려한 외관을, 프랑스산 침대·체코산 샹들리에·스위스산 수도꼭지 등으로 꾸며진 내부 인테리어를 부러워하며 감탄사를 연발했다.

연예인, 정치인 등 사회 유명인사의 집에 대한 사람들의 관심은 어제오늘의 일이 아니다. 그러나 오늘날 수십억 원대를 호가하는 어마어마한 가격에 호화롭고 웅장하기까지 한 그들의 집은 긴말 필요 없이 그들의 지위와 신분을 나타내주는 하나의 얼굴로서 일반 대중과 그들을 구분짓는 가장 대표적인 기호가 되고 있다. 그러나 집이 나와 너를 구별 짓는 기호이자 매매(賣買)를 위한 상품으로서 기능하게 된 것은 그리 오래되지

않았으며, 주거 공간의 기능 및
의미는 시대나 사회에 따라 변화
해왔다.

우선 집은 일상생활의 유지라
는 측면에서 매우 중요한 공간이
다. 인간이라면 누구나 그들의 생
존을 위한 안정된 공간으로서의
집을 원한다는 점에서 집은 인간
의 몸과 마음에 휴식을 주는 안식
처로서의 의미를 지니며, 특히 안
식처로서의 집은 주거 공간과 노
동 공간이 분리된 근대 초기에 더
욱 큰 의미를 지녔다고 할 수 있
다. 그러나 자본주의의 발달과 함
께 집 역시 매매의 대상으로서 중

■김남주의 집

자료: '김남주 김승우 부부의 집'이라는 제목으로 네이버 까페 '예쁜집꾸미기/예쁜집인테리어[하루야]'에 게시된 글

요한 의미를 획득하게 되었으며 특히, 집이 재산 증식의 중요한 수단이
되면서 경제적 가치가 높은 하나의 상품으로서 그 의미가 강조되게 되었
다. 더욱이 본격적인 소비사회로의 진입과 함께 오늘날 집은 그것을 소
유한 사람의 사회적·경제적 지위를 드러내는 기호로서도 중요한 의미를
지닌다고 볼 수 있다. 현대사회의 많은 사람들이 이미지의 소비, 문화와
상징의 소비를 통해 자신의 정체성을 부여받고, 자신의 소속감을 확인하
는 동시에 타인과 자신을 구분 짓듯 집의 소비를 통해서도 이러한 과정이
나타나는 것이다.

즉, 현대 한국 사회에서 집은 교환가치가 높은 물리적 공간인 동시에
그곳에 사는 사람들의 지위, 가치관, 취향 등을 상징하는 하나의 문화적

▌타워팰리스와 강남구 개포동 구룡마을

초고층 주상복합과 판자촌의 극명한 대비가 집을 통한 구별 짓기의 쓰라린 단면을 보여주고 있다. 보이는가? 너무나도 선명한 구별의 선이.

자료: ≪위클리경향≫(2008.11.18).

공간으로서 어떠한 집을 선택하고 소비하느냐 그리고 그 안에서 어떠한 방식으로 살아가느냐는 계층적 성향과 취향을 보여주는 하나의 메시지가 될 수 있으며, 따라서 집은 서로 다른 집단을 구별 짓고 차별화하기 위한 기호로서의 의미를 지닌다고 할 수 있다.

특히, 우리나라의 경우 집을 통한 차별화는 아파트의 증가와 함께 더욱 심화되었으며 "1990년대 중반 이후 건설회사의 적극적인 차별화 전략"과 함께 소비자들도 "특정 지역, 특정 브랜드, 특정 주거 유형을 통해 자신의 신분을 드러내고 하위 계층과 차별화하고자 하는 신분 추구적 소비"(전남일·손세관·양세화 외, 2008: 293) 경향을 보이고 있는데, 이것이 바로 '타워팰리스' 이후 한층 더 심화되기 시작한 이른바 명품 집을 통한 구별 짓기이다.

집을 통한 구별 짓기는 다른 집단과 자신을 구분 지으면서 그들의 지위와 위치를 확인하고 인정받고자 하는 상류층의 욕망과 그들의 욕망을 충족시키면서 이윤을 획득하고자 하는 대기업 건설업체와 매체 간의 합작품이라고 볼 수 있다. 즉, 오늘날 집은 배제와 차별을 낳는 그들에 의한, 그들을 위한 공간이요, 차별을 낳는 욕망의 공간에 다름 아닌 것이다.

2. 무엇이 집의 구별 짓기를 가능하게 하는가?

한국 사회는 1960년대 이후 빠른 속도로 진행된 산업화와 함께 1980~1990년대를 거치면서 본격적인 소비사회로 진입했으며 이러한 과정 속에서 전체적인 소득 수준이 증가하고 삶의 질이 나아지는 등의 변화가 있었다. 그러나 또한 맹목적이고 돌진적인 산업화와 자본주의의 발달로 인해 금전만능주의, 물신주의와 같은 부작용 역시 나타났다. 급격한 산업화 및 물질 중심주의 아래 우리의 주거 문화와 주거 환경은 올바로 정착되기 어려웠으며 집을 통한 구별 짓기, 즉 차별화 및 양극화 현상은 이를 보여주는 대표적인 사례라 할 수 있다. 특히 이러한 사회의 변화는 '집 = 돈 = 높은 경제적 위치 = 높은 사회적 지위'라는 인식에 적지 않은 영향을 미쳤으며, 이는 집을 통한 차별을 생산하고 재생산하는 원동력이 되었다. 따라서 집의 구별 짓기는 급진적인 산업화, 소비사회로의 진입, 물신주의의 확산과 같은 한국 사회의 변화 속에서 살펴보아야 하며 이러한 큰 틀을 유지한 채, 그것을 바탕으로 좀 더 구체적인 사회적 배경들을 살펴보는 것이 가능하다.

1) 체면, 위신이 서야

한국 사회는 전통적으로 타인의 시선에 큰 의미를 부여하고 체면을 중시하는 문화적 경향이 강하다(우갑정, 1999: 8). 특히 체면과 위신을 내세우고자 하는 정도는 상류층에서 높게 나타나는데, 이는 체면을 지키는 것이 타인으로부터 자신의 사회적 지위와 위치를 인정받고 그들이 가진 특권의식을 유지하는 중요한 수단이 되기 때문이다.

집은 자아를 구현해내는 보편적인 수단의 하나로서 개인이 자신을 어떻게 바라보고 또한 남들이 자신을 어떻게 보기를 원하는가를 반영하므로 체면 유지에 있어 중요한 수단이 될 수 있다. 특히, 오늘날 집은 경제적·사회적 위치의 표현(박수호, 2007; 전남일·손세관·양세화 외, 2008)함으로써 중요한 의미를 지니며, 특히 상류층에게 경제적·사회적 위치에 맞는 집은 그들의 체면을 지키기 위해 중요한 요소라고 볼 수 있다. 따라서 그들은 남들과 다른 집을 통해 그들의 특별함을 내세운다.

또한 물질만능주의가 팽배한 한국 사회에서 상류층이라 함은 다른 요소, 즉 정치적·문화적·사회적인 측면보다 경제적인 차원에서 논의되는 경우가 많으며 경제적으로 부유한 그들은 더 크고 더 비싼 집을 통해 타인들로부터 그들의 위치를 인정받고 체면을 지키고자 하는 그들의 욕망을 실현시킨다고 할 수 있다.

2) 보기에 좋아야

오늘날과 같은 소비사회에서는 상품의 실질적인 가치보다는 그것의 이미지가 보다 강조된다. 이는 시각 문화의 발달 및 루키즘(lookism)의 확산과 밀접한 연관이 있으며, 보이는 것에 대한 강조는 아름다운 것에 대한 욕구를 낳고 보이는 것에 의한 차별을 낳는다. 또한 자본에 의해 조작된 이러한 욕구는 이미지로 포장된 상품과 자본을 신격화하는 물신주의의 바탕이 된다. 이처럼 현대사회에서 상품이 하나의 기호로서 그것의 이미지나 상징이 강조되면 될수록 상품의 외적 형태가 중시되는데, 이러한 현상은 주거 공간에도 나타난다.

집의 외적 형태가 중시되는 것은 아파트의 옥탑을 중세 성곽처럼 꾸미거나 몸통을 대형 유리와 화강석으로 치장하는 것 등을 통해 알 수 있다. 예를 들어 서울 당산동 '삼성 래미안'은 옥탑 부분을 옛날 한강을 오가던 황포돛배의 돛처럼 꾸미고 밤에는 경관 조명까지 비추면서 다른 주거 공간과의 차별화를 통해 사람들의 시선을 사로잡고 있는 것이다(≪세계일보≫, 2002.10.15). 또한 브랜드형 아파트 광고는 '아름다운 여자 연예인, 고품격, 자연 친화, 행복' 등의 이미지로 상품을 포장하고 소비자들은 그러한 이미지의 소비를 통해 자신과 타인을 구별 짓는다. 이때, 집은 이미지의 진화와 함께 구체적인 사회적·역사적 배경으로부터 분리되고 그 속에는 상품 및 자본 간의 관계만이 남게 되며 이는 집을 통한 구별 짓기를 생산·재생산하는 원동력이 된다.

3) 남들과는 달라야

오늘날 많은 사람들은 타인과 자신을 구분 지음으로써 지위와 위신을 드러내기 위해 소비를 한다. 즉, 사회적 차이의 소비를 통해 남들과는 다른 자신을 돋보이게 함으로써 타인과 자신을 구별 짓는 것이다. 남들과 다른 것은 특별한 것으로서 선택되는데, 많은 경우에 보다 특별하다는 것은 아무나 소유할 수 없는 그만큼의 경제적 가치를 지니고 있다는 것을 의미한다. 상류층은 끊임없이 타 계층과 자신을 구분 짓고 경계 지으면서 그들과 달라지고자 할 뿐 아니라 다른 계층에 비해 우월한 자신들의 지위를 나타내고 보다 특별한 것을 소유하기 위해 과시적 소비를 한다.

남들과 달라지기 위해 특별한 것을 소비하고 과시적으로 소비하는 경향은 집의 소비에서도 나타나며 기업은 다양한 전략을 통해 이러한 소비를 조작하고, 소비자는 조금 더 비싸고 특별한 집의 소비를 통해 남들과 달라짐으로써 선택받은 자가 되고자 한다. 더불어 대중매체는 '남들과 다른 것'은 곧 '특별한 것'이라는 메시지를 통해 이러한 경향을 더욱 심화했는데, 이처럼 과시적 소비, 대중매체, 광고와 대기업의 마케팅(귀족 마케팅), 그리고 다른 집단과 그들을 구별 짓고자 하는 욕망이 연결되면서 집의 구별 짓기가 끊임없이 재생산된다.

4) 남들만큼은 해야

남들과 달라지려고 하는 사람들의 저편에는 남들과 같아지려고 하는 사람들이 존재한다. 상류층이 사회적 차이의 소비를 통해 타 계층과 자신을 경계 짓고 구별 지으려 할 때 그들을 모방함으로써 그들과 유사해지려는 사람들이 있는 것이다. 이러한 모습은 집의 소비에서도 나타나는데 우리나라에서 아파트라는 서구적 주거 문화가 단기간에 확산된 것은 상위 계층에 대한 하위 계층의 모방 의식 때문이며 오늘날 이른바 명품 아파트라 불리는 아파트의 급격한 증가 역시 상위 계층과 비슷해짐으로써 그들과 동질감을 느끼고자 하는 사람들의 모방 욕구가 크게 작용했다고 볼 수 있다.

또한 남들보다는 나아야 한다는 차별화의 욕구와 남들만큼은 해야 한다는 동질화의 욕구는 집의 구조나 형태에 있어 유행의 변화와 밀접한 관계가 있다. 이는 아파트가 일반적인 주거 형식이 되자 빌라를, 빌라가 유행하며 일반화되자 그 명칭을 하이츠, 빌, 캐슬 등으로 바꾸며 초호화 빌라나 초고층 주상복합 아파트의 형식으로 끊임없이 타 계층의 모방을 벗어나 그들과 자신을 구분 짓고자 하는 상류 계층과 그러한 상류층과 같아지려고 하는 중·하위 계층의 움직임을 통해 나타난다. 이처럼 상류층을 따라 하고자 하는 하위 계층의 욕망은 집을 통한 상류층의 구별 짓기를 가능하게 하는 원동력이 되는 것이다.

3. 특별한 집, 더 특별한 그들

우리나라에서 집을 통한 구별 짓기는 아파트의 증가와 함께 심화되었는데, 왜냐하면 아파트는 그 특성상 비슷한 사회적·경제적 상황에 있는 사람들을 비슷한 공간에 배치함으로써 어느 동네, 무슨 아파트, 몇 동에 사는지만 알아도 그 사람의 경제력이 어느 정도인지 그가 어떠한 삶을 살 것인지를 짐작 가능하게 하기 때문이다.

또한 서구의 경우 대부분 중·하류층을 위한 임대 주거 공간으로서의 의미를 지니는 아파트가 유독 한국에서 선망의 대상이 되는 것은 주택에 비해 상대적으로 높은 가격대를 형성하고 있는 브랜드형 아파트가 재산 증식에 중요한 수단이 되기 때문이리라. 특히 오늘날에는 중·상류층을 겨냥한 치열한 명품 아파트 경쟁과 함께 집의 구별 짓기가 더욱 가시화되고 있으므로 주택보다는 아파트를 중심으로 특별한 그곳에서 더욱 특별하게 전개되는 그들만의 삶을 들여다보고자 한다.

1) 명품 아파트, 그 찬란한 이름 아래

1970년대 이후 서울의 평창동·혜화동·연희동 등에서 건축가에 의해 하나의 작품으로서 지어진 대규모 고급 단독주택을 통해 부촌을 형성하며 서민들의 주거와 구별 짓기를 시도했던 상류층은 "아파트가 진화를 거듭하도록 단독주택에 머물며 관망하면서 아파트 시장에는 늦게 진입했지만, 상류층을 타깃으로 입지·브랜드·환경·유형 등으로 차별화된 마케팅 전략을 구사한 초고층 주상복합 아파트에는 먼저 진입하게 된다"(전남일·손세관·양세화 외, 2008: 293). 그 대표적인 예가 바로 거대 기업에 의한, 상류 계층만을 위한 '타워팰리스'이며 그 이후 이른바 명품 아파트는 다양한 전략을 통해 상류층을 유혹했고 상류층은 그러한 집을 통해 타 계층과 자신을 차별화하고자 했다.

여기에서 주목할 점은 주거 공간에도 '브랜드'의 바람이 불었다는 것인데 타워팰리스라는 이름을 통해서도 알 수 있듯 2000년대 이후 건설회사는 다른 아파트와의 차별화를 위해 새로운 브랜드를 내걸고 보다 품격 높은 주거 공간이라고 선전하기 시작한 것이다. 이때 등장한 브랜드형 아파트가 바로 래미안(來美安)(삼성), 푸르지오(대우), 자이(LG), 더샵(포스코), 롯데캐슬(롯데), 아이파크(현대) 등이며, 이러한 브랜드는 '특별함'이라는 상징성을 바탕으로 높은 부가가치를 창출하는 원동력이 되었다. 또한 빌, 빌리지, 힐, 뷰, 파크, 팰리스 등과 같은 영어식 이름의 급격한 증가는 타 계층과 자신을 구별 짓고자 하는 상류층의 욕구를 생산하고 충족시킴으로써 배타성을 강화하고 투자 가치를 높이기 위한 기업의 전략 중 하나로 볼 수 있다. 그야말로 브랜드 자체가 다른 집들과의 구별 짓기인 것이다. 면접에 참여한 A 씨(부산 해운대구, C 아파트 거주)는 "요즘은 아파트 자체가 브랜드화되어 있고, 지역지명 센텀파크나 마린시티 등이 외부와 차별되는 요소라고 생각합니다. 저 역시 C 아파트에 산다고 하면 주위에서 잘살 거라고 인식하는 것 같아요"라고 말했고, B 씨(부산 남구, L 아파트 거주) 역시 "L 아파트에 산다고 하면 '좋은 데 사시네요'라는 말을 자주 듣는다"며 "경제력 있는 사람들이 사는 곳이라는 인식이 있는 것 같다"고 말해 아파트의 브랜드가 구별 짓기의 중요한 요소가 되고 있음을 알 수 있다. 또한 중·상류층을 겨냥한 브랜드형 아파트가 고가를 형성하고 그것의 투자가치가 높아짐에 따라 이를 모방하여 '푸르지요', '레미안' 등의 따라 하기(허이도, 2008: 156 참조) 현상이 나타나거나 현대, 삼성과 같은 원래의 아파트 이름을 새로운 브랜드로 바꾸자는 거주자들의 목소리가 높아지는 현상들은 그냥 웃고 넘기기에는 많은 의미들을 함축하고 있다.

이러한 브랜드형 아파트는 성냥갑 형태에서 벗어나 팔각, 육각형의 형태를 띠기도 하고, 동 외부에 슈퍼 그래픽이나 화려한 야간 조명을 사용하는 등 그 이전과 달리 미적으로 화려한 외형을 자랑할 뿐 아니라 공원, 산책길, 분수대, 화단, 텃밭, 냇가 등 아름다운 조경으로 '친환경', '웰빙'을 강조하는 소비자들을 유혹하고 다른 주거 공간과의 차별화를 시도한다. 한 예로 부산 해운대구 센텀시티에는 외관 전체가 황금색의 유리로 된 아파트가 있으며 이곳에 있는 대부분의 브랜드형 아파트는 화려한 색상의 야간 조명과 편리하고 아름다운 조경시설이 설치되어 있어 다른 주거 공간과는 차별화되어 있다.

이와 관련하여 남구 L 아파트에 거주하는 B 씨는 "공원, 테니스장, 분수대, 공연장 등이 있고, 곳곳에 조경시설이 잘되어 있어요. 산책로, 녹지시설이 잘되어 있죠. 또 단지 내에 소규모 공연장이 2~3개 있는데, 거기에서 '봄철 음악회'식으로 클래식 음악회가 열리곤 합니다"라고 말했고, 해운대구 C 아파트에 사는 A 씨 역시 "4층은 전면 공원으로 차가 들어올 수 없고, 놀이터도 대략 7개 정도 있어서 아이들이 놀기에는 안전한 시스템으로 되어 있어요"라고 말해 그들의 주거 공간이 차별화되어 있음을 알 수 있다.

그뿐 아니라 브랜드형 아파트에는 보통 게스트하우스, 연회장, 영화관, 피트니스센터, 실내 골프연습장 등 다른 주거 공간에서는 쉽게 찾아볼 수 없는 거주민들을 위한 커뮤니티 시설이 마련되어 있으며, 단지 내에 혹은 주거 동에 각종 병원, 의류점, 마트, 레스토랑, 주점 등이 있어 그야 말로 살고, 자연을 누리고, 운동하고, 물건을 사는 것 등이 한 자리에서 이루어지는 것이 가능하다. 기업은 이러한 환경을 광고하는데, 그 바탕에는 예전에는 '모두'에게 열려 있던 아름다운 자연, 이웃과의 교류 등이 희소한 자원이 됨으로써 그것들 역시 지불 능력이 있는 특별한 사람들에 의해 소유될 수 있다는 인식이 자리 잡고 있다고 볼 수 있다.

또한 이러한 아파트는 '아무 곳'에나 들어서지 않으며 교통, 교육, 자연, 상권 등 좋은 입지 조건이 충족되었을 때 혹은 충족될 가능성이 있을 때 지어지고 또 자신의 브랜드 가치에 맞는 소비자들을 그곳으로 끌어들인다. 그래서 어떤 아파트냐 보다 '무슨 구(區)의 무슨 아파트'냐가 더욱 중요하고 사람들은 그 모든 것을 고려하여 좀 더 특별한 그들만의 세상을 누리기에 적합한 장소를 선택하고 소비하는 것이다. 이에 대한 A 씨와 B 씨의 이야기를 들어보자.

이제 아파트가 막 들어서서 주변상가는 아직 조성이 많이 되지 않았지만 가까이에 롯데백화점과 할인점이 있고, 신세계백화점도 곧 오픈 예정이며, 스포츠 시설도 가까이 있어 이용에 편리하고 은행이 가까이에 있어서 은행 업무 보기에도 편리합니다. 그리고 초, 중, 고가 단지 옆에 조성되어 있어서 학교 보내기에도 안전하다고 생각합니다. 또 가까이 수변 공원시설도 잘되어 있어서 산책하기에도 편리하고 운동하기에도 좋은 장점이 있습니다(사례 A, 해운대구 C 아파트 거주).

예전에는 주차장, 체육시설, 상가가 주변에 별로 없었는데 여기는 교육, 체육시설, 상가 같은 근린시설이 잘 되어 있고 단지 내에 초등학교가 2개, 중학교 고등학교가 각각 1개씩 있어요. 또 동서로를 타면 마산, 공항에 가기 쉽고, 광안대교 타면 신도시, 울산, 기장, 대변 쪽으로 가기 쉬워요. 한마디로 교통 접근성이 좋죠(사례 B, 남구 L 아파트 거주).

대전의 '대덕밸리 리슈빌' 역시 대덕초등학교, 대덕중·고등학교, 카이스트 등 최고의 학군, 고속도로와 5분 거리, 매봉산·우성이산 등 자연친화적인 주변 환경 등으로 최고의 입지를 자랑한다(≪대전일보≫, 2008. 2.29).

그러나 그러한 곳에서 살 수 있는 기회, 그 공간을 차지할 수 있는 가능성은 '모두'에게 열려 있는 것이 아니며, 일정한 경제력을 갖추고 비슷한 생활양식을 공유하는 비슷한 계층의 사람들에게만 한정되어 있을 가능성이 높다. 이는 "L 아파트는 처음에 메디컬 센터라고 할 정도로 의사들이 이사를 많이 왔다고 들었어요. 여긴 의사를 포함해서 전문직 종사자들이 많이 사는 것 같아요"라는 B 씨의 말을 통해서도 알 수 있다.

그래서 어느 정도의 경제력을 갖춘 '그들만의 세상'에는 조금은 유별난 경비체제가 요구되는 것일지도 모른다. 외부인을 경계하는 철저한 보안과 경비시스템은 "집 안에 경비 시스템이 설치되어 있어서 사람이 없을 시 움직임이 감지되면 즉시 경비실로 연락이 되고요. 집에 비상벨 같은 것이 있어서 외부인 침입 시 거실과 안방에서 비상벨을 누르면 해운대경찰서와 경비실에서 동시에 저희 집으로 뛰어오게 되어 있습니다. 그리고 아파트 전체 출입구 입구에서 입주민 외에 외부 차량은 경비실을 거쳐 신분증을 맡겨야만 차가 출입구를 통과할 수 있습니다"라는 A 씨와 "보안 문제상 나이 든 경비 아저씨들이 못하는 일을 전문 경비업체의 젊은 경비원들이 하고 있습니다. 각 동마다 경비실이 있는데 거기에는 나이 드신 분들이 있고, 그 외에 따로 젊은 경비원들이 순찰을 돌아요"라는 B 씨의 이야기에서도 나타난다. 이른바 브랜드형 명품 아파트는 이처럼 유별난 경비체제를 통해 외부인의 출입을 제한함과 동시에 그들의 특별한 지위를 내세우고자 하는 것은 아닐까.

그뿐만 아니라 일반인들에게는 거래 자체가 거의 공개되지 않아 돈만 가지고는 살 수 없는 꿈의 집들이 있다. 실거래액은 알 수 없지만 만약 거래가 이루어진다면 80억 원에서 110억 원을 호가한다는 서초구 '트라움 하우스'는 초호화 고급주택으로 개인적인 연결망을 통해 매매가 이루어진다. 서울 뚝섬의 한화 '갤러리아 포레'와 대림 '한숲 e-편한세상' 역시 상류층을 대상으로 한 최고의 주거시설을 내세워 그들만을 위한 분양을 진행했다(≪머니투데이≫, 2008.4.4). 이러한 집은 특별한 광고도 없이 극소수의 한정된 사람들을 대상으로 만들어지고, 한정된 사람들만이 거주할 수 있는 공간으로 다수에 대한 '완전한 배제'를 낳는다.

그러나 특별한 사람을 위한 특별한 집, 그 속에도 구별과 갈등은 존재한다. 이는 해운대 C 아파트에 사는 A 씨의 "평수 자체가 구별 짓는 방법이에요. 우리 아파트는 홀수 동이면 34평이구요, 짝수면 40평대 이상이에요"라는 말을 통해서도, 서울 분당의 한 초고층 주상복합 아파트에 사는 C 씨의 "한번은 베란다에 이불을 널었는데 금방 관리사무소에서 전화가 오더라고요. 품위를 떨어뜨리는 행동을 자제해달라고"(≪한겨레≫, 2006.10.25)라는 말을 통해서도 알 수 있다.

외부 집단과 그들을 구별 지으면서 명품 주거 공간이라는 이미지를 유지하기 위해 마음대로 삼겹살을 구워 먹지 못하고, 추리닝을 입고서는 외부 출입이 금지되기도 하는 그곳, 평수 혹은 동에 따라 내부 집단 사이에도 구별 짓기가 이루어지는 그곳, 이는 화려하고 찬란한 불빛 뒤에 가려진 어두운 그림자이다.

2) 집 꾸미기, 남다른 취향의 문제

집을 통한 구별 짓기는 내부 공간을 어떻게 꾸미고 장식하느냐에 따라서도 나타난다. 가끔 TV에서 정치인, 유명 기업가들의 집을 공개하는 것이 의미를 갖는 이유는 집은 가장 개인적이고 은밀하면서도 그들의 일상이 유지되는 공간으로 집안 내부의 모습은 그 '사람'을 보여주는 공간으로서의 기능을 갖기 때문이다. 집에 어떠한 소비재를 들여다놓고 실내공간을 어떻게 꾸미는지의 문제는 취향의 문제이며 취향은 남들과는 다른, 특별한 내 존재의 표현이라고 할 수 있다. 즉, 집 꾸미기는 남다른 취향을 드러내는 행위이며 이는 다른 집단과 자신을 구별 짓는 하나의 방식인 것이다.

그래서 서울 서초동의 오피스텔 '부띠크모나코'의 분양 대행을 맡았던 한 관계자는 "이 건물은 오너 3세와 전문 경영인, 부유한 문화계 인사 등을 주요 고객층으로 삼고 있다"고 하면서 "외국 생활 경험이 많고, 문화적 자의식이 강한 이들의 취향에 맞춰 실내 디자인을 설계했다"고 말했는지 모른다(≪경향신문≫, 2005.7.25). 또 D 씨(27세, 여)는 "중학교 때 여럿이서 아버지가 변호사인 한 친구 집에 놀러갔는데, 원목 바닥에 2층 주택이었어요. 거실은 천정이 높아서 훨씬 넓어 보였고, 거실 한쪽 면이 전부 유리로 되어 있어서 밖의 정원이 훤히 내다보였어요. 거기엔 '래시'와 같은 종의 개가 있었고요. 또 거실엔 고급 가죽 소파, 양주가 진열된 장식장, 에어컨이 있었고 넓은 서재엔 책이 가득했죠. 거실이 정말 넓었던 것 같아요. 집에 가기 전엔 몰랐는데 막상 가서 보니 우리랑은 좀 다른 것 같고, 그래서 친구들이랑 걔 집에 대해서 얘기하면서 부럽다는 얘기를 했던 것 같아요"라고 말했는데, C 씨가 친구의 집에서 넓은 거실과 서재 그리고 에어컨 등을 보고 그 친구에게 어느 정도의 거리감을 느꼈던 것은 '집'이라는 공간이 그 친구와 자신을 구별 짓고 있었기 때문이라고 볼 수 있다.

아파트에서 집 내부 공간을 통한 구별 짓기는 1990년대 중반부터 드레스 룸, 파우더 룸, 베란다나 욕실의 개조 등 소비자의 욕구에 맞춘 아파트 평면들이 등장하면서 심화되었는데, 이러한 현상은 공간의 여유가 있는 상류층의 주거 공간을 중심으로 나타났다. 아파트 평면에서 특히 강조되는 공간은 가족뿐 아니라 외부인들의 발길이 잦은 거실이라고 할 수 있다. 이는 "거실이 다른 공간에 비해서 노출이 많고 중심이 되다 보니 아무래도 거실에 고급스러운 탁자나 소파가 있습니다. 국내산이지만 그중에서도 괜찮고 비싼 거라고 하던데 …… 또 대형 TV, 홈시어터가 있고, 거실 조명의 장식은 수입이라고 들었어요"라는 B 씨의 말을 통해서도 알 수 있다. A 씨는 "C 아파트로 이사온다고 했을 때 이사 가면 벽걸이 TV 42인치에 가죽소파를 당연히 해야 할 것처럼 사람들이 얘기했네요. 그리고 이웃집에 가보면 정말 다들 42인치 벽걸이 TV에 가죽소파 갖추고 있어요"라고 말했는데 이는 사람들이 아파트 브랜드에 따라 그곳에 사는 사람들은 어느 정도 수준의 비슷한 모습으로 집을 꾸밀 것이라는 생각을 가지고 있고 또 거주자들 역시 유사한 모습으로 집을 꾸미고 있음을 보여준다.

또 주거 공간에서 주부가 차지하는 위치나 역할이 중요해지면서 주방이 중요한 차별화 전략의 대상이 되고 있는데, B 씨는 이에 대해 "우리 아파트에는 식기세척기, 김치 냉장고가 기본으로 되어 있었어요. 이런 것도 다 분양가에 포함되니 분양가는 조금 높을 수밖에 없고요. …… 요즘 아파트는 주방이 많이 차별화되어 있는 것 같아요. 아파트 선택할 때 주부 입김이 세니까. 우리 집에도 싱크대 옆 요리 보조대는 대리석으로 되어 있습니다"라고 말해 주방이 구별 짓기에서 중요한 공간이 되고 있음을 알 수 있다.

또한 예전에는 집에 있는 그랜드피아노나 에어컨 등이 구별 짓기의 중요한 요소였다면 오늘날에는 박물관에서나 볼 수 있는 골동품, 유명한 작가의 그림이나 사진, 와인 냉장고, 홈시어터, 고가의 (수입) 가구나 조명, 커튼, 벽지 등이 구별 짓기의 중요한 요소가 되고 있다고 볼 수 있는데, A 씨는 특히 '대리석'이 집의 구별 짓기에서 중요한 요소가 되고 있다고 말했다.

내부 인테리어는 어느 정도 집 분위기에 맞아야 하지만 대리석 바닥이나 대리석 벽인 경우에는 다른 집과 다르구나 하고 느끼는 정도입니다. 이웃 중에는 4~6인용 대리석 식탁을 가지고 있는 사람들도 많은데, 대리석이 다른 집과 구별 짓는 대센가 봐요. 큰 평수 가면 거실 벽면이 다 대리석인 집도 있어요. 그리고 그림도 있어요. 집집마다 약간 특색 있는 그림을 많이 붙여놓았어요. 그리고 거실 조명도 특이했고요. 주방 조명도요.

자본주의의 발달로 인해 한편으로는 계급의 양극화가 더욱 뚜렷하게 나타나는 반면, 또 다른 한편으로는 계급 간의 구분이 모호해지면서 기업들은 사회집단이 그들의 상징으로 사용할 수 있는 특별한 소비재의 생산을 통해 차이의 생산과 재생산을 낳았는데, 오늘날 집에서는 대리석, 고

■ 대전 브리젠힐스 모델하우스 전경

브리젠힐스 모델하우스 내부
는 최고가, 최고급, 최고 상류
층을 위한 공간이라는 콘셉트
로 소비자를 유혹하고 있다.
어떠한가, 끌리는가?

급 수입 가구, 조명 등이 그 역할을 톡톡히 하고 있다. 한 예로 대전 '브리
젠힐스' 모델하우스의 경우 현관은 2.9m의 우물천장에 순금 몰딩 처리를
했고, 거실에는 5.2m 높이의 천장과 천연 대리석 바닥과 벽면 그리고 대
형 샹들리에를 설치했으며 주방은 독일제 최고급 지메틱 가구(6000만 원),
가게나우 냉장고(600만 원), 아일랜드 주방 상판으로 꾸미고 안방은 프랑
스산 최고급 벽지에 대형 월풀 욕조, 초대형 드레스 룸을 설치함으로써
최상류층을 겨냥하고 있다(≪대전일보≫, 2007.6.18). 나아가 오늘날에는
많은 기업들이 집 내부를 유명한 실내 디자이너에 의해 최고급 설비와 자
재들로 꾸미면서 다른 주거 공간과의 차별화를 시도하고 있다. 이들은
내밀한 생활 공간에도 디자이너의 손길을 불어넣어 집을 통해 구별 짓기
를 하고자 하는 상류층의 욕구를 생산하고 또 재생산하고 있는 것이다.

"해외 유명디자이너 영입 주택 고급화 붐 … 최상층 수요자 타깃"
페트라건설은 최근 서울 서대문구 연희동에 짓는 빌라 '비버리힐스
빌리아'에 이탈리아, 미국, 독일에서 활동 중인 산업 디자이너 6명을 영
입했다. 생활용품은 필립 스탁, 가구와 벽지는 조르조 사포리티, 집 외

관의 초벌 디자인은 리처드 마이어, 조명기구는 잉고 모레 씨가 담당한다고 회사 측은 밝혔다. (비버리힐스 빌라이는) 106~167평형 33가구로, 최상층 수요자를 타깃으로 한다(≪동아일보≫. 2005.3.3).

또 이와 관련하여 분양 당시 국내 최고 분양가로 화제를 모았던 '갤러리아 포레'는 5개의 해외 명품 홈리빙 브랜드와 공동으로 20억 상당의 명품 가구와 가전으로 꾸민 '명품 주거 디자인 갤러리'를 사전 예약을 통해 VVIP에게만 공개한 바 있다(≪한국경제≫, 2011.5.3).

이처럼 한편에 최고급 가구와 조명, 그림 등으로 차별화를 시도하는 상류층이 있다면 다른 한편엔 그런 그들을 모방하면서 만족을 느끼는 사람들이 있다. E 씨(25세, 여)는 "어머니 친구분 댁에 갔는데 거실에는 고급스러운 소파와 탁자가 있었고 소파가 놓인 벽면에는 소파 위로 화려한 그림이 걸려 있었어요. 콘솔, 액자, 대형 TV, 에어컨 …… 주방엔 8인용 고급 식탁 …… 있을 건 다 있었고, 전체적으로 조명이 집안의 분위기를 매우 고급스럽게 하고 있었어요. 그런데 알고 보니 거실에 있는 그림은 매우 유명한 작가 그림의 모조품인데 그게 진짜 작품이면 수천만 원짜리라고 하더라고요. 가구도 독일 유명 가구의 모조품이라고 했고요" 라고 말했는데, 이 사례를 통해 가구, 그림, 조명 등이 차별화의 소재가 되고 있음을 알 수 있을 뿐 아니라 모조품을 통해서라도 상류층과 비슷해지고자 하는 중산층의 '따라 하기' 방식을 엿볼 수 있다.

집 그리고 그 안의 거실, 주방 또 그것들을 채우고 있는 대리석, 가구, 조명 등은 무언의 메시지를 던진다. '남들과 다른 나는 특별해'라고. 그러나 우리는 그러한 메시지 뒤에 가려진 또 다른 얼굴을 볼 수 있어야 한다. 취향이라는 이름 아래 과시욕과 허위의식을 조장하는 소비사회의 검은 얼굴을.

3) '비슷함'의 즐거움과 '다름'의 폭력성

비슷한 사람들이 같은 아파트에서 혹은 인접한 지역에서 비슷한 문화를 형성하며 살아간다는 것은 비슷함에서 오는 소속감과 안정감 혹은 즐거움을 느끼는 배경이 되기도 하지만, 그와는 다른 사람들이 소외감과 차별을 느끼는 배경이 되기도 한다. 이러한 모습은 그들만의 커뮤니타나 동호회 활동, 그리고 학교 배정 등의 문제에서 대표적으로 나타난다.

대표적으로 타워팰리스는 분양 당시 광고를 내지 않고, 계열사 고객 데이터베이스 등을 이용해 대기업 및 금융회사 고위직 임원 등 5만 명에게 분양 안내문을 보내 그중에서 폐쇄적으로 입주자들을 결정했는데, 이에 대해 삼성물산은 "신뢰할 만한 전문직이면서 '함께 어울려 네트워크를 형성할 수 있는 사람인가'를 기준으로 했다"고 밝혀 타워팰리스의 경우 비슷한 부류가 문화와 생활양식을 공유할 수 있도록 사전 조율되었음을 알 수 있다(≪동아일보≫, 2002.1.10). 그렇게 사전 조율된 특별한 그들은 연회장에서 할로윈 파티를 즐기기도 하고 실내 골프연습장 등 다양한 커뮤니티 시설을 함께 이용하며 그들만의 문화를 공고히 해나가고 있는 것이다. 한 예로 골프 동호회에 참여하고 있는 F 씨는 "동호회를 통해 사회적 명망가들을 만나기 쉽고, 자녀들 유학 이야기, 새로 나올 외제 승용차 이야기 등 공통 관심사에 대해 마음 편하게 대화를 나눌 수 있다"(≪파이낸셜뉴스≫, 2005.2.21)고 밝혀 비슷한 사람들의 주요 관심사에 대한 정보가 아파트 단지 내에서 그들끼리의 모임을 통해 해결되고 있음을 알 수 있다. 이처럼 타워팰리스의 거주민들만이 참여하고 있는 각종 동호회는 상류층의 '묶음'을 만들어내는 효율적인 수단이 되고 있는 것이다.

F 씨와는 달리 B 씨는 자신이 살고 있는 아파트의 경우 테니스, 골프, 마라톤, 산악회 같은 동호회가 활성화되어 있는데, "이런 동호회는 그

냥 취미가 같아서 서로 모이는 거지 이웃 간에 친밀도가 높다거나 라포 (rapport)가 형성되어 있는 것 같지는 않아요. 외부에 속해 있는 동호회가 있으면 거기를 더 잘 나가는 것 같고요. 외부에서 보면 끼리끼리 어울리는 것처럼 보일지 몰라도, 그냥 취미 비슷하고 마음 맞는 사람들끼리 모이는 걸로 생각돼요"라고 하면서 거주민들의 동호회 문화를 무조건 배타적인 '끼리끼리'의 문화라고 보는 것에 대해 경계할 것을 당부했다. 폐쇄적 공간, 이웃 간 교류의 단절을 상징했던 아파트에서 커뮤니티 문화가 조성되고 활성화되는 것은 긍정적인 변화라고 볼 수 있다. 그러나 그것이 타 집단 혹은 타 계층에게 위화감을 주거나 차별적 요인으로 느껴진다면 그것은 오늘날 아파트 문화가 해결해야 할 또 다른 과제이다.

배타적 공동체의 모습은 학교 배정 문제에서도 나타나는데, 타워팰리스의 경우 원래 개포동 개일초등학교로 배정받은 학생들이 학부모의 항의로 대도초등학교로 배정된 사건이 있었다. 표면적 항의의 이유는 개일초등학교와의 거리가 멀다는 것이었지만 실제로 타워팰리스와 학교 사이의 거리는 두 학교 모두 비슷해 그 내부를 들여다보면 다른 거주지에 사는 학생들이 많은 개일초등학교의 학생들과 자신의 자녀를 분리하고자 했던 학부모들의 이기심을 엿볼 수 있다.

A 씨와 B 씨 역시 현재 거주하고 있는 아파트로 이사를 온 뒤 집(주거 공간)과 관련하여 학교(교육) 배정을 통해 구별 짓기를 하고자 하는 모습을 보았다고 한다. 해운대구 C 아파트에 거주하는 A 씨는 아이들의 교육 문제로 이사를 하게 되었으며 학교 배정 문제로 적지 않은 분쟁이 있었다고 했다.

학교 배정 문제는 끼리끼리가 형성되었다고 생각하는데요. 일전에 센텀 초등학교에서는 실거주 조사가 나왔었어요. 센텀 초등학교에 다니는 아이들은 C 아파트에만 거주해야 하는데 다른 곳 …… 길 건너 협성르네상스나 e-편한세상에서 아이들이 가짜로 C 아파트에 전입신고를 하고 센텀 초등학교에 다닌다고 해서 실거주 조사를 한다는 공고를 본 적 있습니다. 다른 곳에서 센텀 초등학교에 다니는 걸 별로 좋아하지 않는다는 것을 알 수 있었어요. 그리고 센텀 고등학교도 재송동 다른 지역에서 학생이 섞인다고 주민들이 별로 좋아하지 않은 모습이었습니다.

B 씨 또한 학교로 인한 분쟁이 있었다고 하면서 자신의 자녀들만을 생각하는 학부모들의 이기심을 지적했다.

원래 분포중학교에는 L 아파트에 사는 사람만 받자고 해서 그렇게 했었습니다. 그래서 분포중학교 학생들은 거의 100% L 아파트에 사는 아이들이었죠. 그런데 L 아파트 거주자가 대체로 부모 학력이 높고 학생들이 방학 때 한 반에 최소 7~8명은 해외 연수를 갔다올 정도로 교육열이 높고 하니까 경쟁이 치열해질 수밖에요. 그래서 내신 때문에 인문계를 못가는 애들이 생기니까 부모들이 데모를 해서 지금은 외부에서도 배정을 받아오게 된 거죠. 아파트 거주 학생들도 용호동 전 지역으로 가는 것으로 바뀌었고요.…… 이기적인 거죠. 애초에 타 지역 학생들에게 개방을 하든가.

그들이 학교 분쟁을 통해 비슷한 사람들끼리의 즐거움을 누리려 했던 것은 이른바 노는 물이 다른 공간을 위한 배제하는 '물 관리'가 아니었을까. 주거 공간과 교육의 거대한 복합체를 통해 안정된 부유층 문화권을 형성하고, 하나의 명문 단지를 탄생시키기 위한 '물 관리'.

4. 욕망의 질주는 계속될 것인가

집, 그리고 그 안의 내용물은 사람들의 경제적 위치를 반영하는 동시에 그들의 문화적 배경을 보여주는 하나의 매체로서 계층 간 구별 짓기를 가능하게 한다. 주거 공간은 무언의 메시지로 폭력을 행사하며 사람과 사람, 집단과 집단을 차별화하고 구분 짓는 것이다. 중요한 것은 집의 구별 짓기는 단순히 물리적인 차원에 그치는 것이 아니라 그 지역 그리고 계층 간의 경계 짓기와 밀접하게 연결되어 그것들을 총체적으로 분리하고 차별화한다는 것이다.

한정된 공간, 그래서 그곳에선 권력과 차별의 꽃이 핀다. 그 꽃은 가지지 못한 자, 가질 수 없는 자들의 땅에서 그들의 피를 먹고 자란 꽃일지 모른다. 안정과 친화를 으깨면서 다수가 불행해질수록 더욱 비대해지는 꽃.

투자 가치를 위한 집의 소비, 과시를 위한 집 꾸미기는 생활을 불안정하게 한다. 우리가 집에서 실재적 삶이 아니라 상품을 위한 상품, 허상을 위한 허상만을 본다면 다른 계층으로부터 자신들을 구별 짓기 위해 달리는 한 집단과 그들을 뒤쫓는 또 다른 집단 사이의 끊임없는 욕망의 질주만이 계속될 뿐이다. 주거 공간이 더욱 상징적인 의미를 갖게 되고 디지털 기술과 결합하여 첨단화·고급화되면서 그러한 변화 속에서 삶의 질이 더욱 나아지는 측면이 있음을 부인할 수는 없다. 그러나 그것이 어떠한 특정 집단에게만 국한되어 그들만의 공간을 만들고 집의 차이가 사람 사이의 차별과 배제를 낳는 중요한 기제가 되는 것은 우리의 주거 문화 문제에 있어 해결해야 할 중요한 과제임이 틀림없으며 그것은 집에 거하는 사람과 그것을 둘러싼 사람들 그리고 삶 그 자체에 대한 진지한 고민이 있을 때 해결될 수 있을 것이다.

자, 지금부터라도 집의 '소유'를 넘어서 우리의 삶의 질을 결정짓는 집 그리고 그 안에서 살아가는 인간 '존재'와 진솔하게 만나는 시간을 갖자. 조작된 욕구로 집의 허상을 소비하는 수동적 인간이 되지 않기 위하여. 끊임없이 재생산되는 구분과 차별의 경주를 멈추기 위하여. 너와 내가 '함께' 웃기 위하여.

참 고 문 헌

단행본

전남일.손세관·양세화·홍형옥. 2008. 『한국 주거의 사회사』. 돌베개.

허이도. 2008. 『낭만아파트』. 도서출판 플래닛미디어.

논문

박수호. 2007. 「주거공간에 투영된 사회적 과시」. ≪한국사회≫, 8(1), 65~94쪽.

손상희. 2005. 「집, 삶, 그리고 소비: 소비사회에서의 주거소비문화 분석」. ≪소비문화 연구≫, 8(4). 163~183쪽.

우갑정. 1999. 「한국인의 사회문화가치관 분석」. ≪산업개발연구≫, 5(1), 1~12쪽.

조은진. 2007. 「상류층 주거지에서 나타나는 새로운 배제의 방식」. ≪경제와 사회≫, 76호. 122~163쪽.

신문·잡지·방송·인터넷 및 기타 자료

≪경향신문≫. 2005.7.25. "건축과 디자인이 만나 이룬 예술품".

≪대전일보≫. 2007.6.18. "천연 대리석 바닥 … 천장은 순금 몰딩".

_____. 2008.2.29. "대전 상류층의 특권-대덕밸리 리슈빌".

≪동아일보≫. 2002.1.10. "커버스토리 / 대치동: 부와 명예 … 선택된 사람들의 '계획 도시'".

_____. 2005.3.3. "해외 유명디자이너 영입 주택 고급화 붐 … 최상층 수요자 타

≪머니투데이≫. 2008.4.4. "돈만 가지고 살 수 없는 꿈의 주택들".

≪세계일보≫. 2002.10.15. "아파트가 확 바뀐다".

≪위클리경향≫. 2008.11.18. "상류·하류층 단절 '중남미 사회'진입 우려".

≪파이낸셜뉴스≫. 2005.2.21. "강남 초고층 아파트 동호회 '끈끈'".

≪한겨레≫. 2006.10.25. "'명품' 초고층 주상복합은 '불편 복합'?"

≪한국경제≫. 2011.5.3. "갤러리아 포레 명품 가구와 가전으로 꾸민 실내 공개한다".

주거 공간 속의 소통과 갈등

정아름 | 부산대학교 사회학 석사

신지은 | 부산대학교 사회학과 교수

1. 소통과 갈등의 장, 집

집만큼 우리에게 익숙한 주제도 없다. 대부분의 사람들 누구나 집을 가지고 있으며 하루의 시작과 끝도 집에서 이루어진다. 집은 우리의 모든 행위와 사고의 공간적 원형이자 삶을 만들어내는 터전이 된다. 집에서 우리는 사회적 삶에서 어떻게 행동해야 하는지, 나와 남을 구별하는 기준과 그에 따른 응대 방식 등을 배운다. 집이 모든 인간 상호작용의 시발점이자 사회화가 이루어지는 곳이라 불리는 이유다. 한 집에 사는 구성원끼리는 함께 공유하고 기억하는 것들이 있고, 이런 의미의 공유는 보금자리라는 안정성과 가족애라는 가치를 우리에게 내면화한다. 따라서 집은 인간의 정서적 욕구를 충족시키고 사회적 삶에 추동력을 주는 기폭제로서의 기능을 한다고 볼 수 있다.

집의 사회적 기능은 가족이란 범위를 넘어서도 존재한다. 가족 범위를 집단적 의미에서 이웃 혹은 마을의 범위로 외연을 확장해보면 다양한 방식으로 사회적·문화적 상호작용이 발생하고 있음을 확인할 수 있다. 어떤 주거 형태 속에서 살고 있는가라는 문제는 주거 공간과 외적 환경이 맺게 되는 여러 관계로부터 다양한 사회적 관계와 의미들을 만들어낸다. 한 사람의 자아 형성에서부터 시작해서 타인과 맺는 소통과 갈등, 공동생활을 함께해 나가는 집단의 공동체성에 이르기까지 다양한 사회적 상호작용들이 주거 공간을 둘러싸고 일어난다.

자본주의와 산업화는 우리의 주거 공간을 급속도로 바꾸어놓았다. 아파트 공화국이라고 불릴 정도로 쏟아진 대규모 단지들과 그를 중심으로 재편되는 도시계획들이 있는가 하면 산동네나 골목이 남아 있는 서민 주택들도 있다. 도심과 교외에 상관없이 부자들이 지어놓은 대저택들도 혼재해 있다. 주거 공간의 급속한 재배열은 사회 구성원들의 일상을 한편으로는 파괴하고, 다른 한편으로는 새로운 일상을 만들어냈다. 매일같이 쏟아지는 아파트 TV 광고는 가족, 사랑, 이웃이라는 단어와는 사뭇 다른 분위기다. 가족 가치는 남들보다 비싸고 편리한 주거 공간에서 산다는 뿌듯함에서 나오며, 심지어 가족은 사라지고 성공한 커리어우먼의 이미지를 강조하기도 한다. 주거의 의미가 공동체에서 개인주의로 전이되고 있음을 말해준다.

이 글은 주거를 둘러싸고 나타나는 다양한 소통과 갈등의 양태를 살펴보고자 한다. 같은 주거 공간을 공유하는 구성원들 간의 소통과 갈등은 그들의 관계를 발전시켜나갈 수도, 혹은 단절과 해체를 가져올 수도 있는 주요한 요인이다. 근린 관계에 있는 이웃과의 소통과 갈등의 양태 역시 미시적으로는 한 사람의 일상생활에, 거시적으로는 공동체적 생활에 영향을 끼친다. 주거 공간을 중심으로 가족과 이웃 관계에서 나타나는 여러 소통과 갈등의 양상들을 살펴보면서 새롭게 나타나거나 문제가 되고 있는 주거 문화의 실태와 원인을 살펴보자. 또 이러한 주거 문화는 우리의 삶에 어떤 영향력을 행사하며 행위자들은 그 문화에 어떻게 적응하며 살아나가는지 알아보도록 하자.

2. 가족 공간의 변화

1) 짜증 나, 나 좀 내버려둬!

전통 사회는 공동체 단위의 생활이 주였기 때문에 개인적 공간이나 생활은 상대적으로 경시된 경향이 있다. 그러나 19세기 중간계급의 주거 공간에서 비롯된 사적인 공간은 새로운 생활 방식들을 낳았다. 주거 공간은 이제 가족만의 공간, 사적인 공간으로 변형되었고, 그 공간에서 이루어지는 생활과 욕망의 흐름은 사생활과 내밀성이라는 개념으로 명명되었다(이진경, 2000: 239). 하지만 이 시기의 내밀성이란 것도 가족 간의 벽이라기보다는 자기네 가족만을 외부로부터 보호하는 벽을 의미하므로 프라이버시[1] 개념 역시 가족적인 것이라고 보는 것이 옳다. 우리 사회의 경우 비록 시기는 다르지만 1968년 이후 등장한 대규모 아파트 단지들은 가족 이기주의와 차별화를 드러내므로 폐쇄적 가족 공간의 개념을 형성

---

[1] 프라이버시는 보통 사생활의 보장, 상호 접촉의 회피 등 배타적인 성격을 나타내고 있으나, 올트먼(Altman)은 개인이나 집단이 타인과의 상호작용을 선택적으로 통제하는 것으로 정의했다. 개인이나 가족은 개인 공간, 영역성 그리고 사회적인 행동 조절을 통하여 프라이버시를 성취하고자 하는데, 주거 공간 내에서의 가족관계는 주로 문으로 조절된다. 유아기에는 침실의 문을 열어두지만, 아동기에 자아 개념이 발달하게 되면 반쯤 닫고, 사춘기가 되면 아주 닫아버리게 된다(주거학연구회, 2005: 35~37).

해왔다(박철수, 2006: 41).

가족 공간의 강화를 가져온 아파트는 대중적 인기를 얻으며 분화·발전해간다. 이런 경향 속에서 주거 공간 내부에도 분화가 이루어졌는데, 이 역시 사생활, 내밀성의 원리에 충실한 것이었다. 주거 공간이 가족 개개인의 사적 생활을 강화하는 쪽으로 선회하면서 이제는 가족 구성원들 사이에서도 개인의 사생활을 안정적으로 보장하고 구성원의 역할에 따른 차별화된 공간이 요구되었다. 부자가 아니라 해도 자식의 방과 부모의 방은 사생활과 내밀성에 따라 분리되어야 하는 것으로 여겨지며, 심지어는 부부 사이에도 개인 공간을 가지고자 하는 경우도 많다. 한 조사연구에서는 70%의 주부들이 개인 방이 필요하다고 응답했으며, 남편의 경우도 80% 정도가 개인 방이 필요하다고 응답한 것으로 나타났다(주거학연구회, 2004: 238). 학교나 학원을 마치고 돌아온 자식이 부모님에게 인사를 하는 둥 마는 둥 하고 제 방으로 들어가 문을 닫고 인터넷을 하거나 스마트폰에 몰두하는 것도 TV 드라마 속의 어느 위태로운 가족의 이야기인 것만은 아니다. '문'을 닫고 방으로 들어오면 개방적 공간인 거실과는 완전히 단절되며, 방은 가족들을 서로 등지게 하는 개인만의 폐쇄적인 공간으로 변모한다. 따라서 가족 개개인은 방에서 서로 무얼 하는지도 모른 채 한 집에만 같이 있을 뿐인 것이다. 대화를 시도하겠다고 자식 방에 함부로 들어갔다가는 노크할 줄도 모르냐는 타박이 먼저 돌아오기 일쑤다. 소통의 지수로만 따지자면 부모보다 카톡 친구들이 월등히 위다.

사적 공간의 확대라는 물리적 공간의 변화 외에도 이러한 사생활과 내밀성을 강화한 몇 가지 다른 원인들을 살펴볼 수 있다. 무엇보다도 가족 구성원들의 생활 주기가 서로 다르다는 점을 들 수 있다. 교통 체증을 피해서 아버지와 어머니는 일찍 출근하고, 자식들은 자식들대로 어린이집으로 보내지거나 아침 자율학습을 위해 등교한다. 각자의 공간에서 하루를 보내고 늦은 밤이 되어서야 방과 후 학원에서 돌아온 자식들, 회식을 마치고 술에 취해 돌아오는 부모들은 꽉 짜인 그들의 생활 리듬 속에서 만성 피로 상태다. 고단한 하루를 달래기도 무섭게 또 내일을 준비해야 하는 그들이 가족을 돌아볼 여유를 만들기가 과연 가능할까? 영화 〈써니〉에는 10대의 딸이 바쁜 아버지에게 용돈을 받는 장면이 나온다. 무심한 듯 아버지는 얼마를 꺼내 딸에게 건네며 아버지로서의 관심과 성의를 보이고, 딸 역시 용돈을 더 받기 위해서 아버지에게 무심한 듯 애교의 한마디를 던진다. "사랑해요!" 이질적인 생활 주기와 경쟁을 중시하는 자본주의적 시간 구조 속에서 가족 간의 대화는 용돈으로 대신한다. 실제로 얼마 전 한 취업사이트가 실시한 '대학생들이 하루에 부모와 대화하는 시간조사'에서 대학생 10명 중 7명이 아버지와의 대화시간이 10분 미만, 어머니와의 대화시간도 10분 이상 수준에 머무는 것으로 나타나 전반적으로 가족 간의 대화나 소통이 부족하다는 것이 확인되었다. 2006년 4월에 방영된 〈그것이 알고 싶다〉에서는 이와 관련된 심각한 비극을 소개했다. 소개된 한 사례에서는 한 집에 살면서 딸과 대화를 안 한 지 5년이나 된 가정이 있었고, 혹 어머니가 대화를 시도하더라도 딸은 "말하기 싫다. 나를 내버려두라"며 화를 내기 일쑤였고, 심지어 욕설이나 폭력도 행해졌다. 오해와 불신의 축적은 이혼으로 비화되거나 우울증, 폭력, 자살 시도 증세를 보이며 심지어 살인까지 초래하기도 한다.

한편으로 사적 공간의 분리는 관념적으로 개인주의적 사고의 심화, 인간관계에서 수평적 민주주의의 강조와 같은 새로운 가치들을 만들어내기도 했다. 이러한 사고들은 가족 내에서도 서로 간에 지켜야 하는 선이 존재한다는 믿음을 심어주기에 충분한 것이었고 가족 간의 갈등을 만들어내는 또 다른 요인들이 되기도 한다. 물론 전통적인 한국의 주택 공간에도 프라이버시의 보호는 있었다. 하지만 알맞은 차광과 통풍을 가능케

해주며 은은한 공간 미학을 가진 한지는 어느 정도 소통의 가능성을 열어놓지만, 시멘트와 콘크리트로 밀폐된 공간을 만들어내는 아파트의 벽은 소통을 완전히 차단한다.

2) 가족을 그대 품 안에

집은 일상에 치여 상처투성이가 된 가족이 돌아와 위로받고 편히 쉴 수 있는 상징적 공간이다(윤석진, 2008: 164). 특히 세계 1위의 스트레스 지수를 자랑하는 대한민국에 살고 있는 우리는 스트레스를 완벽히 날려버릴 방법을 찾는 것만큼이나 정서적으로 우리를 감싸 안아줄 품이 더욱 더 필요하다. 따라서 가족의 생활공간인 집에 대한 관심은 더욱 커지고 있다. 특히 핵가족화, 주5일 근무로 인한 여가 시간의 증대, 과도한 경쟁 사회에서 얻는 스트레스, 그로 인한 안정감 추구 등 사회 문화의 변화는 가족 가치와 가족 공간(family space)의 중요성에 대해 더욱 진지하게 생각하게 한다. 여기서 가족 공간이란 가족의 소중함을 강조하기 위해 새롭게 등장한 개념으로 값비싼 가구나 소품으로 치장하는 인테리어가 아닌, 가족애가 드러나는 인(人)테리어를 말한다. 즉, 함께함, 소통, 대화가 이루어질 수 있는 공간을 마련하는 것이 가족 공간의 핵심인 것이다.

흔히 말하는 가족 공간으로는 거실과 주방이 있다. 우선 구조적으로 보면 거실은 집 안의 중심에 위치하여 모든 공간과 연결되며 가장 넓은 공간이다. 여기서 혹자는 일반 주택은 다른 구조를 가지지 않겠냐고 반문할 수 있다. 그러나 전통적 한옥을 제외하고는 대부분의 일반 주택도 거실이 집 안의 모든 공간과 연결된다. 우리 사회의 주거 공간은 전통적 공간 형태가 서양의 주거 방식이 도입되면서 결합되는 형태를 보여왔으며, 전통적인 주거 공간의 모습을 지닌 농촌에서조차 대부분이 거실과 주방을 안으로 들이는 개조 공사를 하는 추세다. 아파트나 일반 주택을 막론하고 이러한 거실의 특성은 개인 공간에 있는 개인이 휴식을 위해 '문'을 열고 나오면서 개방감을 느끼게 할 뿐만 아니라 자연스레 가족들이 모여 대화하거나 어떤 행위를 같이 할 수 있게 한다. 이는 전통적 주거 공간에서 안방과 사랑방의 기능이 복합된 공동 공간이다. 그러나 오늘의 우리 거실은 커다란 TV가 떡 하니 자리를 차지하고 있는 적막한 공간으로 전락했다. 가족들의 이야기에 귀를 기울이기보다 TV에서 말하는 이야기에 보다 주목한다. 식사를 위해 가족들이 함께 모이게 되는 주방 역시 거실 다음으로 중요한 가족 공간이다. 식구(食口)가 무슨 뜻인가? 한 집에 살면서 끼니를 같이 하는 사람이 바로 식구 아닌가. 같이 밥을 먹는다는 것은 가족의 성립에 매우 중요한 역할을 한다.[2] 하지만 단란했던 예전의 식사 모습은 보기 힘든 것이 현실이다. 주부는 혼자 요리하고, 가족들은 각자 스케줄에 맞춰 따로 식사를 하고 나가기에 오붓이 앉아 대화하는 것이 불가능한 것이 일상적인 모습이다.

그러나 행위자들은 언제나 구조의 영향을 받지만 구조에 수동적으로 대응하는 것이 아니라 구조를 적극적으로 수용하며 왜곡하며 변용해나간다. 가족 공간도 전통적 공간 배치를 벗어나 새롭고 다양한 형태로 변용해나가고 있다. 개성 넘치고 자유분방한 현대인들의 사고방식은 가족 공간이 꼭 거실이나 주방이 되어야 할 필요가 없다는 것을 보여준다. 가령 주택 앞마당에 텃밭을 일구거나 아파트 베란다 자투리 공간에 식물을 키우면서 아이들과 같이 시간을 보낼 수 있다면 그것도 가족 공간이 될 수

---

[2] 김수현 작가의 가족 드라마에서는 대가족이 같이 밥을 먹는 모습이 반드시 등장하는데, 여기서 밥을 먹는 것이 가족 구성원들 간의 대립과 갈등을 해결하고 화해와 행복을 모색하는 중요한 극적 장치로 기능한다(윤석진, 2008: 164).

있다. 더구나 요즘은 의도적으로 가족 공간을 꾸미기도 한다. 가령 안방이 대표적인 예다. 안방은 전통적으로 가장의 권위, 주부의 권위를 상징하는 곳이었다. 하지만 맞벌이 부부의 등장과 함께 안방은 단순한 수면 공간, 활용도가 가장 떨어지는 공간으로 전락했다. 따라서 요즘은 안방을 같이 영화를 보거나 책을 읽거나 함께 어울릴 수 있는 공간으로 꾸미는 집이 늘어나고 있다.

물론 거실이나 주방도 모습이 변화한다. 거실의 경우 가족 간 대화를 회복하고자 TV를 안방으로 들이거나 없애기도 한다. 아니면 TV 자체를 활용해서 플레이스테이션이나 닌텐도 게임기와 같은 함께할 수 있는 게임으로 친목을 도모하기도 한다. 주방의 경우를 살펴보자. 주5일 근무제, 요리에 대한 관심 등은 금남의 구역이었던 주방에 남성을 불러들여 취미 공간으로서의 가치를 부여받으며 새로운 가족 공간의 모습을 만들어낸다. 이런 변화는 부부 간의 평등한 관계, 자녀와의 대화 시간 증가, 가족의 화합 도모와 같은 긍정적인 효과들을 이끌어내고 있다.

하지만 이런 양태들이 가족 공간의 확대라고 부르기에는 무리가 있다. 절대적 교제 시간을 만족시키기 위해서 등장한 변용의 형태들은 가족이 함께 패밀리 레스토랑에 가서 외식을 하면서 이루어진다거나, 함께 비디오게임을 하거나 하면서 만들어진다. 가족 구성원들 간의 소통이 주거 공간 내부에서 이루어지는 것이 아니라 외부화·전문화된 형태로 이루어지거나 상품을 통해 이루어지는 경향도 있다. 이는 전통적인 가족의 기능, 예컨대 정서적인 기능, '집밥', 생활 의례 등을 아웃소싱하는 방식으로 가족 가치를 찾고 있는 셈이다.

가족 가치를 가족 내부에서 확인하려는 경향과 함께 가족 가치 자체를 외부에서 확인하려는 경향도 나타나고 있다. 버스에서 자식을 부르는 큰 소리에 뒤를 돌아본다. 그런데 이게 웬걸! 땅딸막한 몸매에 새까만 얼굴,

미간에는 쭈글쭈글 주름까지 잡힌 퍼그 한 마리가 웬 아주머니의 무릎에 앉아 있다. 요즘 들어 부쩍 사람 이름과 비슷해진 애완동물들 이름 때문에 종종 벌어지는 에피소드다.

언제부턴가 애완동물은 엄연한 우리의 가족 구성원으로 자리 잡기 시작했다. 동시에 우리는 그 아이들(?)의 엄마이자 아빠, 누나이자 오빠가 되었다. 집에서 키우는 애완동물들의 형태도 상당히 다양한데, 개나 고양이, 햄스터에서부터 돼지, 악어, 뱀, 고슴도치 등 별난 동물들이 우리의 주거 공간 속으로 들어왔다. 집에서 기르는 많은 동물은 인간에게 단순히 장난감처럼 즐거움만을 제공하는 수단이 아니라 가족의 일원으로 인간과 함께 동고동락하는 존재가 된 것이다(이서윤, 2008: 23).

이러한 시대적 조류 속에서 애완동물은 그 이름을 달리하여 '반려동물'이라는 용어로 대체되고 있다. 즉, 사람과 동물 사이의 상호교감이 포함되어 있고, 애완동물을 한 가족, 사회의 일원으로까지 인정하는 인식이 강해졌다는 의미이다. 최근에는 이런 추세와 맞물려 딩크족이면서 아예 아이 대신에 애완동물을 기르며 감정적인 애착을 보이는 딩펫족(Double Income No Kids + Pet)이 생겨나기도 했다. 일명 '맞벌이 애완족'이라 불리는 이들은 아이를 낳아 기를 시간도 없고, 낳더라도 안심하고 맡길 탁아시설이 없기 때문에 차라리 애완동물을 기르면서 그들과의 정서적 교류를 통해 만족감을 얻는 것이 낫다고 생각한다. 출산·육아와 일상생활을 병행하기 힘들게 하는 사회 구조적 문제를 회피하고 개인 실존의 현재적 만족을 극대화하고자 하는 전략의 일환이라 하겠다.

애견 아파트의 등장도 주목할 만한 현상이다. 애견 아파트는 반려동물과 살고 있는 사람들은 많아진 반면 아파트 급증으로 인해 공공주택과 같은 폐쇄된 주거 공간에서 종종 발생했던 주민들 간의 갈등을 원천적으로 막기 위한 하나의 방편이다. 애견 아파트들은 개가 짖어도 크게 문제되

지 않을 만한 소재로 인테리어를 마감하고 냄새를 없애는 환기 시스템이
나 애견 도우미 시스템, 애견 놀이터 등을 갖추고 있다. 아파트 근처에는
동물병원, 함께 산책 가능한 공원 등 최대한 애완동물을 키우는 가족 위
주로 주변을 꾸며놓았다. 반려동물이 가족 공간으로 들어오면서 그에 따
른 상품화 전략들이 주거 공간과 도시 계획의 내부로 함께 들어온 모양새
다. 몇 해 전 외국의 억만장자 할머니가 자신의 유산을 키우던 개에게 남
겨주는 사례가 있었는가 하면, 최근 부산에서는 키우던 개가 의료사고로
죽었다며 애견 주인이 자살을 시도하는 사건이 발생하기도 했다. 현대인
들이 반려동물에게 느끼는 감정의 깊이가 얼마나 큰지를 단적으로 보여
주는 대목이다. 인간의 소외가 일상화된 현대사회에서 애완동물을 기른
다는 것은 개인들에게 실로 대단한 정서적 효과를 주며, 이는 보건복지
학, 교육학계에서 진행된 여러 연구 결과에 의해 증명되었다. 더구나 예
전에 비해 확연히 달라진 집안 풍경, 맞벌이 부부의 증가 등으로 집에서
혼자 지내는 시간이 부쩍 많아진 아이들, 독거노인들, 독신자들에게 반려
동물이라는 새로운 가족의 등장은 삶의 윤활유이자 감정적 유대감을 높
이는 생활의 활력소가 되게 한다. 4년간 '앨비'와 '둘리'라는 이름의 마티
즈 두 마리를 키우고 있는 A 씨는 애완동물을 키우면서 생긴 가족의 변화
에 대해 다음과 같이 말한다.

우선, 애들 밥 주는 것 때문에 가족 간에 연락이 잦아졌고, 가족끼리
있을 때도 애들 소재로 이야기를 많이 해요. 그리고 집안 분위기가 조
금 안 좋을 때 애들이 옆에서 재롱부리면 분위기도 밝아져요. 특히 아
빠가 출퇴근하실 때 강아지들 인사 때문에 많이 즐거워하세요(사례 A,
27세 여, 부산 수영구 남천 H 아파트).

3. 공동체적 공간의 변화

1) 도시 공간 속의 다양한 갈등과 분쟁

1986년부터 1994년 종영에 이르기까지 일요일 아침마다 방영되었던 〈한 지붕 세 가족〉이라는 드라마가 있다. 서울 어느 동네를 배경으로 한 집에 여러 가족이 세 들어 살면서 일어난 희로애락을 다루면서 평범하게 살아가는 소시민들을 표현하여 많은 인기를 얻었었다. 당시에도 아파트가 많이 지어지고 있었지만, 주택 거주자 역시 많았던 시기였다. 하지만 최근에는 대규모로 건축되는 아파트들로 인해서 도시에서 한 지붕 아래 여러 세대가 사는 경우는 예외적인 현상이 되었고, 이웃 간의 상호작용 역시 급격히 줄어드는 경향이다.

도시화의 결과를 분석하면서 도시 내 거주민들 사이의 사회적 관계를 고찰하는 것은 사회학의 초기부터 현재까지 여전히 많은 관심을 받는 주제 중 하나이다. 특히 퇴니스(Tönnies, 1957)는 사회 변동의 추이를 공동사회(Gemeinschaft)로부터 이익사회(Gesellschaft)로의 전환으로 파악함으로써 이러한 사회학적 관심에 토대를 제공해주었다. 그에 따르면 현대사회가 발전할수록 세계는 더욱더 이익사회로 변해가고 공동체의 가치는 정서적 일체감이 아닌 가치에 의해 대체되는데, 이러한 그의 주장은 우리가 살아가는 주거 공동체의 문화에 잘 나타나고 있다.

아파트는 철문을 경계로 내부와 외부를 구획한다. 내부 공간은 아파트 거주자만의 사적 공간이라 다른 사람들 역시 관심도, 주의도 기울이지 않는다. 아파트가 과거 복도식의 형태에서 계단식, 타워형으로 변모해가는 과정도 사생활을 가장 중시한 결과라 할 수 있다. 주차장에 차를 세워두고 엘리베이터를 타고 집으로 들어가기까지 단 한 명의 이웃과도 마주치지 않을 수 있다. 남의 이목을 끌지 않는다는 점들이 사생활 보호에 민감한 도시인, 젊은 층에 인기를 끌기도 하고 보안이 용이하다는 점도 인기의 한 요인이다. 타인과 함께 엘리베이터를 타게 되는 경우 같은 건물에 살고 있는 사람인지, 외부인이나 위험한 사람은 아닌지를 먼저 따져보게 된다. 익명성은 개인에게 자유를 주지만, 나의 익명성만큼 다른 사람의 익명성에 불안해하게 되었다. 만나서 인사를 나누고 정보를 교환하기는 커녕 내가 위험한 사람이 아님을 보여주기 위해서 시선은 엘리베이터 층수가 적힌 숫자나 휴대전화, 혹은 바닥만 내려다보게 되었다. 아파트의 독립성과 자유는 공동 생활 공간이라는 의미는 퇴색되고 개인의 방어적 공간이라는 의미만 남았다. 이웃 관계에서 각 세대는 이 방어적 공간 내에서 각기 독립성을 유지하고자 한다(홍두승·이동원, 1993: 55). 이웃 사이에 일어나는 크고 작은 마찰들은 바로 이 방어적 공간 내에서 다른 사람들이 나의 사생활을 침해한다는 인식에서 비롯되는 것이다.

물론 지역의 특성이나 거주자들에 따라 그 정도의 차이는 있지만 이웃 간의 대화와 소통이 과거에 비해 현저히 줄어들었음은 부정할 수 없는 사실이다. 반상회가 거의 유일한 대화 소통의 창구로 남아 있지만, 그마저도 잘되고 있지 않은 경우가 많고 반상회가 존재하는지 여부조차 모르는 사람들도 많다. 아파트의 경우는 주민 대표자 회의 같은 조직들이 있지만 활성화된 사례보다는 반대의 사례가 훨씬 많다. 노부부가 죽은 지 십여 일 만에 발견되었다든지 어린 자녀들만 있는 집에서 부주의로 화재가 나 죽었다는 등의 뉴스를 볼 때마다 우리는 '저들은 가족도, 이웃도 없었나' 하며 안타까움을 내비친다. 하지만 사실 그들은 우리 동네 사람들일 수 있다. 주위에서 돌봐줄 이웃이 없었다는 사실이 이미 우리가 공동체성에 둔감하게 되었다는 반증이다.

이웃 사이에서 나타나는 갈등들은 여러 경우를 들 수 있다. 2006년 대구의 한 아파트에서 소음 시비 끝에 이웃 주민을 흉기로 살해한 사건이 있었다. 물론 이런 극단적인 경우를 제외하더라도 아파트 내 소음 분쟁은 이제 너무나도 일상적인 일이 되어버렸다. 소음의 종류도 실내 발자국 소리에서부터 욕실과 변기 급배수 소리, 현관문 및 창문 개폐음, 악기 소리, 개 짖는 소리, 아이들 뛰는 소리 등에 이르기까지 다양하다. 이에 건설사들은 너 나 할 것 없이 층간 소음 방지 시스템을 도입하고, 뛰어도 괜찮은 아파트라는 것을 홍보하고 있지만 소음 분쟁은 그리 쉽게 해결될 만한 문제가 아닌 듯하다.

2003년 서울·경기지역 초고층 아파트 316가구와 중저층 아파트 306 가구를 대상으로 한 조사에 따르면, 옆집과 위층에서 들리는 소음 중 아이들 뛰는 소리가 가장 시끄럽게 들리는 것으로 나타났으며, 오후 6시부터 10시 사이에 소음을 가장 많이 느끼는 것으로 나타났다. 이는 아마도 유치원과 직장에서 돌아온 가족들이 집안에서 가장 활동을 많이 하는 시간이기 때문일 것이다. 아이들이 뛰어서 생기는 소음은 아이들이 있는 가정이라면 누구나 고민하는 문제 중 하나다. 올해 7살, 5살의 연년생 아이들을 키우고 있는 주부 E 씨는 이렇게 하소연한다.

애들이 한참 뛰어놀 나이인 데다 어리다 보니, 뛰지 말라고 소리를 질러도 그때뿐이에요. 화내면서도 내 자식이 맘껏 뛰지도 못하고 기죽는 건 마음에 걸리지만, 일단 이웃에 피해가 가니까 어쩔 수 없어요. 그래서 불편한 점은 많아도 이사할 때는 되도록 1층으로 가려고 해요(사례 E, 35세 여, 부산 연제구 L 아파트).

층간 소음 문제가 주거 생활에서 큰 장애 요인으로 대두되면서 정부에서도 문제의 심각성을 인식하고, 아파트의 바닥 두께를 210㎜로 강화하는 등의 기준법을 마련했다. 하지만 층간 소음 문제는 여전하고 이를 원천적으로 봉쇄하기란 힘들어 보인다. 외국에서는 소음으로 타인을 방해하게 되면 벌금을 물리거나 제재를 가한다고 한다. 물론 최근 우리나라의 아파트 단지들에서도 이런 제도를 도입하고 있는 곳이 종종 있고, 심한 경우 환경분쟁조정제도를 이용하기도 한다. 물리적·제도적 차원의 규제를 무시할 수는 없을 것이다. 하지만 이것은 아파트 생활을 영위하게 되면서 맞닥뜨린 숙명적 문제만은 아니다. 일반 주택이 더 보편적이었던 과거 십수 년 전만 해도 집들이나 경조사 때문에 손님들이 찾아와 젓가락을 두드리며 노래를 불렀다. 그러나 당시에는 이웃 간의 시비나 신고는 거의 없었다. 이웃이라는 공동체성이 잔존하고 있기 때문일 것이다. 그 집안의 경조사가 무엇인지 잘 알고 있기 때문에 이해할 수 있고, 우리 집에 일이 생기면 옆집에 아이를 맡기거나 열쇠를 주고 집을 맡기는 것도 가능했다. 그것은 이웃 간의 신뢰가 있으므로 가능한 것이었다.

　"뉘집 개가 이렇게 시끄러워?"
　사건이 일어난 곳은 대전시 유천동의 한적한 주택가. … 57살 박 모 씨 형제는 옆집에 사는 48살 박 모 씨의 가족들을 흉기로 수차례 찔렀습니다. 이들은 이처럼 담 하나를 사이에 두고 방이 서로 마주 볼 정도로 이웃사촌 지간이었습니다. 흉기를 휘두른 이유는 어이없게도 자신이 기르는 애완견이 시끄럽게 짖는다며 항의를 했다는 것입니다. 주민들은 지난 6년 동안 이들 이웃이 애완견 문제로 자주 다퉜으며 어젯밤에도 심한 말다툼을 벌였다고 말했습니다(SBS, 2005.9.26).

이웃과의 갈등은 반려동물과 관련해서도 많이 발생하고 있다. 작게는 단순한 말다툼에서 살인과 폭력, 법적 분쟁으로까지 확대되고 있는 실정이다. 과거 일반 주택에서는 개를 마당과 같은 개방 공간에서 키우는 것이 일반적인 일이며 품종도 중대형이 주류였다. 최근에는 애완견의 종류도 다양해지면서 소형종으로 전환되고, 애완견을 기르는 공간 역시도 주택 마당에서 아파트 내부로 바뀌는 경향을 보인다. 반려동물을 둘러싸고 발생하는 문제는 주로 소음이나 주거 공간의 위생에 관한 것이 많다. 소음 문제 때문에 애완견의 성대를 제거하는 시술을 하기도 하며, 일부 아파트에서는 애완동물을 키우지 못하도록 강제하거나 벌금을 부여하는 규제를 시행하기도 한다. 반려동물의 소음 문제 외에도 목줄을 걸지 않거나 배설물을 수거하지 않아 발생하는 갈등의 양상은 상당히 심각한 상태이다. 최근 아파트 엘리베이터나 공원에서 개 목줄을 걸지 않아 벌어진 싸움이 폭행과 살인으로 이어지는 경우를 쉽게 볼 수 있다. 이런 상황에서 견주가 "우리 개는 순해요, 안 물어요"라는 말로 다른 사람들을 안심시키려 하는 것이 아니라 외출 시에는 반드시 목줄을 걸고 경우에 따라서는 짧게 잡는 방식으로 상대방을 배려하는 것이 필요해 보인다. 또한 반대로 반려동물을 키우는 사람들에게 자신의 개나 고양이가 가족이라는 생각을 존중해주는 것도 필요해 보인다.

위생에 관한 문제도 여러 사회적 갈등의 양상이 나타난다. 아파트 고층에 거주하는 이들이 아래층으로 내려가기 귀찮아서 담배꽁초를 복도 창문으로 던져버리거나, 분리수거를 위해 내놓은 쓰레기봉투나 음식물쓰레기를 남의 집 대문에 몰래 버리는 일들과 같은 것이 그것이다. 쓰레기의 무단 투기는 쓰레기종량제의 시행과 맞물려 반대 급부로 일어나는 현상이지만 이 역시 마을 단위의 공동체성이 '내 가족'이라는 폐쇄된 공동체성으로 준거 집단의 단위가 축소되었기에 일어난 일이다.

자동차의 급증은 주차 문제에서도 이웃과 분쟁을 일으킨다. 신축 아파트는 지하 주차장이나 타워형 주차장의 형태라 형편이 그나마 나은 데 반해 일반 아파트의 지상 주차장은 전 세대를 아우르기 턱없이 부족하다. 이 때문에 경비원들은 아침 출근 시간이 되면 아파트 현관 앞 도로에 주차된 차들을 밀어내 다른 차들이 운행할 수 있도록 하는 것이 일과가 되기도 한다. 주차 문제를 알기 때문에 불법주차 딱지를 붙이지도 않고, 운전자도 핸드 브레이크를 풀어놓아 밀어서 움직일 수 있도록 하는 새로운 풍속도가 생겨나기도 한다. 주차공간의 부족은 일반 주택단지에서도 마찬가지이다. 주택단지의 주차난은 아파트보다 더 심각한데, 따로 지정된 주택가 공유지 주차장으로는 수용의 범위를 넘어선다. 이 때문에 도로변에 위치한 주택은 대문 앞에 주차금지 팻말을 놓거나 큰 돌들을 놓아두기도 한다. 좁은 일반 주택 단지 골목에 빽빽이 주차한 자동차들 사이로 다른 차들이 지나다니다 보니 차량 간의 접촉 사고도 빈번하다. 출근하려고 주차된 차에 가보니 누가 벌써 긁고 지나갔는데, 남겨 놓은 메모도 없고 본 사람도 없으며 어차피 불법 주차한 입장이라면 그야말로 낭패다. 'ㅇ시부터 ㅇ시까지는 직장에 있으니 이 자리에 주차해도 좋습니다'라는 간단한 문구만 있어도 따뜻한 배려에 가슴이 훈훈해질 수 있다.

일조권, 조망권도 무시할 수 없는 문제. 주택가에 빌라나 초고층 아파트들이 생겨나면서 일조권이나 조망권 침해를 당해 해당 아파트 건설사와의 법적인 분쟁이 일어나는 경우가 잦다. 대한민국의 사람들은 아파트에 사는 사람과 살지 않는 사람 두 부류로 나뉜다는 우스갯소리가 나올 정도로 주거 환경에서 주택과 아파트는 차이가 많이 나는데, 일조권·조망권과 관련해서 주택의 환경은 많이 열악하다. 하루가 다르게 올라오는 아파트 때문에 햇볕을 못 보고 사는 주택 거주자들에게는 한마디로 햇볕은 사치라는 말이 나올 정도다. 일조권 못지않게 소득 수준과 주거의 질이 높아질수록 조망권의 가치도 더욱 커지는데, 국세청에 따르면 조망권이 아파트값의 10~20%를 좌우한다고 밝히고 있다. 절대적 다수가 아파트에 사는 한국에서 주택에 사는 사람들은 여러모로 불리할 수밖에 없다. 그러니 조망권과 일조권을 침해하는 해당 아파트나 입주민들에게 좋은 감정을 가질 리가 없는 것이다.

현대의 도시 생활에서 발생하는 다양한 문제들은 과거 공동체성이 강하게 남아 있던 시절에는 사실 문제가 되지 않았던 것들로 이 새로운 사회문제를 해결할 방법의 모색이 필요하다. 현재 우리는 과거와 같은 공동체성을 만드는 것은 불가능해 보인다. 하지만 이런 문제와 갈등을 폭력이나 법적으로만 해결하는 것 역시 한계가 있다. 예컨대 애완견에 목줄을 채우지 않고 아파트 엘리베이터에서 배설물 수거를 하지 않으면 지자체가 과태료를 부과할 수 있긴 하지만, 실제 단속으로 이어지기는 쉽지 않다. 층간 소음 문제를 환경조정분쟁위원회에 맡겨 '경범죄 처벌법' 등으로 해결할 수도 있지만 일회적인 해결로 그칠 수 있고 이후에 더 큰 갈등을 초래할 수 있다.

이런 상황에서 주민 자치의 힘으로 이웃 간의 갈등과 분쟁을 해결할 수 있는 가능성을 보여준 사례로 금천구 관악산 벽산타운 5단지를 살펴볼 수 있다. 약 2800세대가 거주하는 이 아파트에서 층간 소음 탓에 칼부림이 날 뻔한 일이 발생했고, 충격을 받은 시민들은 해결책으로 아파트 분쟁조정위원회 내에 층간소음조정위원회를 구성했다. 층간 소음 민원이 관리사무소로 들어오면 관리사무소는 동 대표에게 상황을 전달하고, 동 대표가 민원 내용을 정리해서 층간소음조정위원회에 전달하는데, 조정위원회 위원들은 민원을 제기한 집과 위층을 각각 방문해 사정을 듣고, 두 가정이 직접 대화할 수 있도록 자리를 마련한다. 이들은 모임이 활성화되면 주민들 간의 소통이 원활해지고 갈등도 자연스럽게 줄어들 거라는 생각으로 아파트 내 다양한 모임을 만들어왔고, 층간 소음으로 갈등을 겪는 사람들이 이 모임에 나와 서로 인사하고 스트레스를 풀 수 있도록 도움을 주었다. 조정위원회의 활동은 층간 소음 문제에 한정되지는 않고 다양한 문제에 개입해 해결을 돕고 있다. 이에 따라 아파트 입주민들과 관리사무소 모두가 만족스러워 한다. 지자체에서도 이들의 활동에 주목해서, '2015 서울시 공동주택 한마당'에서 아파트 공동체 활성화의 우수 사례로 선정되어서 25개 자치구에서 시행된 198개 공모사업 중에서 동상을 차지하기도 했다(≪베이비뉴스≫, 2016.1.21). 앞으로도 계속해서 도시 생활의 삭막함을 해결하고 공동체의 자치를 추구하는 방법을 모색하는 것이 필요해 보인다.

2) 도시 공간 속의 대안적 공동체

농업 중심의 전통사회에서는 많은 일손이 필요했다. 따라서 이웃 간의 협력이 중요했으며, 그들과 서로 도와가며 삶을 지속할 수 있었다. 이웃 사촌이라는 말도 전통사회의 이웃이 가족의 보완적 역할을 했음을 말해준다. 그러나 급속한 산업화로 인해 삶터와 일터가 분리되고, 잦은 이주와 도시화의 진척은 전통사회의 공동체성을 붕괴시키고 다른 사람과의 상호 신뢰와 친밀성의 감정을 약화했다. 그러나 사람들은 뒤바뀐 질서 속에서도 새로운 사회적 관계들을 만들어나간다. 앙리 르페브르(Henri Lefebvre)는 공간의 양상이 인간의 행태를 규정한다고 했는데 아파트가 절대적 다수의 주거 방식으로 변화하면서 이웃과의 일상적 관계들도 그에 맞게 적응적으로 변화하고 있는 모습이다. 뒤르켐이 말한 유기적 연대의 시대에 기계적 연대의 요소가 혼재되어 병존하는 것이다.

17세기 초 영국의 성직자이자 시인인 존 던(John Donne)은 "인간은 섬이 아니다"라고 했다. 모든 인간은 대륙의 한 조각이며 일부분이기 때문에 더불어 사는 존재라는 것이다(전상인, 2008: 61). 아파트 공간 속에서 아웃소싱으로 대체된 가족의 가치를 되찾기 위해 최근 많은 사람들이 가족과 함께할 수 있는 공간을 만들기 위해 고민한다. 삭막한 도시, 아파트와 저녁 없는 삶을 떠나 자신의 가족을 위해 요리하고 함께 식사를 하며 가족과 함께하는 시간을 더 많이 가지려는 움직임도 최근 주목해볼 만하다. 새로운 형태의 이주가 시작되고 있는 것이다.

이 외에도 현재 살고 있는 도시 공간 속에서 작은 텃밭을 가꾸거나, 이웃과의 벽을 허물고 소통하려는 다양한 시도가 많이 생겨나고 있다. 2001년 대전의 한 아파트에는 엘리베이터 내부에 아무나 글을 쓸 수 있는 게시판을 거는 운동을 시작했다. 게시판에는 가령 'ㅇ동 ㅇ호 누구네 엄마입니다. 봄바람이 산들거리니 좋아하는 시 한 구절 소개합니다', '내일 계룡산으로 등산 예정인데 같이 가실 분 없습니까?' 등의 글이 걸렸다. 비록 아주 사소한 글들이었지만 아파트의 분위기를 화기애애하게 만드는 데 일조했고, 이 운동은 2년 만에 20여 군데의 아파트로 확산되었다(≪동아닷컴≫, 2001.11.14). 아파트는 입주자대표회의나 부녀회를 중심으로 지역 특산물이나 좋은 상품의 공동구매에 나서거나 공부방을 운영하기도 한다. 같은 아파트에 사는 입주민들끼리 친해져 과거 주택단지에서의 이웃처럼 서로의 경조사를 챙기거나 친목계를 만드는 경우도 생겨났다. 이런 사례들은 아파트라는 분할된 공간 속에서도 정서적이고 공동체적인 공유가 가능하다는 것을 보여주었다. 일반 주택 단지에서도 마을 만들기 활동이나 담장 허물기 운동 등을 통해서 주거 환경을 공동으로 정비하고 공동체성을 회복하려는 움직임이 일어나고 있다.

첫애가 초등학교 들어갈 때, 처음이라 아무것도 모르잖아요. 더군다나 여기 이사 온 지도 얼마 안 됐는데 …… 어디 물어볼 데도 없고 좀 막막하더라고요. 그러다가 우연찮게 이 아파트 카페가 있는 걸 알게 돼서 가입을 했는데, 그 해에 애를 초등학교에 입학시킨 엄마들이 아파트에 몇 명 더 있는 거예요. 처음에는 글 남기는 게 좀 쑥스러웠는데, 자꾸 물어보고 리플 달고 하다 보니까 자연스럽게 친해지고 …… 학교 모임에서도 자주 보다 보니까 지금은 애들끼리도 친해지고 우리끼리도 언니, 동생 하면서, 겨울에는 애들이랑 엄마들이랑 같이 스키도 타러 가고 날씨 좋을 때는 같이 바람도 쐬러 가고 그래요(사례 B, 37세 여, 동래구 K아파트).

새로운 사회적 관계들의 형성은 때로 대안적 삶의 방식을 고민하는 문제로 확장되기도 한다. 물론 아주 극단적인 예에 속하긴 하겠지만, 새로운 사회적 교제의 양태들은 문화 공동체의 형식을 넘어서서 아예 친구나 직장 동료, 마음 맞는 사람들끼리 서로의 요구 조건에 맞는 집을 짓고 사는 동호인 주문 주택으로까지 나타나고 있다. 경기도 문산의 예하마을이나 각 대학의 석·박사가 모여 사는 아카데미 타운 등이 그러한 예다.

홍대 앞 소셜 다이너(social diners)를 또 다른 예로 들 수 있다. 게스트하우스에서 한 달에 한 번 '집밥 모임'을 여는 곳도 있고, 일요일마다 사무실에서 동네 친구들과 함께 집밥을 차려 먹는 곳도 있다. 책방에서 요리 전문가가 준비한 점심을 먹는 곳도 있다. 이들 대부분은 '집밥'이라는 것을 강조하는데, 집밥, 즉 자기 식구가 먹을 음식은 간단한 음식이라도 깨끗하고 안전한 재료로 요리를 하고, 따라서 음식을 먹으면서 이것이 안전한 음식인지 걱정하지 않고 먹을 수 있는 것이다.

집밥이 여러 가지 의미가 있겠지만 어머니가 정성껏 준비한 음식을 맛있게 먹는 소중한 시간이라는 의미도 포함되어 있다고 생각해요. 제가 준비하는 책방 점심은 누군가를 위해 정성을 다해 준비한 음식을 조용하게 음미하는 의미의 집밥이 아닐까요(구루밀 스튜디오, 푸드 디자이너 구루)(≪스트리트H≫, 2014.8).

위의 사례들은 전통적으로 이해되던 가족의 개념과 정의가 상당히 변화되었음을 잘 보여준다. 오랫동안 이성애 부부와 자녀들로 구성된 가족이 '정상 가족'이며 이것이 인정할 만한 유일한 가족의 형태인 것처럼 여겨졌다. 하지만 현대의 사회적 변화는 이런 정상 가족이 타인을 배제하는 폐쇄적인 집단일 수 있으며, 또한 다른 형태의 가족이 가능성을 드러내 보이면서 가족 개념의 외연이 확장되고 있다. 혈연으로 이어진 가족과 집이 아니라 공동체와 소속감을 허락하는 가족과 집에 대한 필요는 도시의 다양한 삶의 형태에게 나온 결과일 것이다.

4. 집으로 가는 길

영화 〈벤자민 버튼의 시간은 거꾸로 간다〉에서 80세의 외형을 가지고 태어나 세상의 온갖 따가운 시선과 편견에 갇혀 살던 벤자민이 세상을 떠돌다가, 젊어진 외모를 가지고 돌아온 집에는 항상 자신을 사랑해주는 어머니 '퀴니', 그리고 어릴 적 추억이 있다. 그리고 벤자민은 말한다. "집은 영원한 안식처"라고. 세월이 흘러 퀴니는 늙고, 그는 젊어졌지만 집은 그에게 어릴 적에는 타인들의 낯선 시선을 피할 수 있는 든든한 울타리였고, 성인이 된 후에는 다시 돌아올 수 있는 고향이 된 것이다. 사람들은 대부분 집을 떠올릴 때 아늑함과 포근함을 느낀다. 만약 우리가 학교나 직장에서의 일과를 마치고 돌아갈 곳이 없다면 어떤 느낌일까? 오랜 여행에서 돌아왔을 때 갈 곳이 없다면? 우리에게 집, 가족, 그리고 나를 둘러싼 친구와 이웃이 있다는 것은 사회적 삶을 가능하게 하는 바탕이 된다.

　오늘날 우리는 집 밖에서 태어나, 돌·회갑·칠순 잔치 심지어는 죽음까지도 집 밖에서 맞고 있다. 집은 이제 안식처, 엄마의 품과 같은 이미지에서 멀어지고 집의 정서적 기능들은 많은 경우 외부화·도구화된 형태로 변모되고 있다. 그러나 이런 변화된 사회 여건 속에서 전통적인 형태의 가족은 희석되었지만 여전히 사람들은 새로운 사회적 관계를 만들어내고 또한 다양한 소통과 갈등을 경험한다. 고독한 군중이라 표현되는 현대 도시 속에서도 인간은 고립된 섬으로 남는 대신 타인들과의 끊임없는 상호작용을 통해 사회적 인간으로 변화되고 새로운 가족의 형태 및 그에 따라 주거 공간의 배치를 변형시킨다. 이런 이유에서 도시 공간을 전유하면서 새로운 사회성의 발전 가능성을 모색해나가는 현재의 많은 노력과 실험에 주목해야 할 필요가 있다.

참고문헌

단행본

박철수. 2006. 『아파트의 문화사』. 살림.
이진경. 2000. 『근대적 주거공간의 탄생』. 소명출판.
주거학연구회. 2004. 『안팎에서 본 주거 문화』. 교문사.
_____. 2005. 『넓게 보는 주거학』. 교문사.
홍두승·이동원. 1993. 『집합주거와 사회환경: 소형 아파트단지 과밀의 사회적 함의』. 서울대학교 출판부.

논문

윤석진. 2008.3. "김수현의 가족드라마 '집'과 '밥'의 힘". ≪월간말≫, 261호.

전상인. 2008. 「도시화와 아파트 주거 문화」. 2008년 한국사회학회 건국60주년 기념 특별 심포지엄(2).

신문·잡지·방송·인터넷 및 기타 자료

≪베이비뉴스≫. 2016.1.21. "어르신은 우리 동네 층간소음 해결사".

≪동아닷컴≫. 2001.11.14. "대전 '엘리베이터 나눔이' 운동 20여곳 확산".

_____. 2006.5.4. "가족보다 애견과 더 친해진 가장".

≪동아일보≫. 2008.10.28. "'딩펫족' 순화어 '맞벌이애완족'.

≪부산일보≫. 2008.7.21. "애견 분쟁".

≪스트리트H≫ vol.63. 2014.8. "홍대앞 사람들: 홍대앞 소셜 다이너: 우리는 모여서 밥 먹는다".

≪연합뉴스≫. 2004.12.13. "아파트 최대소음은 '아이들 뛰노는 소리'".

≪조선일보≫. 2005.10.12. "부럽다! 'View'있는 아파트".

≪한겨레≫. 2005.1.26. "울산 강남교육청 특정 아파트 주민 초등학교 배정".

≪한국일보≫. 2006.8.15. "쿵쿵 … 쿵쿵 … 아파트 층간소음의 비밀은?"

SBS. 2005.9.26. 〈8시뉴스〉. "'애완견 시끄럽다' 항의하던 이웃 살해".

09
아파트 속 신생활풍속

오상준 ㅣ국제신문 기자

　아파트가 일반화되면서 일상생활에도 많은 변화가 생기고 있다. 아파트는 영어의 '나누어지다'(apart)에서 파생된 외래어다. 이 나누어짐은 안에 있는 사람은 잘 인식하지 못한다. 베란다에서 담배를 피우며 앞 동의 아파트를 보면 칸칸마다 사람들이 보이지만, 정작 내 옆집에 사는 사람은 잘 모른다. 세대와 세대가 분리되어 있고 단지의 안과 밖은 구획돼 있는 공간 구조의 폐쇄성 때문이다. 이 같은 공간 구조의 특성상 아파트는 익명성과 프라이버시가 최대한 보장되고 배타성과 편리성을 누릴 수 있다. 그 대신 가족끼리 만나고 소통할 기회가 줄어들고 있다. 아파트는 이처럼 이율배반적인 공간이다.

　시간이 흐르면서 아파트는 단점을 보완하기 위해 진화를 거듭하고 있다. 고급 아파트를 중심으로 최근 단지 내 소규모 공원, 레포츠 시설, 도서관, 소공연장 같은 주민 커뮤니티 공간을 갖춘 아파트가 늘고 있는 추세다. 이는 입주민을 위한 차별화된 커뮤니티 공간을 갖춘 아파트가 비싼 아파트, 고급 아파트로 통용되기 때문이다. 하지만 이 같은 공용 공간에 대한 이용이 아파트 입주민에게만 국한되고 외부인에게는 개방되지 않아 '그들만의 공동체'[1]라는 한계를 안고 있다.

1. 단지 안 피트니스센터에서 운동하고, 손님 오면 게스트하우스에 재우고

부산시청 국장(3급 부이사관)을 지낸 뒤 현재 지역 중견 건설업체 임원으로 있는 김 모(61) 씨는 자신이 거주하는 부산 금정구 롯데캐슬 아파트 단지 내 피트니스센터에서 하루를 시작하고 마무리한다. 바쁜 직장 일로 운동할 시간을 마련하기 쉽지 않지만 매일 아침 아파트 단지 내 피트니스센터에서 40분에서 1시간가량 운동을 하면서 활기찬 하루 일과를 연다. 아침에 회의가 있어 피트니스센터에 가지 못했으면 퇴근하고 나서 피트니스센터를 찾는다고 한다. 그는 "옛날에 살던 아파트와 달리 단지 안에 피트니스센터가 있어 입주민들은 시간이 날 때 비교적 편하고 쉽게 그리고 저렴한 비용으로 이용할 수 있어 좋다"고 말했다. 그는 "운동할 때마다 만나는 이웃 주민과 인사를 나누고 가끔씩 만나 식사를 하고 해서 그런지 아파트의 삭막한 분위기도 다소 덜한 것 같다"고 덧붙였다.

---

1) 최병두(2002)는 아파트 보급 확대에 따른 문제점으로 ① 주거 공간이라기보다는 자신의 이익을 얻기 위한 투자로 간주되고 이에 따른 빈번한 주거 이동으로 공동체 의식 약화, ② 획일적인 주거 환경과 황폐화된 주변 경관으로 일상생활을 무미건조하게 만듦, ③ 획일적이고 상호 고립된 생활양식을 촉진시켜 배타성과 폐쇄성 증대 및 이에 따른 주변에 대한 무관심은 개인주의 및 소외감 증대 등 세 가지를 지적하고 있다.

주상복합 아파트는 주택 시장에서 고급화와 신개념의 주거 문화를 표방하는 차별화 전략을 강화해 지금까지 주택이나 아파트에서는 생각하기 힘들었던 공유 공간과 편의시설을 건물 내에 갖추었다. 나름대로 개별화된 아파트의 한계를 극복하기 위해 공동체의 접목을 시도한 것이다. 건물 내에는 여가 활동을 위한 클럽 하우스, 수영장, 골프 연습장뿐만 아니라 다목적 연회장, 탁아실, 공동 세탁실, 비즈니스 센터 등 일상생활을 지원하는 실내 공유 공간들이 제공되고 있다(전남일·양세화·홍형옥, 2009: 201~202). 한 건물 안에 들어 있는 다양한 편의시설은 생활의 모든 기능을 수용함으로써 도시에서의 이동성을 감소시키며 편리함을 제공했다.

이처럼 주상복합 아파트에서의 삶을 들여다보면 거주자의 일상생활은 단지 내 또는 건물 내 주민 공용시설과 같은 물리적 시설 반경 내에서 이루어져 이른바 '원스톱 라이프'를 누리고 있음을 알 수 있다. 아파트 단지에는 어린이집, 편의점, 반찬가게, 세탁소, 공인중개사 사무소(복덕방), 놀이터, 학원, 심지어 학교까지 없는 게 없는 '작은 공화국'이다. 아파트 밖으로 나가지 않고도 단지 안에서 웬만한 의식주를 해결할 수 있다. 입주민 그들만의 생활환경, 문화 공동체가 자연스럽게 형성된다.

눈길을 끄는 대목은 친척이나 친구가 놀러 와도 집에 재우지 않는 경향을 보이고 있다는 점이다. 주상복합 아파트를 중심으로 '아파트 내 호텔'로 불리는 '게스트하우스'가 등장하면서 더 그렇다. 게스트하우스는 입주민의 손님이 방문할 경우 하룻밤 묵을 수 있는 공간이다. 입주민 가족의 프라이버시를 침해하지 않고 입주민의 손님을 모시는 부담을 덜어준다. 게스트하우스의 등장으로 집에 방문한 친척이나 친구를 자신의 집에 재우지 않아도 되는 나름의 합법적(?) 근거가 마련된 셈이다. 특히 해운대 해수욕장을 비롯해 해수욕장이 많은 부산에서는 여름 피서 철에 게스트하우스가 인기다. 2017년 현재 10만 원이면 한 가족이 하룻밤을 묵을 수 있다. 20만 원이 넘는 해운대 지역 호텔 숙박비와 비교하면 매우 저렴하다. 해운대 해수욕장과 가까운 부산 해운대 우동 마린시티 두산위브 더제니스는 31층에 고급 시설을 갖춘 게스트하우스를 운영하는데, 수요가 많아 예약하지 않으면 이용하기 어려울 정도로 인기다. 이 같은 게스트하우스의 등장으로 입주민과 방문객이 서로 눈치를 보지 않아도 돼 가족의 프라이버시를 침해하지 않아 편리해졌다. 하지만 예전에 나눌 수 있었던 친척 또는 친구 간의 정은 사라지고 있다.

2. 호텔을 닮아가는 커뮤니티 시설

고급 주상복합건물과 대단지 아파트의 전유물로만 여겨졌던 각종 커뮤니티 시설이 일반 아파트로도 확산하고 있다. 피트니스센터, 골프 연습장, 수영장, 게스트하우스로 국한됐던 커뮤니티 시설의 종류도 조식 서비스, 반려견 놀이터, 키즈카페, 야외에서 영화를 볼 수 있는 '시네마 가든' 등 입주민의 다양한 라이프스타일을 만족시키는 쪽으로 다양화되고 진화하고 있다. 과거에는 시설의 고급화에 초점을 맞췄다면 요즘에는 서비스의 고급화와 차별화가 대세로 자리 잡았다. 이런 커뮤니티 시설은 현실적으로 아파트 가격에도 상당한 영향을 미친다.

특화 커뮤니티 도입의 시초는 국내 최초 초고층 주상복합 아파트인 타워팰리스. 2002년 입주를 시작한 서울 강남구 도곡동에 선보인 이 단지는 실내 수영장과 사우나, 헬스클럽 등 당시 주거 문화에서는 흔치 않았던 특화 커뮤니티를 선보여 국내 고급 주거 문화를 선도했다는 평을 들었다. 당시만 해도 최고급 서비스를 접목해 극소수 상류층 수요들을 잡고 주상복합만의 차별화를 위해 도입했던 서비스였다. 최근에는 고가 주거 상품을 넘어 국민주택 규모인 전용면적 85m² 안팎의 주택에도 접목되고 있다. 분양시장의 치열한 생존 경쟁에서 살아남기 위한 차별화 전략의 결과인 것으로 풀이된다.

타워팰리스가 불러일으킨 고급 커뮤니티 열풍은 이후 2009년 입주한 서울 반포 자이에서 또 한 번 전환기를 맞는다. 반포동 부촌 바람의 선두 주자로 꼽히는 이곳은 단지 안에 국내에서 처음으로 어린이 전용 카약 물놀이장을 선보였다. 통합 커뮤니티 시설인 자이안센터에는 수영장과 사우나, 운동 후 음료나 차를 마시고 간단한 식사를 할 수 있는 클럽하우스와 게스트하우스까지 최근 대형 브랜드 단지의 필수품이 된 요소를 두루 갖췄다. 2012년 입주를 시작한 부산 북구 화명동 롯데캐슬 카이저(5239세대)는 수영장(6개 레인)은 물론 사우나와 GX 룸, 피트니스 룸, 실내 골프 연습장을 갖추고 커뮤니티 시설의 대중화에 나섰다.

최근에는 커뮤니티의 서비스 수준도 한층 진화하고 있다. 2016년 초 서울 개포동에서 분양한 래미안 블레스티지는 입주민에게 호텔과 비슷한 조식 서비스와 카페테리아를 제공하고, 뉴스테이인 신동탄 롯데캐슬은 조식 서비스에 더해 스마트폰을 이용해 차를 빌릴 수 있는 카셰어링 서비스도 선보일 예정이다(≪매일경제≫, 2016.10.2). 김해시 주촌면 선천지구에 들어서는 김해 센텀 두산위브 더제니스(3435세대)는 조식 서비스를 내세워 맞벌이 부부와 근로자의 마음을 사로잡았다. 아파트 주민이라면 누구나 일정 금액을 내면 아파트 안에서 아침 식사를 해결할 수 있다. 사하구 장림동에 들어서는 사하 장림역 스마트W(아파트 494세대, 오피스텔 171실)는 호텔식 안내 서비스인 '컨시어지 서비스'를 입주민에게 제공한다. 코인 세탁과 전문 청소 대행, 가사 도우미 서비스도 제공된다. 피트니스 센터에는 퍼스널 트레이너가 배치되며, 자녀 돌보미 서비스도 준비된다. 부산 사직동 아시아드 코오롱 하늘채는 일반적으로 고급 아파트 최상층에 넣는 펜트하우스 대신 지상 43층 최고층을 커뮤니티 특화 공간으로 꾸며 고객을 위한 스카이라운지와 영화 감상이 가능한 야외 시네마가든 으로 꾸밀 계획이다. 2018년 2월 입주 예정인 부산 남구 대연동 대연 롯데캐슬 레전드(3149세대)에는 키즈카페와 공동 육아센터를 갖춘 컬처동이 설치될 예정이다.

커뮤니티 시설의 다양화와 고급화에 따른 비용 문제도 발생하고 있다. 이들 커뮤니티 시설은 주민 복지 차원에서 공급되는 곳도 많지만 유료로 이용해야 하는 경우도 적지 않다. 관리비 상승으로 이어질 수 있다는 뜻이다. 대규모 단지일수록 입주민 개개인의 부담이 줄어들기는 하지만 시설 운영에 드는 기본 자금을 아파트 주민 모두가 고르게 부담해야 할지, 이용자가 부담하는 수익자 부담 원칙을 적용해야 할지를 놓고 갈등을 빚기도 한다.

3. 학군 따라 춤추는 아파트

주거와 교육문제는 우리나라 국민의 가장 큰 화두이자 고민거리다. 둘 중 하나라도 속 시원하게 해결하기 쉽지 않은 게 현실이지만 한꺼번에 두 가지를 해결하는 아파트도 있다. 특화된 교육시설을 단지 안에 조성한 '에듀(edu) 아파트'가 그렇다. 이런 아파트는 내 집 마련의 꿈도, 자녀 교육에 대한 갈증도 동시에 해소하는 것을 추구한다. 종전에는 단지 인근에 명문 사립학교가 있거나 심지어 좋은 학군에 위치했다는 이유만으로 도 '교육 특화 아파트'로 불렸다. 이제는 단지 내에서 유명학원 강의와 교육 서비스가 이루어져야 명함을 내밀 수 있는 상황이 되었다.

신개념 교육 특화 아파트 가운데 부산 기장군 정관신도시 이지더원 2

차 아파트가 눈길을 끈다. 전용 59m², 84m²의 중소형 756가구로 구성됐는데, 그동안 볼 수 없었던 초대형 교육 커뮤니티 시설이 단지 안에 조성된다. 이지개발은 건강, 문화, 실버, 종합교육 등 7가지 테마로 다양한 교육 공간을 제공할 계획이다. 특히 국어, 영어, 수학, 과학 등 과목별로 개인 공부방을 운영해 학습지 방문 교육이나 개인 과외를 집이 아닌 별도의 공간에서 받을 수 있도록 했다. 미술 실습실과 악기 레슨실 등도 조성되어 소음 때문에 할 수 없었던 예능 연습을 마음껏 할 수 있도록 했다. 아예 특목고를 단지 안에 유치한 경우도 있다. GS건설과 벽산건설이 경기 고양시 식사지구에 선보인 위시티는 단지 내에 600억 원을 들여 특목고를 지었다. 또 단지 내에 들어설 초·중학교는 5곳 가운데 3곳에 외국어 체험실을 마련하고, 원어민 교사를 채용해 외국어 학습을 할 수 있도록 3년간 지원했다. 충북 청주시 복대동의 신영 지웰시티는 단지 내 상가 4~5층에 마련된 에듀센터에서 종로엠스쿨 등 유명 학원을 유치해 시중 교육비보다 저렴하게 수강할 수 있도록 했다. 독서실도 무료로 개방한다. 태영건설과 한림건설이 경남 창원시에 지은 메트로시티 데시앙 한림 풀에버 아파트는 단지에 별도의 교육시설을 마련해 종로엠스쿨, 페르마 수학, 대덕영재교육원 등을 유치해 운영하고 있다. 입주자들은 국어, 영어, 수학 등 주요 과목을 시중 학원비보다 저렴하게 수강할 수 있다. 이처럼 대단위 아파트 단지를 중심으로 수요가 많아서 유명 학원이 대거 들어서고 있다(≪한국일보≫, 2011.3.29).

학군은 아파트 시세에도 적지 않은 영향을 미친다. 부산시교육청 교육시설과에 따르면 2017년 5월 기준 부산 지역 초중고교 627곳 가운데 단지 내에 위치한 학교는 초등학교 32곳, 중학교 12곳, 고등학교 10곳 등 54곳으로 나타났다. 또 아파트 단지와 인접해 있는 학교는 초등학교 90곳, 중학교 65곳, 고등학교 36곳 등 191곳이다. 부산의 초중고교 39%가

아트 단지 내에 있거나 인접해 있는 셈이다.

아파트와 교육은 떼려야 뗄 수 없는 관계다. 부산 연제구 거제동 현대 홈타운 아파트 27평(전용면적 59m²)에서 동래구 안락동 뜨란채 아파트 34평(전용면적 84m²)으로 옮긴 이원철(43) 씨는 "애들이 커서 좀 더 넓은 평수의 아파트가 필요해 이사했다. 현대홈타운은 법원 검찰청 등 법조타운에 인접해 쟁쟁한 사람이 많이 살고 있어 유치원이든 학교에 가면 몇 평에 사는지 여부에 따라 적은 평수에 사는 애들은 은근히 기가 죽는 것도 이사를 하게 된 또 다른 배경"이라고 털어놓았다. 특히 같은 아파트 거주 학생들은 학군이 동일해 같은 학교로 진학하는 경우가 많아 자연스럽게 인맥과 학맥을 형성하고 있다. 서로의 필요에 의해 인적 네트워크를 어릴 적부터 형성하고 있는 것이다.

4. 아줌마의 힘, 아파트값 올리기에 한마음

'튼튼하게 지어주셔서 감사합니다'. 서울 영등포구 S 아파트에는 입주가 끝나고 이색적인 플래카드가 내걸렸다. 이 문구만 보면 아파트를 지은 회사에 고마움을 표하는 내용이다. 그러나 속내는 다르다. 이 아파트 입주민들의 인터넷 사이트에 불만이 가득한 것만 봐도 알 수 있다. 디자인이 마음에 들지 않는다는 내용부터 비가 온 뒤 지하 주차장에 물이 샌다는 하자보수 요구까지 있다. 사실 이 플래카드는 '대외용'이다. 입주와 동시에 집값을 올리기 위한 '꼼수'다. 이 아파트 인터넷 사이트에는 '가치 상승 프로젝트'란 항목이 있다. 집값을 올리는 방법을 논의하는 곳이다. 간단한 입소문 내기부터 부동산 가격관리까지 다양한 방법을 모색한다. 서울 동작구 B 아파트는 최근 도색 작업에 나섰다. 정문에는 15년 만에 차량용 차단기도 생겼다. 인근에 새로 지어진 아파트를 의식한 몸부림이다. 새로 짓지 않았지만 외관만이라도 그럴 듯해야 한다는 주민 의견을 반영한 것이다(≪경향신문≫, 2006.11.9).

'투기 광풍'에 반상회까지 가세했다. 반상회는 1980년대 후반 민주화와 더불어 아파트 생활의 보급으로 쇠퇴하다가 2002년 부동산 광풍 이후 집값 담합 등 이익 집단화의 수단으로 활용되기 시작하면서 부흥기를 맞았다. 부산에서 아파트값이 높은 지역 중 하나인 해운대구 아파트 입주민 박 모(여·46) 씨는 "우리 아파트에서 두 달에 한 번 열리는 반상회에 가 보면 통장의 주도 아래 주민들이 담합하여 아파트값을 올려야 한다는 말을 빼놓지 않고 듣게 된다"며 "통장의 무용담 중에는 작년에 통장을 비롯한 주민 몇 명이 거짓으로 집을 판 것처럼 광고를 내면서 집값을 거의 배가량 올려놓았다는 것도 있다"고 했다.

가격 담합 수법은 갈수록 교묘해지고 있다. 서울 성북구 O 아파트의 경우 일부 동대표가 나서 각 엘리베이터 내부에 '평당 1500만 원이 적정 가격 같은데 어떻게 생각하느냐'는 내용의 대자보를 붙여놓았다. 정부가 아파트 부녀회 등의 가격 담합을 대대적으로 단속하자 단체가 아닌 개인 자격으로 대자보를 붙여 가격 담합을 시도하고 있다. 제시한 가격 아래로 매매하려는 인근 부동산에 대해서는 '불친절하다'는 식의 소문을 퍼뜨려 무언의 압력을 가한다.

'아파트 브랜드 간판 바꾸기'는 고전적 수법에 속한다. 서울시 동작구의 롯데 낙천대 아파트 입주자대표회는 서울중앙지법에 '명칭 변경 거부 처분 취소 소송'을 통해 명칭을 '캐슬'2)로 바꿨다. 현대건설은 '힐스테이

---

2) 백영옥은 ≪조선일보≫ 2007년 7월 9일 자 "백영옥의 트렌드 샷: 이 죽일 놈의 부동산"에서 "외국에서 공부하는 유학생의 국내 주소지가 '롯데캐슬'이어서 장학금을

트'라는 고급 아파트 브랜드를 내놓자마자 쏟아지는 민원에 곤욕을 치렀
다. 힐스테이트 등장 전에 이미 분양을 받은 다른 아파트 이름을 힐스테
이트로 바꿔달라는 요구가 빗발쳐서다. 같은 맥락에서 '반포 한양자이'는
'신반포 자이', '래미안 잠원'은 '래미안 신반포 팰리스'로 이름을 바꿨다.
이름만 바꿔도 아파트값은 올라간다. 지명을 교묘하게 바꾸는 경우도 있
다. 부산의 경우 해운대구 센텀시티가 뜨면서 원래 센텀시티가 있는 해
운대구 우동, 재송동뿐 아니라 다소 멀리 떨어진 반여동, 연제구 연산동
에 있는 아파트까지 '센텀'을 남발해 사용하고 있다.

　최근에는 지방자치단체까지 나서 아파트값 올리기에 열을 올리고 있
다. 서울 강북지역 노원구는 최근 '노원구 개발 호재에 아파트 리모델링
책자 덩달아 인기' 등의 자료를 통해 매년 서울대와 연·고대 등 대학 합
격자 수와 같은 자료를 발표해 지자체가 부동산값 올리기에 팔을 걷어붙
인 것 아니냐는 비판을 받았다. 부산 경제정의실천시민연합 차진구 전
사무처장은 "아파트값 올리기 경쟁이 심화되면 도덕적 불감증이 만연하
고 결국 아파트값 상승으로 이어져 모두가 피해자가 되는 만큼 주민들 스
스로 자제할 필요가 있다"고 지적했다.

받지 못했다"고 했다. 성(城)에 살 정도면 왕족이나 귀족이어서 장학금을 받을 필요가
없다는 뜻이다. 반대로 육정수는 《동아일보》 2006년 9월 12일 자 "아파트 개명"
기사에서 "미국 대학의 경영전문대학원(MBA) 과정을 지원할 때 주소를 캐슬이나
맨션으로 기입하면 입학 허가에 유리하다"고 했다. 국내 아파트 이름에 왕족이나
귀족 거주지를 뜻하는 캐슬(성), 팰리스(궁전) 등이 붙은 경우가 적지 않다.

5. 담 쌓는 아파트······ 멍드는 동심

"여기 안 살면 놀지 말고 나가라."

서울 묵현 초등학교에 다니는 한 모 양은 지난 8일 수업을 마치고 사촌 동생과 함께 근처 H 아파트 놀이터를 찾았다. 이 놀이터는 바닥에 고무 매트가 깔려 있고, 그네며 시소에 새로 알록달록하게 페인트가 칠해져 좋아 보였다. 하지만 놀이터 입구에 들어서기도 전에 경비원이 다가와 무서운 얼굴로 대뜸 "여기에 사느냐"고 물었다. 한 양이 고개를 가로젓자 "이 아파트에 살지 않으면 놀 수 없으니 나가라"고 했다. 얼굴이 빨개진 한 양은 영문도 모른 채 발길을 돌렸다.

청담동 A 유치원 교사인 문 씨는 최근 아이들을 데리고 인근 D 아파트 놀이터를 찾았다가 내쫓겼다. 유치원에 놀이터가 없어 종종 인근 아파트 놀이터를 찾았던 문 씨는 "신나게 놀던 아이들이 '얘들아, 나가야 된대'라는 말에 풀이 죽어 뒤따라 나오는 모습을 보고 가슴이 많이 아팠다. 아이들이 놀면 얼마나 험하게 논다고 이러는지 야박하다는 생각이 든다"고 말했다(≪국민일보≫, 2009.6.11).

아파트 놀이터가 담장을 높이 쌓고 있다. 관리사무소가 쾌적한 환경 조성과 방범 등을 이유로 외부인 출입을 통제하면서 아이들까지 내쫓고 있다. 도를 넘어선 '아파트 이기주의' 때문에 애꿎은 동심만 멍들고 있는 것이다. 공동체 의식을 훼손하는 지나친 사유재산권 행사라는 비판이 높다. 아파트 이기주의는 외부인 출입을 철저히 통제하는 강남의 고급 아파트뿐 아니라 도시지역 아파트에서 종종 벌어지고 있다. 후암동 M 아파트에 사는 권 모 씨는 며칠 전 네 살짜리 딸을 데리고 근처 B 아파트 놀이터에 갔다가 기분이 상한 채 돌아왔다. 경비원은 '아파트 엄마들이 싫어한다. 나가달라'며 권 씨 부녀를 황급히 내쫓았다. 관리사무소 관계자는

"외부 아이들의 출입을 차단해달라는 요청이 많아 우리도 어쩔 수 없다"고 전했다.

아파트가 아이들이 어릴 때부터 '구별 짓기'를 체화해주는 공간이라는 비판도 나온다. 놀이터에서 내쫓긴 아이들은 함께 어울리는 통합과 조화보다는 차별을 배울 수밖에 없기 때문이다. 부산대학교 사회학과 박재환 명예교수는 "옆집 아이가 우리 놀이터 흙 밟는 것도 막는 야박하고 비참한 세상"이라며 "아이들 부모가 가진 부와 상관없이 다양한 배경을 가진 친구들과 어울리고 이해하는 법을 배워야 하는데 어려서부터 끼리끼리 지내게 되면 사회통합 차원에서 바람직하지 않다"고 지적했다.

6. 사라진 장독대와 문패, 새로 등장한 빌트인 가구와 디지털 도어

아파트 보급 확산과 함께 문패가 사라지고 있다. 그 대신 빌트인 가구와 디지털 도어가 등장해 아파트 일상생활에 적지 않은 변화가 생기고 있다. 단독주택이 일반적이던 시절, 문패는 필수적인 소품이었고 집을 가진 자의 보람이자 특권이었다. 요즘 아파트에는 문패를 붙이지 않는 것이 관례처럼 되어버렸다. 아파트 내부에 자신의 정체성을 감추는 일이 보편화된 것이다. 아파트에서는 ○○○이라는 이름 대신 아라비아숫자로 된 호수만 있으면 아무런 불편이 없다. '△△호 엄마', 'ㅁㅁ호 아이'로 불린다. 우편함에도 이름이 없다. 그만큼 익명성이 보장된다. 전상인은 아파트 문패의 실종은 개인 기밀이나 사생활, 곧 프라이버시를 중시하려는 변화라기보다 우리 사회의 잦은 공간적 이동성에서 현실적인 이유를 찾고 있다. 아파트가 재테크 수단으로서의 성격이 강해 이사가 잦다는 분석이다. 2000년 인구 주택총조사 및 2005년 주택수요조사 분석에 의하면 현재 우리나라 평균 거주기간은 서울 5.4년, 경기도 6.0년, 인천 6.8년인데 비해 지방은 9.9년, 군 단위 지역은 15.7년으로 나타났다(전상인, 2009: 93).

이와 관련해 웃지 못할 해프닝도 벌어졌다. 경기도 고양시 일산의 집배원이 600여 아파트 가구 출입문 인터폰 아래에 거주자의 이름을 몰래 적어두었다가 공공기관의 개인정보 보호에 관한 법률 위반 혐의로 불구속 입건됐다. 그는 경찰 조사에서 "하루 1500건 이상의 우편물을 배달하는 과정에서 일일이 동 호수와 이름을 확인하는 것이 번거로웠다"고 진술했다(≪한국일보≫, 2008.5.1).

디지털 도어락의 등장으로 외출할 때 열쇠를 경비실에 맡기거나 우유 배달 주머니나 우편함에 몰래 숨길 필요가 없어졌다. 가족 구성원끼리만 아는 비밀번호를 누르거나 전자카드를 대면 집에 들어갈 수 있다. 단독주택에 살다가 아파트에 이사 온 사람들 대부분은 외출할 때 열쇠를 경비실에 맡길 수 있어 편리하다고 여기고 있는데 한술 더 떠 디지털 도어락의 등장으로 훨씬 더 편리한 생활을 하고 있는 것이다. 또한, 우유 배달 주머니나 우편함을 노리는 도둑들이 종종 열쇠를 훔쳐 빈집을 털었다는 뉴스도 점차 사라지고 있다. 보안을 위해 비밀번호를 수시로 바꾸기도 한다. 직장에서 회식을 하고 밤늦게 들어오는 남편의 술버릇을 고치기 위해 화가 난 아내가 비밀번호를 바꿔 술에 취한 남편을 골탕 먹이기도 한다.

아울러 신규 분양하는 아파트에는 붙박이장 같은 빌트인 가구는 기본이고 냉장고, 드럼세탁기, 김치냉장고 같은 빌트인 가전제품이 설치되어 있다. 드레스 룸이 있는 아파트도 많다. 이 때문에 이사를 할 때 장롱, 옷장을 살 필요가 없다. 웬만한 아파트에는 가전제품이 빌트인 형태로 내장되어 있어 이사를 갈 때 냉장고 세탁기를 바꿀 필요가 없다. 몸만 옮기

▌아파트 우편함   **▌아파트 디지털 도어**

숫자로 구분이 가능하다.

열쇠 없이도 대문을 열 수 있다.

다시피 이사할 수 있어 편리하다는 게 아파트 입주민의 대체적인 반응이다. 이 때문에 가구점이나 가전제품 판매업체는 아파트로 이사할 때 발생하는 특수가 급감해 적지 않은 타격을 받고 있다. 아파트 입주민으로서는 쓸 만한 가구나 가전제품을 가져가고 싶어도 새것이 아파트에 비치되어 있어 어쩔 수 없이 버려야 하는 일이 골칫거리가 되어버렸다. 버리기를 권하는 구조여서 자원 재활용과 환경보호 측면에서 바람직하지 않다는 지적도 있다.

7. 층간 소음

아파트 생활의 가장 큰 단점은 층간 소음이다. 성냥갑처럼 집들이 다닥다닥 붙어 있다 보니 아무리 방음을 잘 처리했다고 해도 층간 소음이 발생할 수밖에 없는 구조적 한계를 안고 있다. 특히 어린애가 있는 집은 아이에게 아무리 주의를 주어도 뛰어다니지 못하게 막을 수 없어 아랫집으로부터 항의를 받는 일이 생기곤 한다. 약간의 소음에 대해 이해해주면 별문제는 없지만 예민한 입주민의 경우 이 문제로 이웃끼리 다툼이 발생하는 일이 적지 않다. 뉴스를 보면 심심찮게 폭행으로 비화하고 심지어 살인사건으로 이어지는 경우도 간혹 있다.

이 때문에 층간 소음은 아파트 입주민 간 분쟁의 첫 번째 원인으로 꼽힌다. 아파트를 새로 장만하거나 이사를 가면 으레 집들이를 했지만 층간 소음 등으로 최근 들어 집들이 문화가 사라지고 있다. 집들이를 하더라도 집이 아닌 외부 음식점에서 하거나 집에서 하더라도 '조용히' 한다. 미리 이웃집과 경비실에 집들이용 음식을 돌리고 소음이 발생할지 모른다며 미리 양해를 구한다. 장차 발생할지 모를 층간 소음에 대비한 일종의 보험이다. 예전처럼 집 장만을 축하하기 위해 노래를 부르는 일은 엄두도 못 낸다.

부산 동래구 안락동 강변 뜨란채 아파트에는 층간 소음 등을 규제하는 '아파트 입주민으로서 꼭 지켜야 할 유의사항'에 대한 안내문이 아파트 관리사무소장 명의로 가끔씩 아파트 1층 및 엘리베이터 게시판에 부착된다. 주요 내용은 다음과 같다.

▷ 야간 저녁 8시 이후 피아노, 세탁 소리 등 층간 소음 발생을 금지합니다.

▷ 애완견을 세대 내에서 키울 시 애완견 짖는 소음으로 이웃 세대에 피해를 주지 맙시다.

▷ 애완견 대소변을 베란다 우수관으로 배출하지 맙시다.

▷ 애완견과 같이 외출 시는 애완견을 관리할 수 있는 목줄을 하여주시고 대소변을 치울 수 있는 화장지 등을 지참해주시기 바랍니다.

▷ 복도 계단창에서 흡연하지 맙시다.

▷ 앞 베란다 쪽에서 이불 등 먼지 털기 금지합니다.

■ 아파트 안내문

층간 소음 문제를 예방하기 위해 엘리베이터에 붙은 안내문

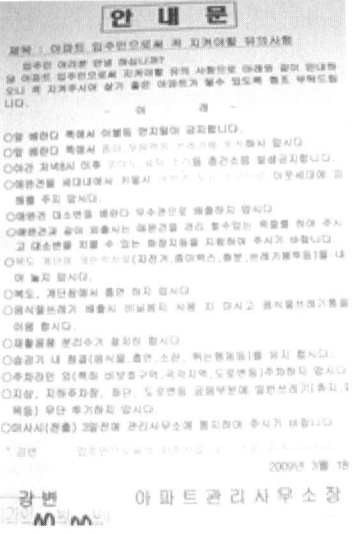

층간 소음을 비롯한 입주민 간 분쟁을 차단하기 위한 안내문

▷ 앞 베란다 쪽에서 종이, 우유팩 등 쓰레기를 투척하지 맙시다.

▷ 복도 계단에 개인 적치물(자전거, 종이박스, 화분, 쓰레기봉투 등)을 내어놓지 맙시다.

▷ 주차라인 외(특히 비보호구역, 곡각지역, 도로변 등) 주차하지 맙시다.

　서울시는 2011년 1월 아파트 층간 소음 방지, 입주자대표회의 운영비 사용, 주차장 관리 등에 관한 규정이 포함된 공동주택 운영 규정 표준안 12개를 마련했다. 층간 소음으로 인한 갈등 조정 방안을 담은 층간 소음 방지 규정, 주차장과 승강기 사용료 징수 기준 등을 정한 주차장 관리 규정과 승강기 운영 규정, 시설물 규정과 방송시설 이용 규정도 포함됐다.

　서울 송파구는 2010년 9월 아파트 층간 소음 분쟁, 관리업체 선정을 둘러싼 잡음 같은 아파트 공동생활의 문제점을 소통을 통해 해결하고 새로운 상생 모델을 구축하기 위해 기초단체 가운데 처음으로 '공동주택관리포럼'을 결성해 1차 포럼을 열었다. 이 자리에서 은난순 한국주거문화연구소 연구원은 "아파트 관리규약 등 현행법상에 소음 규정은 있지만 주민 간 소통이 없기 때문에 이웃 간 분쟁이 일어나는 경우가 대부분"이라며 커뮤니티 활성화의 필요성을 강조했다(≪문화일보≫, 2010.9.28).

8. 택배 산업 발전의 밑거름

아파트와 택배는 떼려야 뗄 수 없는 관계다. 맞벌이 부부가 출근하고 자녀들이 학교에 간 사이, 집에 아무도 없어도 경비실에서 택배를 대신 받아주기 때문이다. 맞벌이 가정이 상당수에 이르는 현실을 고려하면 집에 사람이 없는 낮에 아파트 경비실에서 택배를 받아주지 않는다면 택배기사는 택배를 전달하기 위해 몇 번씩 헛걸음질하는 상황이 연출될 수 있다. 이런 상황이라면 택배기사는 맞벌이 부부가 집에 있을 법한 이른 아침이나 한밤에 택배를 전하기 위해 초인종을 눌러야 하고, 이에 직장생활에 지친 집 주인들은 짜증 낼 것이다.

택배 산업이 급성장한 것은 아파트 보급과 밀접한 관련이 있다는 분석이다. 아파트로 배달되는 택배는 택배기사 입장에서는 집을 찾기 쉽고 주차하기 쉬우며 사람이 없을 경우 경비실에 맡기면 되기 때문이다. 배달이 용이하다는 얘기다. 인터넷 쇼핑몰과 TV 홈쇼핑과 같은 신유통시장이 형성된 것이 택배 산업 발달의 일차적 원인이지만 사람이 없을 경우 택배를 수령할 수 있는 아파트 시스템도 한몫했다는 분석이다. 한국통합물류협회에 따르면, 2010년 택배 시장은 3조 100억 원대 규모로 총 12억

▌아파트 무인택배시스템　　　　　**▌음식배달 안내책자**

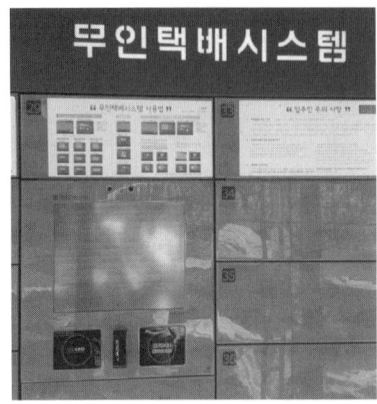

무인택배시스템으로 입주민이 집에 없더라도 택배　　아파트 엘리베이터 입구에 수시로 배포되는 음식
물건을 쉽게 전달할 수 있다.　　　　　　　　　　　배달 안내책자.

177만 상자를 처리한 것으로 추정된다. 이는 2009년 대비 매출 10.4%, 물량 11.3% 증가한 수치다. 한술 더 떠 경비실을 거치지 않아도 되는 무인 택배 보관함이 새로 지어지는 아파트에 속속 등장하고 있다. 대구 월드마크 웨스트엔드 아파트 등에는 현관에 택배 화물이나 세탁물을 넣어 둘 수 있는 물건 보관함이 설치되어 있다. 냉장 기능까지 갖춰 친정이나 시댁에서 보낸 김치 등 반찬도 보관할 수 있다고 한다.

아파트는 전기, 수도 등의 관리를 입주자가 직접 하지 않고 관리사무소에 맡기는 '외부화'를 통해 실용성을 극대화하고 있다. 대단위 아파트마다 전기기사, 설비기사 등 아파트를 효율적으로 관리하기 위한 각 분야의 전문 기술자를 두고 있다. 아파트가 아닌 단독 주택에서 보일러가 고장 나거나 수도 누수가 발생하면 일일이 출장비를 주고 보일러 기사 등을 불러 고쳐야 한다.

아파트 단지에는 음식 배달 서비스도 활발하다. '삼시세끼' '배달천국' '우리동네 맛집' '동네 맛 자랑' '상가 알리미' 같은 음식점, 컴퓨터 수리점,

포장이사 등의 전화번호와 할인 쿠폰을 담은 책자가 아파트 단지에 무료로 배포된다. 입주민은 이 책자를 보고 전화 주문을 하면 필요한 음식이나 서비스를 언제든지 구할 수 있다. 대단위 아파트 주변에는 맞벌이 부부를 비롯한 입주민들의 전화 주문 수요를 겨냥한 배달 전문 음식점이 많이 들어서 있다. 아파트의 배달 수요가 많을 뿐 아니라 집을 찾기가 쉬워 배달도 용이하기 때문이다. 특히 몇 년 전부터는 '배달의 민족' '배달통' '요기요' 같은 배달 전문 스마트폰 애플리케이션이 나오면서 배달 스마트폰 애플리케이션 시장이 1조 원 규모로 급성장하고 있다.

9. 더 호텔 같고, 더 비싼 아파트 찾는 21세기 아파트 유목민

한국 사회에서 아파트는 자신의 경제적 위치를 나타내는 구별 짓기 도구이면서 동시에 입주민의 요구에 맞춰 끊임없이 진화하며 그들만의 공동체를 형성하고 있다. 입주민들의 편의와 아파트 가치 상승에는 별다른 이견 없이 한목소리를 내고 있다. 내가 사는 아파트는 다른 사람이 사는 아파트와는 달라야 한다고. 훨씬 급이 높은 호텔 수준의 커뮤니티가 있어야 한다고. 욕망은 끝이 없다. 고급 아파트를 향한 주민과 건설사의 이해관계가 맞아떨어져 아파트 커뮤니티는 진화를 거듭하고 있다. 그런 아파트에 사는 입주민의 생활 역시 그들만의 독특한 공동체를 형성하고 있다. 아빠는 아파트 단지 안 피트니스센터에서 운동으로 하루를 시작하고, 자녀는 같은 학교와 학원을 다니며 인적 네트워크를 구축한다.

몇 년 전 "어디 사세요"라고 시작하는 한 대기업 아파트 광고는 여전히 유효하다. 아파트는 생활공간이면서 아파트 브랜드라는 기호를 소비하는 구별 짓기 공간이기도 하다. 『소비의 사회』를 쓴 프랑스 사회학자 장보드리야르(Jean Baudrillard)의 주장처럼. 입주민들은 돈을 더 많이 벌어 더 편리하고 고급스러운 서비스가 제공되는 더 비싼 아파트로 갈아타려고 애쓴다. 아파트 속 신풍속도는 더 편리하면서 자산 가치가 있는 아파트로 이사를 꿈꾸는 21세기 한국형 아파트 유목민을 양산하고 있다.

참 고 문 헌

단행본

강준만. 2006. 『강남 낯선 대한민국의 자화상』. 인물과 사상.

강홍구. 2001. 『시시한 것들의 아름다움: 우리시대 일상 속 시각 문화 읽기』. 황금가지.

박철수. 2006. 『아파트의 문화사』. 살림.

줄레조, 발레리(Valérie Gelézeau). 2007. 『아파트 공화국』. 길혜연 옮김. 후마니타스.

임석재. 2006. 『건축 우리의 자화상』. 인물과 사상.

전남일·양세화·홍현옥. 2009. 『한국 주거의 미시사』. 돌베개.

전상인. 2009. 『아파트에 미치다: 현대한국의 주거사회학』. 이숲.

최병두. 2002. 『근대적 공간의 한계』. 삼인.

논문

오상준. 2008. 「사이버 아파트 공동체에 관한 연구-부산지역 아파트 인터넷 카페를 중심으로」. 부산대학교 사회학과 석사학위 논문

신문·잡지·방송·인터넷 및 기타 자료

≪경향신문≫. 2006.11.9. "'OO억 이상 받읍시다" 아파트 집값 올리기 '꼼수' 백태".

≪국민일보≫. 2009.6.11. "담 쌓는 아파트 놀이터… 멍드는 동심".

≪동아일보≫. 2006.9.12. "아파트 개명".

≪매일경제≫. 2016.10.2. "'커뮤니티'가 아파트 가치 가른다".

≪문화일보≫. 2010.9.28. "아파트 입주민 상생모델 찾는다".

≪조선일보≫. 2007.7.9. "백영옥의 트렌드 샷: 이 죽일 놈의 부동산".

≪한국일보≫. 2008.5.1. "'기막힌' 우체부 아저씨".

_____. 2011.3.29. "신개념 에듀아파트 눈길 끄네".

피랑 끝자락 사람들의 주거

양이문 | 부산대학교 사회학과 박사과정 수료

1. 도시 밖으로 내몰리는 사람들

　힘겨운 발걸음을 뒤로하고 희망차게 빌었던 소망이 기억에서 채 사라지기도 전에 불행한 소식이 2009년 새해 벽두부터 전국을 떠들썩하게 만들었다. 2009년 1월 20일 서울 용산에서 여섯 명의 목숨을 앗아가고 23명의 부상자를 남긴 사건이 발생했다. 재개발이 확정된 용산 4구역의 철거민과 전국철거민연합 회원들이 건물을 점거하고 농성에 돌입하자 경찰 특공대가 이를 저지하기 위해 대치하는 과정에서 건물 옥상에 지어졌던 망루에 불이 나고 여섯 명(철거민 다섯 명, 경찰특공대 한 명)의 인명을 앗아가는 사고가 발생한 것이다.

　이 사건은 필요 이상으로 신속했던 경찰에 대한 비난, 용역 업체의 과잉 진압에 대한 추궁, 유가족의 오열과 청와대 앞에서의 연이은 농성, 정부의 뒤늦은 수습과 변명, 경찰청장 내정자의 사임 등의 국가적 이슈로 확대되었다. 연일 TV 뉴스를 통해서 사건은 보도되었고, 인터넷의 실시간 검색은 용산과 관련된 정보들로 넘쳐났다. 이러한 와중에 사건을 해명하기엔 너무나 간결했던 내용의 공식 언급이 발표되었고, 이후 당시 여당이었던 한나라당의 '이제 그만하자'식의 언급이 지속되자 시민들은 분노했다. 그리고 당시 이명박 정부의 정치력에 대한 직설적인 질타가 계속되었다.

22개월의 시간이 흐른 후, 용산 참사로 불린 이 사건의 판결에서 특수공무집행방해치사·일반건조물방화·폭력행위에 관한 법률 위반 등의 혐의로 기소된 철거민 9명에게 4~5년의 징역형이 선고되었다. 반면 경찰 고위 간부들은 진압 작전의 무리함을 일부 시인했지만, 검찰이 과잉진압 논란을 빚은 경찰관들에 대해선 모두 무혐의 처리했다(≪경향신문≫, 2010.11.11). 사건은 대법원 판결을 통해 일단락되었지만 아직도 가슴 한켠에는 아쉬움과 울분이 가시지 않은 채 응어리진 것 같다. 시시비비를 확인하려는 것이 판결을 기다려온 사람들의 유일한 목적은 아닐 것이다. 그들은 왜 철거민들이 농성할 수밖에 없었는지, 왜 그곳을 떠나지도 못하고 목숨을 담보로 하면서까지 그곳을 지키려 했었는지를 알고 싶었을 것이다.

이 사건을 계기로 용산 전자상가의 화려한 겉모습에 가려진 가난한 사람들의 실체에 대해 관심을 기울이기 시작했다. 또한 주거권이라는 가장 근본적인 인간의 생존 조건이 얼마나 중요한 것인지 다시금 인식시켜주었으며, 이것이 침해되었을 때의 참담함도 동시에 일깨워주었다. 결과적으로 사건은 가난한 사람들이 주인공이 되어 자신들의 주거권을 위해 힘겹게 싸워왔던 일련의 장면들을 통해 이 시대의 비극적 상황을 보여준 것이었다. 그리고 가난한 사람들이 도시에서 내몰려 점차 설 자리를 잃어가는 현 상황을 여과 없이 보여주었다.

한편, 서울의 마지막 산동네 '옥수동'이 재개발되었다. 드라마 〈서울의 달〉 촬영지로 유명했던 이곳은 2009년 상반기에 철거되었으며, 그 자리에 1800여 세대의 대단위 아파트가 들어섰다. 이러한 현상은 서울만이 아니라 전국 대도시에서 공통적으로 일어나고 있다. 더 이상 가난한 사람은 도심에서 살 수 없는 환경이 되고 있는 것이다. 가난한 이들의 바로미터처럼 여겨지고 있는 2015년 기초생활보장수급자는 전국에 155만 4484명이 있으며, 광역시 이상의 대도시에만 76만 8290명이 있다(보건복지부, 2015). 여기에 차상위계층까지 포함한다면 그 수는 엄청날 것이다. 또한 차상위계층 및 가난한 사람들의 주거 환경이 대부분 재개발이나 철거 등의 생존 위험 지구에 속해 있다는 것은 참으로 우려할 만한 일이다. 어쩌면 통계 수치에 나오는 이 많은 사람들이 용산참사와 같은 사건의 다음 희생자가 될지도 모른다.

이 장은 가난한 사람들에 대한 이야기를 담고 있다. 쪽방, 방집, 옥탑방, 지하셋방, 비닐하우스, 산동네에 거주하면서 아직도 가난에 신음하는 바로 우리네 이웃 사람들의 이야기이다. 대부분의 사람들이 가난을 경험하고 가난을 알고 있다고 생각하기 때문에 더더욱 잘 모르는 아주 소소한 일상을 그려낸 이야기이다. 모든 사람이 가난했던 시절의 오래된 이야기가 아니라 현재 오늘을 살아가고 있는 동시대 사람들의 이야기이다. 과거의 기억들을 담지하면서 변화된 오늘날을 살아가고 있는 가난한 사람들의 이야기가 주거라는 공간을 중심으로 재구성되었다.

2. 가난하게 살아가기

1) 가난의 대명사, 단칸방

한 칸의 작은 방으로 구성되어 있는 단칸방. 인류 최초의 정주 공간 중의 하나는 동굴이었다. 외부 침입으로부터 안전하게 보호받을 수 있는 안식처였으며, 가족을 보살피고 의식주를 함께 했던 곳이 바로 동굴이었다. 그리고 시간이 흘러 잉여 생산물과 계급이 인위적으로 만들어지고 동굴이라는 주거 생활의 보편성은 점차 계급 차등적으로 분화되었다. 소위 상위 계급에서는 넓고 화려하며 여러 개의 방으로 구성된 거대 주택의 형태로 바뀌어갔으나, 하위 계급에서는 인류의 시작과 함께 출발했던 단칸방을 그대로 유지할 수밖에 없었다. 화려한 궁전과 빈민들의 움막이 공존했다. 그리고 또 시간이 흘러 계급이 계층으로 분류되어 다양한 변수들로 사람들을 구분하는 시기가 도래했다. 경제적 부만이 아닌 정치적·사회적인 관계들, 문화적 자본들이 함께 중요한 것으로 여겨졌다. 하지만 이러한 변화에도 불구하고 주거 생활의 변화는 크지 않았다. 아파트와 같은 거대 밀집 주거 형태가 사람들에게 크게 선호받을 때에도 가난한 사람들에게는 단칸방이 선호 아닌 의무로 주어졌다. 아마도 인류의 가장 원초적 주거 형태이자 가장 긴 역사를 가진 주거 형태는 단칸방일 것이다.

이러한 단칸방의 외형적인 특징은 너무 다양해서 설명하기 쉽지 않다. 보통은 집을 지었을 때 사용되었던 주재료가 그 집의 명칭으로 고유명사화되어 그 집의 특징을 알려주나, 단칸방의 특징은 내부 구조로부터 파악될 수 있다. 과거에는 온돌이 있던 아랫목에, 현재에는 집 안의 온기가 유지되는 지점에 침실 기능을 하는 곳이 1차적으로 만들어진다. 그다음 가장 중요한 기능순으로 공간 배치가 이루어지고, 그러고 나면 다른 모든 공간들은 자연스럽게 침실을 중심으로 자리를 잡게 된다. 내부 구조에 따라 조금의 차이는 있지만 방과 작은 문을 통해서 욕실 겸 주방 겸 다용도실 공간이 연결되어 있다. 물론 이러한 공간이 별도로 주어지지 않는 단칸방도 있다. 이렇게 전체적인 방의 기능 구분과 배치가 이루어지고 나면 작은 방은 모두 누워 잠을 잘 수 있는 공간만을 가족 구성원에게 허락한다.

예전에는 다 이렇게 살았다 아이가. 방이 넓어도 좁아도 다 단칸방이라. 우리는 4명이 살아도 좁았는데, 옆집하고 주인집은 예닐곱 명이 살았으니 오죽하겠노. 아침부터 아(이)들 학교 보낼라면 전쟁이 따로 없다. 씻고 밥 먹고 입고 자는 게 전부 요서(방을 가리키며) 다 하는데, 정신없지. 그러고 일하고 집에 와서도 씻고 밥 먹고 벗고 자는 게 전부다. 아(이)들 공부도 여서 하고 즈그 노는 것도 여서 하고, 공부하는데지 아부지는 TV도 보고 담배도 피운다. 뭐 아(이)들 방이라도 한 개 있음 좋겠지만 말이다(56세, M 씨).

단칸방의 공간 구조상의 특징은 첫째로 공간에 대한 동시성이다. 4명의 가족 구성원이 하나의 공간을 공유하고 있기 때문에 사생활을 보호받지 못함은 물론이거니와 공간 점유와 관련한 심각한 문제점이 나타난다. 동시다발적인 일상적 행위가 하나의 공간에 응축되어 자녀들의 학습시간은 담배를 피우고 TV를 보는 부모의 여가생활과 중첩된다. 물론 가족 구성원들이 더 많다면 이러한 중첩은 보다 더 할 것이다. 그리고 두 번째 특징은 공간의 한시적 기능성이다. 이와 같이 단칸방은 여러 기능이 작은 공간 내에 배분되어 있다. 하지만 이러한 공간적 배분은 기능을 수행하고 있을 때만 해당되는 일종의 한시적인 배분이다. 특히 침실의 경우, 밤에 잠을 잘 때는 분명히 침실의 기능을 수행하지만 아침이 되면 침실의 기능은 없어지고 가족의 식당으로 변신한다. 그리고 식탁은 오후가 되면 자녀들을 위한 공부방으로 기능상의 변신을 하며, 주방에서는 음식을 만드는 기능과 씻는 공간으로의 기능이 서로 번갈아 나타난다.

이러한 특이한 복합구조 때문에 가족 안에서의 문제점이 발생하기도 한다. 단칸방의 전등은 부엌을 제외하고는 하나로 구성되어 있다. 따라서 밤에 소등되면 방에서 할 수 있는 모든 기능들이 어둠 속으로 사라져 버린다. 시험공부를 하는 자녀의 스탠드 불은 다른 모든 가족 구성원의 잠을 방해하는 골칫거리가 되어버리고 만다. 또한 아침이 되어 전등이 점등됨과 동시에 모든 가족은 함께 일어나야만 한다. 어린아이들의 더 자고 싶은 수면욕은 다른 가족들의 분주함에 이내 사라지고 만다. 그리고 사춘기의 딸아이는 부모님이 곁에 계시는 공간에서 조심스럽게 옷을 갈아입고, 아침부터 꺼내든 아버지의 담배로 인해 방 안이 뿌옇게 변해버려도 아무런 거리낌 없이 아침 식사는 이루어진다. 이와 같은 분주한 일상이 이곳 단칸방에서는 매일같이 진행된다.

내가 (아이들) 중학교까지 수학하고 과학을 가르쳤다. 학원 다닐 돈이 없는 것도 그렇지만 만날 학교 갔다 오면 집안에 같이 있으니깐 자연스럽게 그렇게 되더라. 그리고 아들 사춘기고 딸아이 생리하는 거까지 다 알고 있지. 요즘 사람들 그런 거 잘 모르잖아, 특히 아버지는. 그리고 밥 같이 먹고, 잠 같이 자고. 이 이상 가족이 더 친하게 지낼 수 있는 방법이 없지. 요즘 아파트다 뭐다 해서 각방 쓰고 있는 사람들은 이해 못한다(59세, Y 씨).

하지만 분주한 일상이 진행되는 단칸방에서도 생활의 활력은 존재한다. 이곳 단칸방은 자녀들에게는 학교이자 놀이터이며, 가정이다. 자녀들은 가정에서의 분주한 기능들에 맞추어 자연스럽게 사회화의 과정을 거치게 되며, 대부분의 학습 과정과 연결되는 기능들을 집에서 하게 된다. 또한 부족했던 놀이 기능을 부모님과 함께 충족할 수 있는 여건이 마련되기도 한다. 그렇기 때문에 인터뷰에서와 같이 부모 자식 간의 유대는 자연스러울 수밖에 없다. 이러한 유대관계를 바탕으로 가족 간의 커뮤니케이션은 침실, 식탁, 책상을 막론하고 어느 때나 어느 곳에서 자연스럽게 이루어진다. 요즘처럼 아파트에서 개별적 공간을 가지고 생활하는 사람들에게는 오히려 부러울 수도 있을 법한 일이다. 학교의 수업이 끝나자마자 학원으로 향하는 자녀들, 퇴근하기 무섭게 TV 앞에 앉아 떠날 줄 모르는 아버지, 설거지와 집안 청소를 끝내고 안방에 들어가는 어머니. 바로 이것이 오늘날의 생활풍속의 한 단면이지 않은가? 물론 모든 가정들이 이러한 양상을 띠는 것은 아니지만 '과거보다 줄어든 부모, 자식 간의 대화', '부모님 앞보다 컴퓨터 앞에 앉기를 원하는 자녀'와 같은 모습은 많은 사람들에게 전혀 낯설지 않을 것이다.

2) 매일 죽었다 살아나는 느낌

현재 쪽방에 기거하는 47세 S 씨의 인터뷰 첫마디는 "매일 죽었다 살아나는 느낌입니다"였다. IMF 구제금융 시기에 직장에서 퇴직한 그는 당시만 해도 잘나가던 금융직에 종사하고 있었다. 정리해고라는 거센 풍파를 맞으며 재기하고자 시작했던 포장마차는 실패로 돌아가고, 카드 빚에 얼룩진 고달픈 삶이 시작되었다. 한동안은 퇴직금과 저금해두었던 돈으로 생활을 영위할 수 있었지만 이것도 잠시, 멋모르고 빌렸던 사채와 카드 빚이 눈덩이처럼 불어 이제는 본인의 힘으로 갚을 수 없는 지경에 이르렀다. 아내와의 이혼, 카드 빚과 사채의 독촉 그리고 구직을 포기한 상황은 S 씨를 집 밖으로 쫓아내었고 2002년 쪽방에서의 기거가 시작되었다.

불편하다. 정말로 불편하다. 예전 생각하면 이런 곳은 절대로 사람이 살 수 없는 곳이다. 이것저것 하다가 결국에는 여기 왔는데, 도무지 사람이 살 수 없는 곳에서 내가 살아가고 있다는 게 너무나 참담하다. 비참하고. 울기도 많이 울었다. 죽고 싶을 정도로. 죽지 못해 사는 거고 그냥 산다(47세, S 씨).

작은 계단을 내려간 반지하의 그곳은 여러 개의 쪽방이 다닥다닥 붙어 있었다. 1.5평 남짓한 그의 쪽방은 TV에서 보는 것보다 훨씬 참담했다. 방은 직사각형의 형태를 취하고 있었고 중앙에는 여느 방과 다름없이 이부자리가 깔려 있어 침실임을 알려주었다. 그리고 입구 쪽 한 켠에는 오래되어 보이는 밥상과 작은 전기밥솥이 자리를 차지하고 있었고, 그 위에 낡은 선반에는 가지런히 식기류가 놓여 있었다. 더욱 힘들어 보이는 건 방의 윗부분을 가로질러 밖으로 계단이 나 있다는 것이다. 사람이 한 명 누우면 여유 공간이라고는 전혀 찾아볼 수 없는 곳이었다.

밖에 가면 공동으로 씻을 수 있는 데가 있다. 겨울에는 찬물이 나와서 안 씻는 경우도 있고, 밥은 대충 해 먹고 저녁은 밖에서 대충한다. 그나마 나는 낫다. 옆에 영감들은 밥도 못 먹는 사람도 있고, 얼마 전에 여기서도 쫓겨난 사람도 있다. 옷은 여기 몇 개 있고, 대부분 주워왔다(47세, S 씨).

의식주라는 인간의 기본적인 생존 환경이 이곳에서는 철저하게 외면받고 있었다. 차가운 방바닥, 반지하라고 했지만 햇빛이 전혀 들지 않는 방, 겨울에는 따뜻한 물 한 방울 나오지 않는 수도꼭지, 여름이면 습기 때문에 곰팡이가 기승을 부리는 방, 오래되어 누렇게 변해버린 밥이 방치되어 있는 밥솥, 누군가가 입고 버린 옷이 여기저기 걸려 있는 방, 이곳을 떠나지 못하고 살아가는 S 씨의 겨울은 어느 때보다 길고 추웠다고 한다.

쪽방에서의 일상은 인간의 기본권이 존재하고 있다는 사실을 무색하게 만들었다. 하지만 더욱 관심을 가져야 할 부분은 이런 사례와 같은 참담한 일상이 현재 다양한 형태로 사회 저변에 확대되어 있다는 것이다. 단순히 쪽방에서 이름만 바뀌었을 뿐 쪽방에서의 삶과 전혀 다르지 않은 모습들이 사회 곳곳에 침투해 있다. 이름하여 방집.

'종로 방집촌' 700개 방은 올겨울 '손님'들로 꽉 찼다. 4000원~1만 원을 내면 지친 몸을 하루 맡길 수 있는 그곳. 싼 방값 때문에 장기 투숙자가 대부분인 가운데, 지하철역을 전전하지만 그래도 푼돈이라도 벌 수 있는 노숙자들은 "길바닥에서 자는 것보다 낫다"며 살을 에는 추위를 피해 하루 이틀 신세를 진다(≪헤럴드 경제≫, 2009.2.4).

과거 사창가로 성행했던 이곳은 성매매업소 소탕 작전으로 여성들을 몰아내고 재개발이 추진되었지만 103번지 일대만은 방집촌으로 남아 있다. 50여 년 넘게 이 동네에 거주한 토박이에서부터 뇌출혈로 쓰러져 거동이 불편한 사람, 정신지체장애를 가진 사람, 알코올중독으로 정상적인 생활이 불가능한 사람, 특히 IMF 금융위기 이후 시련을 겪은 사람들이 이곳 방집을 지키고 있다. 이곳의 생활환경이 열악하다 보니 이와 관련된 크고 작은 문제가 발생한다. 구청에서 지원해주는 생필품과 의약품은 새로운 상품으로 둔갑해서 살림에 보태지며, 이웃과의 마찰로 인해 살인 까지도 일어난다.

비단 서울의 종로만이 아니라 대부분의 도심에서 이와 유사한 현상이 발생하고 있다. 부산에서도 완월동이 현재 이와 유사한 형태의 슬럼가로 변해가고 있으며, 도심 재개발과 뉴타운 건설이 예정된 몇몇 곳에서 임시 거처를 마련하고 있는 사람들이 지금도 힘겨운 삶의 투쟁을 벌여나가고 있다.

3) 도시의 파사드, 산동네

파사드(Façade)는 일종의 첫인상이다. 건물의 파사드는 건물의 조형성 이 자아내는 외형적 특징이며, 도시의 파사드는 도시의 관문을 통과할 때 보이는 것들이 주를 이룬다. 이동이 많은 현대인들에게 타 지역이나 도 시, 그리고 국가에서 느끼게 되는 혹은 보게 되는 파사드는 다양하면서도 신선할 것이다. 대부분의 도시들은 자연적 혹은 인공적 특징들을 도시의 파사드로 구성하는 경우가 많다. 그 예로 부산과 인천은 항구도시로의 이미지를 통해서 거대한 항만에서 펼쳐지는 생동감 있는 모습을 파노라 마처럼 보여주고 있다. 서울이나 대전 등지에서는 도심을 이루고 있는 대형 건축물과 병풍처럼 둘러싸고 있는 산지가 어우러져 있다. 광주와 대구는 들쭉날쭉함 없이 넓게 뻗어 있는 지형과 아기자기하게 구성된 조 형물들이 도시의 파사드를 이룬다.

도시마다 각양각색의 파사드를 가지고 있지만 우리나라 도시만의 공 통적인 파사드가 있다. 그것이 바로 산동네이다. 70%가 산지로 이루어 진 우리나라는 어딜 가나 산을 볼 수 있고, 도심은 물론이고 대부분의 거 주 지역에서도 산은 항상 공존해왔다. 이와 같은 자연환경이 만들어낸 또 하나의 공통적인 특징은 도시 대부분의 산에는 소위 산동네 혹은 달동네로 알고 있는 낙후된 주거지가 밀집되어 있다는 것이다. 산에 가까이 위치하고 있어 산동네이며, 달이 가장 잘 보이는 곳이라 달동네라고는 하지만 이곳의 주거 환경은 그리 음미할 만한 것이 아니다. 도심에서 이곳 산동네를 바라보면 산을 병풍 삼아 아름다운 자연환경에서 살고 있다는 환상을 심어줄 만하지만 이곳의 실제 생활은 너무나도 힘겹다. 최근에는 힘겨운 삶을 더욱 힘겹게 만드는 재개발의 분란 속에서 이곳 주민들은 그칠 날이 없는 걱정 속에 살고 있다.

한 40년 살았지. 여그 대부분의 사람들이 그리 됐을 끼다. 19살에 시집와서 처음에는 저 밑(동네)에 살다가 여기 250만 원 주고 내가 산 기라. 처음에는 사람들이 하나도 없었지. 낮에 일하러 갔다가 집에 와서 땅 고르고 건물도 짓고 좀 있으니깐 다른 사람들이 하나둘씩 옆집으로 이사왔지. 그래서 같이 우물도 파고 그렇게 해서 살았지(66세, 여).

이제는 환갑이 훌쩍 넘어버린 연세에 자식을 타지로 보내고 거동이 불편한 남편과 같이 살고 있는 할머니는 어린 나이에 이곳 산동네에 들어와서 손수 땅을 고르고 집을 짓고 식수를 마련해서 지금까지 살고 계신다. 할머니의 이주 초기에는 산동네가 형성되지 있지 않았다고 한다. 왜냐하면 이곳 산동네는 산림청과 시의 공유지로 등록되어 있어서 사유지로는 허가가 나지 않기 때문이다. 법적으로 거주할 수 없는 공간인 이곳에 할머니와 같은 선구자들이 처음을 발을 들여놓았고 이내 사람들이 하나둘씩 모여 보금자리를 만들어갔다. 물론 어디까지나 이곳의 경우는 불법적인 점유에 지나지 않았다. 그렇기 때문에 행정 당국과의 마찰은 피할 수 없는 일이었다. 생존권이 달린 문제이기 때문에 그곳에 거주하는 사람들은 죽을 각오로 대응했고, 그 결과 점유권을 행정적으로 인정받기에 이른다. 자신의 손으로 일군 땅과 집을 보존하고 생존의 터전을 마련한 것이다. 대부분의 산동네나 달동네가 이와 유사한 경우이며, 아직도 점유 형태로 생존만을 보장받고 있을 뿐이다.

· 6·25 전쟁 때 피난할 때 루핑집. 그때 왔는데 골탕 그거 칠해서 지은 집이거든. 도로가 없었으니 하수도는 없었지. 물 내려오는 고랑으로 물 내려가고 그랬지. 70년대 말에 그때 도로가 나서 개량집 나오고. (중략) 그때 그 전에는 억수로 못 살았거든. 옛날부터 사는 사람이 주위에는 남아 있는 사람이 없지. 몇몇밖에 없어. 다 돌아가시고. (중략) 예전에 못살 때에는 반상회하고 이웃사람들하고 계도 하고 술도 먹고 그랬는데 사람들이 돌아가시고 나그네들이 많이 들어왔거든. 안면도 없고 화합도 잘 안 되고. 그런 게 없다(62세, 남).

현재 다른 지역에서 살고 계시는 할아버지의 말씀에서는 지금은 찾으려야 찾을 수 없는 '루핑집', 당시 거주민들의 유일한 식수원이었던 '고랑', 현대식 건물을 일컫는 '개량집' 등의 전문용어가 여럿 나온다. 당시 슬레이트를 구할 수 없어 많은 집에서 콜타르를 발라 비가 세는 것을 막았다. 그리고 여기저기서 주워 온 각종의 재료로 집을 지었다고 한다. 지금과 같은 상하수도는 생각도 하지 못했으며, 산에서 내려오는 물이 유일한 식수원이었으며, 거주지 외의 모든 곳이 하수도였다. 또한 경제개발의 논리에 의해 몇 번의 철거가 이루어져 사람들이 강제로 이주되었고 그 때문에 오랫동안 이곳에 정주하고 있는 사람들은 얼마 남지 않았다. 그리고 사람들과의 관계도 예전처럼 이웃집 숟가락이 몇 개인지 알고 있던 친밀한 관계로는 이루어지지 못하고 있으며, 그나마 형식적인 반상회도 지금은 찾아볼 수 없다.

자녀들이 떠나버린 산동네를 오늘도 쓸쓸히 지키고 계신 할아버지는 이곳의 지나버린 나날들을 회상했다. 집 사이 굽이굽이 나 있는 골목길은 더없이 좋은 놀이터였다. 이제는 다시 보지 못할 곳으로 가버린 오랜 친구들과 함께 그냥 뛰어만 다녀도 골목길은 재미있는 곳이었다. 골목길은 숨바꼭질을 할 때 더없이 좋은 은신처를 제공해주었고, 비 오는 날 골목길 지붕 아래에서 이야기 나눌 수 있는 장소를 제공해주었다. 하지만 나이가 들어 가족이 생기고 현실에 가까이 직면했을 때 그곳은 지옥과도 같은 곳이었다. 도심에 비해 유난히 어두웠던 산동네는 범죄 발생의 개연성을 높여주어 우범 지역화되었고, 도로가 없어 항상 머나먼 길을 걸어 다니게 했다. 언제 철거될지 모른다는 걱정이 항상 존재했고, 이웃 동네의 재개발 소식은 가슴을 덜컥하게 만들었다.

이와 같은 산동네에서의 삶 역시도 아련하게 남아 있는 추억처럼 서서히 희미해져 갈 것이다. 전국의 도시는 재개발의 열풍 속에서 산동네를 이전과는 다른 모습으로 탈바꿈시키고 있다. 낙후된 주택 대신에 아파트가 들어서고 굽이굽이 골목길 대신에 곧게 뻗은 도로가 그 자리를 차지한다. 이곳의 사람들은 또 다른 정주 공간을 찾아 떠나야 할 것이고, 오랫동안 동안 쌓였던 추억들은 재개발과 함께 사라져갈 것이다.

3. 엄습해오는 위협들

빈곤 지역에서의 일상적 삶이 일정 기간 이상으로 진행되면서 외부적으로 드러나는 몇 가지의 빈곤 주거 문화를 양산했다. 이러한 빈곤 주거 문화의 대부분은 부정적인 측면이 많아, 학문적 관심을 넘어 실질적인 대책이 절실히 필요하다.

1) 재생산되는 노령화

우리나라의 노령화 지수는 2006년에 51.1%, 2011년에 72.8%, 2016년 99.5%, 2020년에 153.3%에 이를 것으로 예상되고 있다(통계청, 2016). 시간이 지나면서 이러한 증가율은 점점 급격한 상승률을 보이고 있으며, 이로 인해서 발생되는 사회문제도 상대적으로 증가할 것이다. 이러한 노령화로 야기되는 사회문제 중 심각하게 고려되어야 할 부분이 독거노인 및 빈곤 주거 환경에 거주하는 노인 문제이다. 세간을 떠들썩하게 한 독거노인의 죽음은 다가올 미래에 발생할 사회문제에 대한 경각심을 일깨우는 데 좋은 사례가 된다. 몸이 불편해서 혼자 거동하기조차 힘든 노인은 주위 사람들조차 모르게 쓸쓸히 죽어간다. 홀로 생을 마감해야 하는 노인은 가난했기 때문에 적절한 주거 환경을 꾸려나갈 수 없고, 가난했기 때문에 받아야 할 보호 서비스조차 받을 수 없다. TV 뉴스와 인터넷을 통해서 알려진 독거노인의 죽음으로 허점투성이인 복지정책은 사회적으로 질타 받았다. 그뿐만 아니라 같은 하늘 아래 있는 우리에게 가난이라는 것의 힘겨움을 알렸고 동시에 가난으로 주어진 불안한 주거 환경에 대한 사회적 안일함에 일침을 가했다.

나아가 노인 인구의 증가와 빈곤이라는 변수는 단순한 증가 혹은 감소의 문제만을 가진 것은 아니다. 사회적인 문제에 가장 핵심에 위치하고 있으면서 여기에 빈곤 주거 환경이라는 문제가 중첩되면 더욱 심각한 문제를 발생시킬 위험이 있다. 즉, 두 개의 변수가 서로 영향을 주면서 증감하는 것 이외에 '빈곤 노령 인구의 재생산'이라는 제3의 변수를 탄생시키기 때문이다. 빈곤 노령 인구의 재생산은 그들이 가지고 있는 경제활동

범위와 관련이 있다. 순차적으로 상승 곡선을 그리면서 진행되는 신체적 노화는 노령 인구의 경제활동 범위를 지속적으로 축소시킨다. 따라서 자연스럽게 할 일이 제한되고 노령 인구 사이의 경쟁은 심화되고 빈곤이라는 보편적 악순환이 노령 인구에게도 자연스럽게 적용된다. 하지만 노령층은 중장년층과는 달리 상대적으로 악순환으로 받게 되는 부정적 영향이 클 뿐만 아니라 자구적으로 그것을 해결할 수 있는 여지도 적다. 결과적으로 빈곤 노령 인구는 점점 더 가난해질 수밖에 없으며, 가난에서 벗어날 확률도 줄어들게 된다. 사회적으로 낙인찍힌 빈곤 주거 지역의 노령 인구들이 점점 늘어나고 있는 이유도 그리고 그곳을 벗어나지 못하고 한 평생을 그곳에 있어야 하는 이유도 이와 크게 다르지 않다.

2) 죽어 있는 공간

현재 빈곤 지역은 점점 공동화·단순화되고 있다. 평범한 가정의 생존도 치열하겠지만 빈곤 지역의 생존은 그렇지 않은 지역보다 훨씬 더 치열하다. 경제적 자생력이 턱없이 부족하기 때문에 현재 종사하고 있는 직장은 목숨과도 바꿀 수 있는 소중한 곳이 되었다. 비정규직이거나 단순노동 종사자들이 대부분인 여기 사람들은 강도 높은 작업과 장시간의 노동에도 불구하고 하루도 빠짐없이 생존을 위해 직업 전선에 참가한다. 따라서 빈곤 지역은 자연스럽게 낮 시간에 죽어 있는 지역공동화가 이루어진다. 도심과는 상반되는 진행 양상이 이루어지는데, 낮 시간에는 일터와 학교 등의 개인적 활동으로 인해서 빈곤 지역은 자연스럽게 공동화되고 노동 생활에 참가할 수 없는 노인이나 일부 특수한 사람들의 부유 공간으로 전락한다. 그리고 저녁이 되면 또 한 차례의 특이한 공동화가 이루어지는데, 이는 빈곤 주거지역의 환경과도 이어진다. 즉, 사람은 있으나 활동하지 않는 공간이 되어버리는 것이다. 빈곤 주거지들이 대부분 그렇지만 밤에는 그 어느 곳보다 어둡고 그 어느 곳보다 조용하다. 칠흑 같은 어둠 속에서 유난히 별빛이 잘 보이지만 그것을 바라보는 주민들은 지극히 적다. 강도 높은 노동과 장시간에 걸친 노동은 신체에 가혹할 정도의 피곤을 안겨다준다. 누적된 피곤은 사람들로 하여금 이른 시간에 잠자리에 들도록 만들고, 빈곤 지역의 밤은 낮과 다름없는 보이지 않는 공동화의 순간을 맞이한다.

그리고 이러한 지역공동화의 중요한 이유는 주거라는 공간의 의미와도 연결되어 있다. 빈곤 지역의 주거는 '주거 = 생존'이라는 공식을 가지고 있다. 물론 다른 삶을 살고 있는 사람들에게도 주거는 생존에서 필수적인 의미를 가진다. 하지만 빈곤 지역의 사람들에게는 다양한 주거의 기능들 중 생존이라는 기능이 가장 상위에 위치하고 있으면서 집중되어 있고 반대로 다른 기능들은 주거에서 상대적으로 제한되어 있거나 없는 경우도 많다. 따라서 생존을 위한 기능이나 역할을 제외한 나머지의 것들이 주거 환경을 둘러싼 주변에 존재하지 않는다. 문화적 욕구나 여가생활을 즐기기에는 턱없이 부족할뿐더러 생존이 우선순위 상위에 놓여 있어 다른 문화적인 것들은 오히려 사치에 가깝게 느껴진다. 결국 낮에는 생존을 위한 활동을 위해서 빈곤 지역은 공동화가 이루어지며, 반대로 밤에는 생존의 재생산을 위한 기능들을 충당하기 위해 또 다시 공동화가 이루어진다. 멀지 않은 도심에서 보이는 화려한 불빛과는 대조적으로 빈곤 주거지역의 밤은 삭막하고 어둡기만 하다.

3) 사회적 낙인과 슬럼화

빈곤 지역이 가지는 또 다른 문제점은 사회적 낙인과 슬럼화되어간다는 것이다(남원석, 2004; 양미숙, 2006 참조). 어쩌면 바로 앞에서 제시되었던 문제점이 겉으로 드러나는 환경적 문제라면, 낙인과 슬럼화는 겉으로는 잘 드러나지 않지만 구조적·암묵적이라는 점에서 보다 심각하다. 도심과 빈곤 지역 사이에는 눈에 보이지 않는 경계가 존재한다. 아무도 소리 내어 말하지는 않지만 그들을 칭하는 용어가 있고, 겉으로 표현하지 않아도 속으로 표현하는 느낌이 있다. 단칸방, 쪽방, 지하셋방, 산동네에 거주하고 있다고 한다면, 단순하게는 가난한 사람이라는 이미지에서부터 범죄자나 사회적 소수자를 일컫는 부정적인 이미지까지 함께 가지고 있다. 이러한 빈곤 지역에 대한 부정적인 이미지를 심어주는 데는 매체와 공공기관의 역할이 지대했다. 각종 드라마에서 제시하는 가장 보편적인 가정의 경제적 기준은 중산층 그 이상이었다. 때로는 월등한 상류층의 주인공이 등장해 가난한 상대 역할의 사람을 구원해주는 형태를 가지기도 했으며, 일부 영화에서는 가난을 등에 짊어진 인형의 모습으로 미화하기도 했다. 즉, 매체를 통해서 보이는 가난한 삶에 대한 평가절하와 부유한 삶을 지향점으로 삼는 태도 자체가 빈곤 지역에 대한 부정적인 이미지를 각인시킨 계기를 만들었다. 하지만 매체보다 공공기관의 역할이 더 심각했다. 매체가 개인의 감정이나 집합적 공감을 형성하는 낙인을 생성했다면, 공공기관에서의 낙인은 구조적인 것이었다. 산동네를 해체하면서 일부 주민을 제외한 대부분의 사람들은 강제 이주를 당했다. 강제 이주된 사람들로 새롭게 만들어진 지역은 이내 빈곤 주거지역으로 탈바꿈한다. 거주 지역은 변했을지 몰라도 그곳 사람들에게 붙여졌던 낙인은 공공연한 낙인으로 여전히 남아 있는 것이다.

또한 빈곤 지역 전체에서 희망이 점차 사라지고 있다. 지역은 점점 노후화되고 거주민 역시도 노령화 추세를 보이며, 생존 욕구 이외 다른 욕구나 요구를 만족시킬 수 없는 공간으로 변화되고 동시에 사회적 낙인이

씌워지고 슬럼화되어간다. 이러한 환경적 조건들의 변화는 거주민들에게 희망의 실현 가능성에 대한 커다란 불안을 안겨주었다. 젊은 시절 처음 터전을 잡은 이곳에서 열심히 일하며 노력해서 남들처럼 살아보고자 했던 다짐들은 몇 번의 이주와 몇 번의 고생 끝에 멀어져만 간다. 가난의 대물림을 막아보려고 애를 써도 쉽사리 가난에서 벗어나지 못한다. 척박한 곳에서의 오랜 생활들은 점차 사람들의 기력을 소멸시키고 이곳의 생활에서 벗어나지 못할 것이라는 절망감을 만들어낸다.

4. 생존의 길에서 공존의 길로

통영의 작은 마을 동피랑. 재개발로 철거가 예정되었던 이곳에 2007년 처음으로 마을 벽화가 그려진 뒤 많은 관광객들이 이곳을 방문하면서 자연스럽게 관광 명소가 되었다. 때 아닌 시기에 뜻밖에 많은 사람들이 몰려 이곳 주민들도 이를 반기는 분위기였다. 또한 TV에 동피랑의 이야기가 소개되고 인터넷을 통해 많은 사람들이 이 이야기를 접하게 되자 통영시에서도 재개발 논의를 잠정적으로 연기하기에 이르렀다. 아직은 무엇 하나로 결론짓기 힘든 과정 중의 일이지만 동피랑은 하나의 가능성을 열어주었다.

동피랑의 노력들은 우리에게 여러 함의를 제공해준다. 지금까지 가난한 사람들은 재개발과 함께 내몰릴 수밖에 없었고 또 다른 지역에서도 같은 삶을 영위할 수밖에 없었다. 하지만 기존 재개발이라는 방법이 아닌, 가난한 사람을 비롯한 다양한 계층의 사람이 함께 공존할 수 있는 방안이 있음을 동피랑이 알려준 셈이다. 이를 바탕으로 한발 더 나아가 많은 빈곤 거주자들에게 실질적인 도움이 될 수 있는 방안들 또한 함께 모색해야 할 것이다.

첫째, 빈곤 지역을 없애는 것이 능사는 아니다. 없어진 지역이 있다면 새롭게 등장하는 지역이 발생하는 것은 자연적 이치이다. 재개발을 통해서 빈곤 지역을 없애고 대단위 아파트를 건축한다고 해서 근원적인 빈곤의 문제는 사라지지 않는다. 재개발과 강제 이주는 또 다른 빈곤 지역을 양산하는 도구이며, 주택을 구매할 수 있는 능력이 없는 또 다른 사람들을 빈곤 지역으로 끌어들이는 요인이 된다. 따라서 새로운 형태의 아이디어와 시도가 필요하다.

둘째, 일시적인 혹은 단순한 형태의 지원은 빈곤 주거지에서의 탈출을 돕기에는 불충분하다. 현재 생계 유지 곤란자를 대상으로 실시되고 있는 수급 정책과 최저생계비 지원 정책은 일종의 미봉책에 불과하다. 이러한 정책은 생존 환경에 꼭 필요한 부분만을 보장해주기 때문에 빈곤 주거지에서의 생활은 지속적으로 유지될 수밖에 없는 한계를 가지고 있다. 따라서 수익형 혹은 일자리 창출형 등의 주민들의 자활력을 높일 수 있는 정책으로 변화되어야 한다.

셋째, 빈곤 지역의 문화 단지와 관광 단지화 가능성을 고려하는 것이다. 미완의 동피랑이 일종의 가능성은 보여주었다. 현재 예술가들이 동피랑의 빈집을 활용해 예술 단지화 조성을 위해 노력하고 있다. 산동네를 비롯한 일부 지역에서도 거주민과 함께하고자 하는 다양한 노력들이 나타나고 있다. 따라서 이러한 노력을 실현하는 데 부족한 재정을 행정적으로 지원할 수 있는 방안이 강구되어야 한다.

마지막으로 현 거주민을 최우선으로 하는 재개발과 이를 통한 이미지 개선이 필요하다. 영구임대주택을 조성하거나 민간 자본을 유치하는 방향으로 주택의 보급량을 늘이는 것도 중요하지만 관리비라는 커다란 장벽에 가로막혀 또 다른 터전을 찾아야 하는 거주민에 대한 정책적 고려도

간과해서는 안 된다. 따라서 아파트와 같은 관리 형태의 주택 건립보다 자연친화적 농원, 교외 주택, 공동체 형태의 주거 형태를 제공하는 것이 보다 바람직할 것이다. 이를 통해서 현 거주자들의 이탈을 막음과 동시에 외부와의 접근성을 높여서, 자연스럽게 낙인화된 이미지를 제고할 수 있는 기회를 만들어야 할 것이다.

참고문헌

논문

남원석. 2004. 「도시빈민 주거지의 공간적 재편과 함의」. ≪문화과학≫, 통권 39호, 85~101쪽.

양미숙. 2006. 「1920~30년대 부산부의 도시빈민층 실태와 그 문제」. ≪지역과 역사≫, 제19호, 203~234쪽.

신문·잡지·방송·인터넷 및 기타 자료

≪경향신문≫. 2010.11.11. "'용산참사' 철거민들 대법원서 유죄 확정".

≪헤럴드 경제≫. 2010.4.2. "〈르포〉내 인생은 3.3m² 하루살이 … 그래도 길바닥보단 낫잖아".

보건복지부. 2015. 「국민기초생활보장수급자현황」.

통계청. 2016. 「장래인구 특별추계 결과」.

11

'같이 살기'에서 '따로 살아가기'로

███ █████ ███ █████

김태란 | (재)부산인재평생교육진흥원 책임연구원

1. 달라지는 가족

가족은 재생산, 경제적 협력, 정서적 안정, 성적 통제 등의 기능을 포함하는 기초적 사회집단이며, 일반적으로 성인 남녀, 즉 부부와 자녀로 구성된다. 이러한 가족 구성은 사회 통념적으로 적용되어왔으며, 보편적인 가족상으로 인식되어오고 있다. 가족은 특히 '공동 거주', 즉 '집'이라는 울타리 속에 구성원들의 일상생활을 공유하고 정서적 유대감과 경제 협력, 권력 배분 등이 이루어진다.

하지만 산업화와 도시화로 인한 사회 여건의 변화에 따라 전통적인 가족이 아닌 다양한 형태의 가족이 등장하기 시작했다. 그중에서도 특징적인 것은 '공동 주거'를 수반하는 가족이 아닌 가족 구성원이 각각 살아가는 '따로 사는 가족'의 등장이다. 이는 1인 가구의 수가 급격히 증가한 것과 무관하지 않다. 2015년 1인 가구는 511만 가구다. 2014년에 비해 17만

252 일상과 주거

▌그림 11-1 연도별 가구 변화

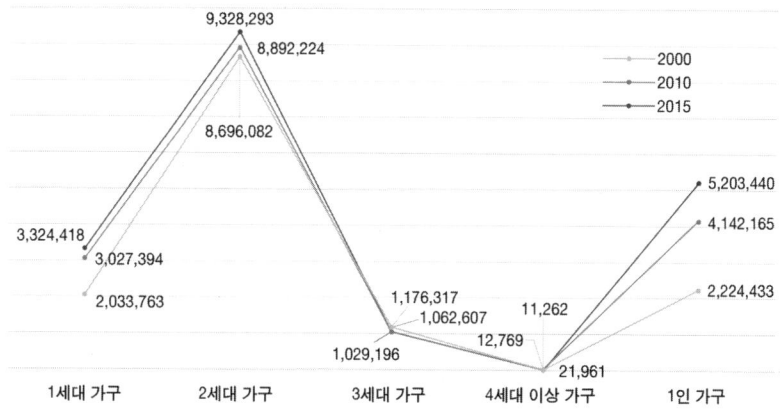

자료 : 통계청(2015).

가구가 늘었다. 1인 가구의 증가는 가족의 분화된 양상을 보여주는 하나의 지표가 될 수 있다. 한 집에 가족 구성원이 공동생활을 유지하는 것과 달리 1인 가구는 가족 구성원이 다양한 이유로 독립적·비독립적 혹은 자발적·비자발적으로 따로 나와 혼자 생활하는 것을 의미하기 때문이다.

이처럼 1인 가구의 급격한 증가는 '따로 사는 가족' 중 1인 생활자의 증가로 볼 수 있다. '따로 사는 가족'은 학술적 용어로 '분거 가족', '비동거 가족', '분산 가족' 등으로 불리며, 가족 구성원의 거주하는 곳이 국내인지 국외인지에 따라 가족의 별칭이 다양하게 부여된다. 일반적으로 국내에 거주하면서 부부가 각각 거주지를 분리해서 살아가는 '주말 가족(부부)'이 있으며, 남편은 국내에 있고 아내와 자녀는 해외에서 거주하는 '기러기 가족'이 있다. 가족 구성원이지만 독립적으로 생활하고 있는 1인 가구로 독신자 가족이 있다. 이러한 가족은 사회구조적으로 발생한 특수한 가족이자 불안정한 가족으로 인식되어오다가 최근에서 보편적 가족 형태로 서서히 인식되고 있다. 이러한 시점에서 '따로 사는 가족'의 주거 생활을 살펴보고 주거 공간의 변화를 포착해보는 것은 시의적절하다.

1) '따로 사는 가족'의 출현[1]

한국 사회에서의 '따로 사는 가족'은 시대별로 상이한 형태로 나타났는데, 처음 등장하게 된 것은 산업화가 시작된 1960년대 이후부터 이동 현상에 의한 직업의 변화가 가장 큰 이유였다. 1970년대에는 중동 지역으로의 해외 인력 수출이라는 사회적 흐름으로 인해 1년 이상 장기적으로 따로 사는 가족이 나타났다. 1980년대부터는 지방 산업의 활성화와 잦은 전근, 자녀 교육, 배우자의 취업 등 다양한 원인으로 새로운 가족 형태인 주말부부, 월말부부가 빈번하게 나타나기 시작했다. 이 시기의 주말부부의 특징은 지방 산업의 활성화 정책에 의해 중앙에서 지역으로 노동력 이동이 요구되어 거주지 이전이 불가피하나, 생활 터전을 결정하는 주요 요소인 교육·문화·행정이 수도권에 밀집되어 있어 취업한 가족 구성원만 직장을 따라 이동하는 형태를 보인다. 게다가 기혼 여성의 경제활동의 증가로 여성의 자아실현에 대한 이해가 높아지면서 주말부부에 대한 의식이 보편화되었다. 반면 외환위기 때는 부부가 동일한 지역에서 일자리 구하기가 어려운 상황이어서 주말부부를 선택하는 경우도 늘어났다.

1990년대 이후에는 세계화 추세로 영어 교육을 위해 가족을 해외 유학 보내고 경제 주체가 국내에 혼자 남아 있는 새로운 '따로 사는 가족' 형태가 나타났다. 한국에서는 이러한 가족 형태를 주로 '기러기 가족'이라고

---

[1] 1인 가구도 큰 틀에서 '따로 사는 가족'으로 포함되나 이 장에서는 전통적 가족 개념의 부부 + 자녀의 관점에서 '따로 사는 가족'인 주말부부, 기러기 가족의 위주로 출현 배경을 서술하고 1인 가구는 따로 장을 마련하여 설명하고자 한다.

지칭한다. 기러기 가족은 자녀의 교육 특히 영어 교육을 목적으로 어머니와 자녀가 함께 영어권 국가로 이주하여 살아가는 동안 아버지는 혼자서 본국에 머물면서 이들을 경제적으로 지원하는 특징(강유진, 2009)을 지닌다.

따로 사는 가족의 수를 통계적으로 보면 2006년 21.2%에서 2010년 15.1%, 2014년 18.7%로 점차 줄어들다가 다시 늘어나는 추세이다. 거주 지역에 따른 따로 사는 가족의 분포를 살펴보면 국내 거주이면서 따로 사는 가족은 조금씩 줄어들고 있지만, 국외에 거주하면서 따로 사는 가족은 2006년 8.3%에서 2010년 11.8%, 2014년 11.0%로 증가하다가 둔화되고 있다. 이는 기러기 가족의 점차적인 확산 이후 일정한 비율로 고착화되고 있는 현상을 보여준다.

가족이 따로 사는 이유는 무엇일까. 첫 번째로 직장의 위치가 55% 이상으로 과반수를 차지하고 있다. 다음으로 학업을 이유로 따로 사는 비율은 2006년 32.2%였지만, 2010년에는 38.5%로 점차적인 증가를 보이다가 2014년에는 30.7%로 감소하고 있다. 그 밖에 가족 간 불화, 건강상의 이유, 군대, 기타 등이다(통계청, 2006, 2010, 2014, 사회조사).

이처럼 가족이 따로 살아가게 되는 계기는 개인적인 선택, 즉 직장 생활의 유지나 경제적인 이유, 또는 자녀 학업, 육아, 군대 등의 이유이지만 때로는 사회구조적인 문제인 부분도 있다. 직주 근접의 생활양식에 기초한 농촌 생활에서는 가족이 따로 사는 경우가 드물지만, 근대사회로 접어들면서 산업화에 의해 직주 분리가 이루어지고 가족 구성원들이 직장이나 학교 등의 분화된 장소에서 개별적인 일상생활이 영위되는 상황에 직면했기 때문이다. 그리하여 산업 공간과 주거 공간의 분리가 교통의 발달로 인해 예전과 달리 개인의 공간적 구속에서 벗어나 '이동의 용이함'이 발생했으므로 공동 주거 생활에서 벗어나는 따로 사는 가족이 가능하

▮그림 11-2 소득별 따로 사는 가구 비율과 따로 사는 가구의 국내 거주, 국외 거주 비율

자료 : 통계청(2015).

게 된 것이다.

　이처럼 개인적인 이유이든 사회적·구조적 차원이던 간에 '따로 사는 가족' 역시도 경제 요소에 의해 분리되는 측면이 있다. 〈그림 11-2〉와 같이 가구의 월평균 소득에 의한 가구의 월평균 소득별 배우자 및 미혼 자녀가 따로 살고 있는 이유를 살펴보면 차이가 확연히 드러나는 것을 볼 수 있다. 월평균 소득에 따라 고소득일수록 가구주를 제외한 가족들이 국외에 거주하는 비율이 높다.

　따로 사는 이유 역시도 소득에 따라 달라진다. 가구의 월평균 소득이 100만 원 미만인 경우는 직장이 65.9%이고 학업이 17.3%이다. 이러한 수치는 소득이 올라갈수록 역전되는 현상을 보인다. 월평균 소득이 300만 원이 넘어가면 직장에 의한 분리 이유가 47.6%이고 학업에 의한 것이 49.6%로 역전하여 소득 600만 원 이상의 경우 학업에 의한 분리가 60.1%를 차지한다.

　이처럼 고소득 가구에서 드러나는 기러기 가족은 한국 특유의 교육열

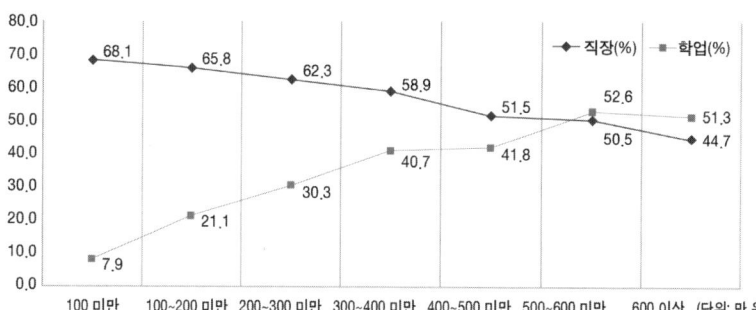

■ 그림 11-3 소득별 따로 거주하는 이유

자료 : 통계청(2015).

에 의해 발생했지만, 주말부부처럼 비자발적인 분리보다는 자발적 선택에 의해 결정되는 경향을 보인다. 기러기 가족은 표면적으로는 불합리한 한국 교육 환경에 대한 대응 전략이지만 그 이면에는 자녀를 해외에 유학을 보낼 수 있는 경제적 부가 수반되어야 함을 의미한다. 소득이 낮을수록 '따로 사는 가족'의 형태는 주말부부의 경향을 보이고 소득이 높을수록 기러기 가족이 되는 것으로 유추할 수 있다.

주말부부는 가족의 경제적 안정의 확보를 마련하기 위해 현재의 분리를 선택했다면 기러기 가족은 경제적 안정은 확보되어 있는 상태에서 자녀의 교육으로 분리를 선택하는 것이다.

2) '따로 사는 가족'의 거주 유형

'따로 사는 가족'은 개별적인 생활의 분리로 인해 같은 주거 공간을 공유하는 전통적인 가족과는 다른 양상을 보인다. '따로 사는 가족'의 가장 특징적인 가족인 주말부부와 기러기 가족을 중심으로 주거 유형을 파악했다.

'따로 사는 가족'의 거주 유형은 크게 '1인 생활자'와 '주 거주 생활자'로 구성된다. 이는 국내에서 따로 사는 가족인 주말부부나 국외에서 거주하는 기러기 가족이나 유사하게 적용된다.

국내에서 거주하는 '따로 사는 가족'인 주말부부는 크게 네 가지 유형으로 구분된다. 가장 다수를 차지하는 형태가 남편 방문형으로 아내와 자녀는 주 생활지에 거주하고 남편은 타 도시에 거주하다가 주말에 방문하는 유형이다. 이러한 유형에서 부부 상호 간의 직업의 우선순위와 직장의 위치에 따라 아내 방문형, 모자 방문형, 가족 전체가 따로 사는 형태인 가족 분산형으로 다양화된 모습으로 나타난다. 아내 방문형은 남편 방문형과 반대되는 형태로 남편과 자녀가 주 거주 생활자이고 아내가 방문하는 형태이다. 모자 방문형은 주 거주 생활자는 아내와 자녀이나 남편이 주 거주 생활 장소로 방문하는 것이 아니고 아내와 자녀가 1인 생활 주거 공간으로 방문하는 것이다. 가족 분산형은 가족 모두 개별적으로 생활하는 형태로 제도적으로는 가족의 형태를 유지하고 있지만 실질적인 생활의 측면에서는 1인 가구의 모습을 보인다.

반면 기러기 가족은 주된 형태가 주 거주 생활자가 국외에 있어 방문형이 아닌 1인 생활자의 국내 단독 거주로 남겨진다.

이러한 가족 구성원의 분리된 생활로 인해 다른 가족 구성원과는 다른 주거 공간 양식과 생활태도를 보이게 되는 것이다. 다음 장에서는 주말부부와 기러기 가족의 주거 생활을 살펴보려 한다. 관점을 가족 분류에 맞추어 주거 생활을 설명하기보다는 주말부부와 기러기 가족에서 특징적으로 드러나는 주 거주 생활자와 1인 생활자 관점에서 서술하고자 한다. 주말부부의 주거 생활을 주 거주 생활자로, 기러기가족은 1인생활자인 홀로된 기러기 아빠를 중심으로 한다. 이는 주말부부 역시 주 거주 생활자를 제외 1인 생활자인 남편의 주거 생활과 기러기 아빠가 생활하는 방

▌표 11-1 '따로 사는 가족'의 거주 유형

유형		가족 구성원 형태	거주 유형 특성
주말부부 (배우자 및 자녀 국내 거주)	남편 방문형	1인 생활자 (남편) + 주 거주 생활자 (아내+자녀)	• 남편이 주말마다 가족을 보기 위해 이동(자녀가 없는 경우 포함) • 남편의 거주지가 일정하지 않거나 직장이 지방인 경우 • 아내가 자녀 양육에 도움을 받을 수 있는 경우(시댁이나 친정 인접)로 자녀 양육은 주로 아내가 담당
	아내 방문형	1인 생활자 (아내) + 주 거주 생활자 (남편+자녀)	• 남편이 자녀와 함께 생활하고, 아내가 주말마다 가족을 보기 위해 이동하는 유형 • 시부모나 친정 부모가 자녀 양육을 담당하여 시간적 여유가 발생하는 경우 • 남편의 직장이 대도시이고 아내의 직장은 지방에 있을 때
	모자 방문형	1인 생활자 (남편) + 주 거주 생활자 (아내+자녀)	• 주말마다 아내가 자녀를 데리고 남편에게 이동하는 유형 • 아내의 직장 생활이 시간적 여유가 있는 경우 • 주 거주 생활자는 아내와 자녀가 동반하여 상주
	가족 분산형	1인 생활자 (남편) + 1인 생활자 (아내) + 1인 생활자 (자녀)	• 가족이 3곳 이상 분산되어 생활하는 유형 • 자녀를 맡길 곳이 마땅치 않아서 자녀를 분산시켜 양육 • 부부의 직장이 거리가 너무 멀어, 교통이 편리한 지역에 자녀를 맡기고, 주말에 만나는 것이 편리하기 때문
기러기 가족 (국외 거주)	단독 거주형	1인 생활자 (남편) + 주 거주 생활자 (아내+자녀)	• 남편은 국내에 거주하고 자녀와 아내는 외국에서 거주(소수로 아내가 국내에 남아 있고 자녀와 남편이 국외에 거주하는 경우도 있음)

자료: 곽인숙(2003) 재구성.

식과는 큰 차이가 나지 않으므로 가족이 있는 1인 생활자의 주거 문화를 본다는 점에서 설득력이 있다.

2. 아버지 부재의 주거 생활: 주말부부

주말부부의 개념은 서구에서는 '양 배우자의 직업적 성취를 위해 지리적으로 떨어져서 생활하며 일정 기간을 두고 만나는 맞벌이 주말부부'로 정의하고 있으며, 이러한 개념에 입각하여 '배우자 모두의 직업적 성취를 위해 다른 지역에 거주하면서 각자의 주거를 두고 일주일에 3일 이상 떨어져서 지내는 형태'로 보고 있다. 하지만 국내에서는 단순히 배우자 모두 직업적 성취를 위한 맞벌이 주말부부보다는, 전업주부라도 자녀 교육을 위해 주말부부 생활을 선택하는 경우를 포함하는 경우도 다수 존재하므로(김태현·박숙자, 1992) 다양한 요인을 포함하여 주말부부를 규정해야 한다. 주말부부는 '국내 취업으로 전근, 맞벌이, 자녀 교육 등의 이유로 부부가 지리적으로 떨어져서 거주하면서 일정한 기간을 주기로 하여(백지애·최수찬, 2006) 같이 살기와 따로 살기를 반복하는 가족 형태'를 지칭하기로 한다.

주말부부는 주 생활을 담당하는 주 거주 생활자와 개인적으로 생활하게 되는 1인 생활자로 구성되며, 1인 생활자는 주말을 이용해 주 거주생활자 공간으로 방문하여 간간이 같이 살기가 가능하다. 1인 생활자의 방문으로 전통적인 가족의 구성이 가능하기 때문에 주 거주 생활자의 공간은 전통적인 가족의 주거 공간과 유사한 형태의 주거에서 시작한다. 이러한 1인 생활자와 주 생활자의 관점에서 주거 공간을 바라보면 몇 가지 흥미로운 점을 발견할 수 있다.

우선 주말부부의 주거 공간을 살펴보면 가장 두드러진 특징으로 주거 공간의 과잉을 꼽을 수 있다. 1인 생활자와 주 거주 생활로 인해 두 개의 거주 공간이 필요할 수밖에 없다. 이러한 두 개의 거주 공간은 개인생활 공간의 확장의 측면이기도 하지만 생활이 유동적이라는 점에서 단지 거주 공간이 두 개로 중복되어 발생한다는 것이다.

하지만 주말부부가 두 개의 주거 공간을 갖는다는 것은 경제적인 어려움을 야기할 수 있는 요소가 되기 때문에 1인 생활자의 주거 공간을 축소하는 경향을 보인다. 1인 생활자의 주거 공간은 대체로 원룸이나 기숙 형태의 사택을 이용하지만 경제적으로 여력이 없는 경우는 쪽방을 전전하기도 한다. 이는 '거주의 이동성'을 전제한 채 살아가야 하기 때문에 안정적이고 정착화된 형태의 거주 생활이 어렵다. 주말부부의 1인 생활자는 1인 가구로서 독립적 성격이 부여되어야 하나 실질적으로는 부분적인 1인 생활과 가족 생활을 병행하기에 반 독립적인 생활에 갇히는 현상이 발생한다.

반면 주 거주 생활자의 경우 남편(아내)의 부재 속에서 자녀와 생활하는 경우가 많아 1인 생활자보다는 좀 더 일반적인 가족생활과 유사한 주거 생활이 어느 정도는 가능하다. 하지만 자녀 없이 남편과 아내가 각각 1인 생활자로 생활한다면 이들 역시도 안정적인 주거 생활이 어려울 수 있다.

우선은 자녀가 있는 주 거주 생활자를 대상으로 주거 공간을 살펴보면 전통적인 가족 생활자의 주거 공간과 차이가 발생하는 부분이 있다. 첫째, 전통적인 가족 생활자의 주거 공간에 비해 공간의 위계가 달라진다. 일반적인 주거 공간은 안방, 아이 방, 거실, 부엌으로 구성된다. 안방은 부부 침실로서 부부의 사적 공간이자 내부에서 가장 상위의 위계를 가지는 공간이며, 거실은 가족의 화합이나 만남의 결절점의 역할을 하는 곳이다. 하지만 남편의 부재로 인해 안방의 기능이 현저하게 약화되고 대부분의 공간이 자녀의 공간으로 확장 변형된다. 아내가 자녀와 함께 아이 방에서 자는 경우 안방은 창고로 전락하거나 자녀의 놀이방으로 변화된다. 안방이 가지는 내밀한 권력은 사라지고 자녀 공간과 비슷한 위계를 지니거나 오히려 자녀 공간보다 하위 공간으로 추락한다. 그리하여 보편적인 주거 공간의 중심성이 약화되고 유사한 힘을 지닌 수평적인 공간으로 변화된다. 주말에 1인 생활자가 방문한다고 해도 안방의 위계가 다시 세워지는 것이 아닌 임시적인 '아빠의 거주처'일 뿐이다.

둘째, 주 생활 거주자들은 단독주택보다는 여러 가지 이유에서 아파트를 선호하게 된다. 아파트라는 주택 유형은 비록 주거 문화를 획일화하는 부정적인 측면이 있지만 주 거주 생활자들은 안전성과 편리성 때문에 아파트를 선택한다. 주말부부에서 주 거주 생활자인 아내는 남편의 부재에 의한 가족 안전에 대한 불안감을 느끼기 때문에 안전성이 강화되어 있는 아파트를 선호한다. 또한 자녀 양육에서도 공동주택인 아파트에서 거주하는 것으로 도움을 받을 수 있다. 아파트는 유사한 계층이 입주하기 때문에 비슷한 연령대의 자녀에 대한 공감대 형성을 위한 모임이 가능해진다.

셋째, 소형의 주거 공간을 원한다. 전통적인 가족에 비해 적은 구성원으로 생활하기 때문에 주 거주 생활자가 관리하기 편한 소형 주거 공간을 선호한다. 일반적으로 아파트 100m² 정도의 규모는 방 세 개에 화장실 두 개, 거실, 부엌으로 구성되는데, 주 거주 생활자에게는 화장실 두 개조차 부담스럽다. 공간의 위계가 변형되면서 안방 화장실은 본연의 기능보다는 창고 등의 수납공간으로 이용된다. 일상생활의 가족 구성원이 2~3인에 불과하여 주거 공간이 너무 넓으면 내부 주거 공간의 과잉이 발생하기 때문이다. 또한 경제적인 이유에서 소형 주택이 관리비 등이 저렴하다는 측면도 있다.

넷째, 주 거주 생활자 중 단독 거주 생활이 어려울 경우, 특히 육아 문제로 인해 친정이나 시댁에서 공동생활을 하는 경향이 짙다. 주 거주 생활자가 남편인가 아내인가에 따라 친정이나 시댁에서 생활할지 결정되는데, 다수의 주 거주 생활자가 아내이므로 대체로 친정에서 생활하기를 선호한다. 육아에 대한 부담을 덜고 집안일이 대해 공동 분담이 가능하기 때문이다. 반면 남편의 경우 친정살이에 대해 '처가살이'라는 인식으로 불편함을 느끼거나 시댁 생활을 요구하는 등의 부부 갈등이 유발되기도 한다.

3. 혼자 남은 아버지의 주거: 기러기 가족

기러기 가족은 세계화의 흐름 속에서 나타난 것으로 '초국적 가족', '다국적 가족'(조은, 2004), '글로벌 가족', '장기 분거 가족', '국제적 비동거 가족'으로 불린다. 기러기 가족은 두 개 이상의 국가에 떨어져 지내며, 자원과 기회를 극대화하기 위한 유연한 형태의 가족 형태로 볼 수 있다. 하지만 기러기 가족은 자녀들의 영어권 교육과 경제적인 안정이라는 실용적인 면에서는 가족의 유연한 대처 기제로 평가되지만, 가족의 분거가 장기와 되는 것은 가족 구성원 개인의 삶과 가족 체계의 안정에 대해서는 불안한 요소를 지닌다(조은숙, 2010).

기러기 가족에 대한 다양한 논의들이 있는데 우선 기러기 가족을 선택하는 이유, 기러기 가족을 유지하면서 발생하는 기러기 아빠 혹은 기러기 엄마에 대한 생활적 측면에서 고민, 기러기 가족이 다시 결합했을 때와 재결합하지 못한 경우 등이다. 기러기 가족에 대한 연구들은 양적 연구는 부족한 편이고 대부분 질적 연구(최양숙, 2005; 김성숙, 2006; 강유진, 2009; 김양호·김태현, 2009; 조은숙, 2010)에 국한되어 있지만 세밀한 생활사를 파악해본다는 점에서 질적 연구의 가치가 있다. 이러한 연구들을 바탕으로 기러기 가족에 대한 주거 공간의 변화와 주거 공간 변화에 따른 단계별 인식을 탐색할 수 있다.

기러기 가족으로 생활하기로 선택한 후 혼자 남게 되는 1인 생활자는 거의 기러기 아빠이다. 기러기 아빠의 관점에서 주거 공간을 살펴보면 첫째, 1인 생활자의 거주 공간이 확장된다. 주말부부는 주거 생활이 분리되어 이중의 주거 공간이 탄생하는 것이라면, 기러기 가족은 주 생활 거주자가 국외에서 생활하기 때문에 국내에 이중의 주거 공간이 발생하지는 않는다. 그 대신 기러기 가족은 경제적 여건이 양호하기 때문에 이들의 주거 공간은 130~165m²의 규모인 경우가 많다. 문제는 남겨진 1인 생활자가 130m²의 주거 공간에 단독으로 생활한다는 점이다. 1인에게 필요한 주거 공간 규모는 30m² 정도에 불과하다. 그렇다면 4인 가족의 주거 공간 규모에서 남겨진 1인의 공간 인식은 달라질 수밖에 없다. 주거 공간의 과잉이다. 공간의 과잉은 1인에게는 거주 공간으로 인식되기보다는 빈 공간에 더욱 가깝다. 가족이 돌아올 것을 대비해 주거 공간의 규모를 줄일 수도 없기 때문에 그대로 살아가야 한다. 결국 1인이 주거하기에는 과잉된 공간이지만 심리적으로 움츠리며 생활하게 된다.

둘째, 1인 생활자는 분화된 가족 역할 속에서 벗어나 혼자서 모든 역할을 감당해야 한다. 특히 주말부부의 1인 생활자는 부분적으로 주 거주 생활자의 접촉으로 인해 관심과 관리를 받지만 기러기 가족의 1인 생활자는 훨씬 더 독립적인 생활을 요구받게 된다.

셋째, 규모가 큰 주거 공간이지만 1인 생활자가 생활하는 동안에는 내부의 공간 체계는 원룸과 같은 공간 위계를 가진다. 기능별로 분리된 주거 공간이 생활자에 맞는 기능을 하지 못하고 단지 잠을 자기 위한 공간이거나 전체 공간 중 일부분만 사용하게 되어 공간의 위계가 희미해진다.

마지막으로 기러기 가족이 따로 살다가 재결합하는 경우는 집의 대한 변동이 없지만 따로 사는 기간이 길어질수록 재정적 압박에 의해 집의 규모를 줄이게 된다. 큰 규모의 집이었지만 가족과의 추억과 다시 돌아올 수 있다는 기약으로 유지하다가 적정 시점이 지나면, 특히 유학비 마련 등 경제적 이유로 집의 규모를 축소하게 된다.

홀로 남은 기러기 아빠는 가족들에게 돈 있는 존재이자 가족을 위한 도구로 이해되는 경향이 있다. 기러기 가족이 되는 순간 기러기 아빠의 일상생활은 변화할 수밖에 없다. 기러기 아빠가 따로 살기 시작하고 나서는 독립생활에 대한 흥분과 가족이 없음으로 인한 허탈을 동시에 느끼게 된다. 소외감과 상실감, 혼자 사는 외로움 등의 문제에 부딪힌다. 가족 간에 배분되어 있던 역할 분담에 익숙해 있다가 단일 역할로 수행해야 하는 것에 기러기 아빠는 당황한다. 식사, 빨래 등 집안일에 대한 부담감과 함께 심리적인 허전함을 느낀다.

따로 사는 기간이 길어지면서 고독한 자유, 경제적 부담, 주변 관계망의 축소, 존재감 하락으로 방황의 시기를 거쳐 현재 자신의 삶을 수용하는 단계에 이르게 된다. 한국 사회에서 주변 관계망의 축소가 기러기 아빠에게는 고립감을 만드는 요인이 된다. "홀아비 집 앞은 길이 보얗고, 홀어미 집 앞은 큰길 난다"는 속담에서 보이듯이 홀아비를 찾는 사람은 적지만 홀어미는 많은 사람들이 찾아든다는 것이다. 아내가 부재한 상황에서 한국 사회에서 친족관계의 유지는 기대하기 어렵다.

점차 기러기 생활에 조금씩 익숙해지면 가족 없는 공간을 채우기 위해 의식적으로 몰두할 대상을 찾거나 운동 등의 취미활동을 하기도 한다. 주변 관계에서 가족을 대체할 만한 관계를 형성하거나, 가족을 생각하면서 시간을 보내려고 노력한다. 따로 사는 기간이 길어지면 기러기 아빠는 독립생활에 익숙해져 막상 가족이 오는 것에 대한 불안감 또는 오지 않는 것에 대한 불안감으로 양면성이 발생한다. 장기화될수록 가족 간의 거리감이 심화되고 가족 재결합에 대한 불안도 느낀다.

가족 간의 거리감을 좁히기 위해서는 가족과의 만남이 중요하다. 가족의 유대감을 유지하기 위한 장치로서 가족과의 만남이 충족되어야 하고 만남의 횟수에 따라 가족 간의 관계 유지 또는 단절이 진행된다. 하지만 해외 가족과 만남이 가능하려면 기본적으로 경제력이 요구되며, 이러한 경제적 상황에 빗댄 기러기 아빠와 관련된 신조어들도 등장했다. 아빠들의 경제력 능력에 따라 독수리 아빠, 기러기 아빠, 펭귄 아빠, 제비 아빠로 불린다. 독수리 아빠는 미국이나 캐나다 등 물가나 학비가 비싼 곳에 아내와 자녀를 보내놓고 가족이 보고 싶을 때 언제든지 날아갈 수 있는 아빠를 말한다. 기러기 아빠는 가족을 보고 싶은 마음을 참고 있다가 여름휴가나 연말연시에 한 번 정도 철새인 기러기처럼 가족을 만나러 가는 아빠이다. 반면 펭귄 아빠는 날개가 있어도 날지 못하는 펭귄처럼 아내와 아이들이 돌아올 때까지 한 번도 비행기를 타보지 못하고 참고 기다릴 수밖에 없는 처지의 아빠를 빗대어 이르는 말이다. 최근에 생긴 말로 제비 아빠와 국내산 기러기 아빠가 있다. 제비 아빠는 자녀를 해외에 보낼 처지는 못 되고 대신에 아이를 '강남'으로 유학 보낸 아빠를 말한다. 가깝게는 아빠는 목동에 살면서 자녀와 아내는 강남에 사는 서울 제비 아빠도 있다. 국내산 기러기 아빠는 자식의 사교육비를 벌기 위해 아내가 늦게까지 일하는 경우의 아빠이다. 아이들은 새벽 1시가 넘어 집에 들어오고 아내는 식당일이나 입주 가정부 같은 일을 하기 때문에 집에 '거주'하고 있지만 '대화'는 불가능한 가족으로, 물리적 거리는 가깝지만 마음은 멀어지는 기러기 가족이다.

기러기 아빠의 생활상과 더불어 기러기 가족의 관계는 따로 사는 기간이 단기간일 경우 재결합 시 가족 간의 회복이 어느 정도 이루어지지만, 따로 사는 기간이 장기화될 경우 가족 간의 정서적 단절을 가져와 가족 해체로 이어질 가능성이 있다. 특히 기러기 가족을 선택한 표면적 이유는 자녀 교육을 위해서라지만 이면에 고부 갈등 및 부부 갈등이 깔려 있는 경우는 종종 이혼으로 이어진다. 갈등의 해소 노력은 가족 간의 직접적 소통이 필요한데 소통이 어려운 상황이므로 관계의 진척에 한계가 발생하기 때문이다. 이혼이라는 상황까지 가지 않더라도 기러기 가족에서 부부관계는 부부 상호 간에 관심 상실이나 애정 감소 등을 가져와 친밀성 부재에 이르기 때문에 상호 합리화(뭐 무슨 일이 나겠어, 그냥 계속해왔으니까, 믿으니까)를 가장한 채 제도적인 관계 유지만을 하기도 한다. 이러한 불안정한 가족관계에서 주거 공간은 감정적인 부분은 점차 사라지고 기능적인 부분만 남게 된다.

4. 혼자 사는 이들의 주거: 1인 가구

전체 가구에서 차지하는 1인 가구의 비중은 1990년 9%에 불과했지만, 2000년 15.5%, 2010년 23.9%로 높아졌고, 2015년 26.5%, 2030년에는 32.7%에 이를 것이라는 전망이다(통계청, 2015). 1인 가구의 증가[2]는 젊

---

[2] 1인 가구의 확대로 인해 새로운 신조어들이 생겨나고 있다. 첫째, 혼자 살지만 잘 먹고 잘살 수 있다는 혼밥족·혼술족(혼자 밥/술 먹는 사람), 둘째, 따로 또 같이 나누며 사는 킨포크족(낯선 사람과 함께 음식을 나누어 먹는 1인 가구), 네오싱글족(탄탄한 경제력과 디지털 활용 능력을 바탕으로 독신 문화를 즐기는 사람들)이다. 셋째, 나를 위해 투자하는 포미족[FOR ME란 건강(For health), 1인(One), 여가(Re-

은 세대의 결혼관 변화에 따른 비혼과 만혼의 증가, 한국의 교육 환경에 기인한 기러기 가족의 증가, 이혼·별거, 경제적 빈곤함 등 다양한 요인의 결과로서 해체된 가족들, 그리고 고령화 진전에 따른 노인 독신가구의 증가 등 여러 인구 사회적 요인과 맞물려 있다(변미리, 2011).

1인 가구의 연령대별로 살펴보면 20~30대, 40~50대는 남성이 많으나 60대가 넘어가면서부터 여성 1인 가구가 더 많다. 남자보다 여성의 평균 수명이 더 긴 것과 고령화가 맞물린 결과이다. 이러한 1인 가구는 연령대와 경제력에 따라 유형화가 가능하며 유형에 따라 다른 생활양식과 주거 공간을 보인다.

1인 가구의 유형은 연령 및 경제력에 따라 산업예비군, 불안한 독신자, 골드미스·미스터, 실버세대로 나눌 수 있다(변미리, 2011). 카를 마르크스(Karl Marx)는 자본주의 특유의 실업 형태를 상대적 과잉 인구 또는 산업예비군이라 불렀다. 지금 이 시대의 산업예비군은 대학가와 고시촌에 거주하고 있는 20대 중심의 집단으로 대학생을 포함한 아직 직업을 구하지 못한 청년 실업자들이거나 기존의 취업 시장에서 후퇴하여 새로운 직업을 모색하는 계층이다.

우선 산업예비군의 대표적 계층인 대학생 1인 가구의 주거 유형은 대학 기숙사, 하숙, 자취, 고시원, 오피스텔 등이 있다(한지희·윤정숙, 2011: 95). 대학 기숙사는 개인 취사 불가 및 외부인 금지 등 개인 주거 생활의 제약이 발생하는 구조이다. 하숙은 일반적으로 가정집에 생활하면서 욕

---

creation), 편의(More convenient), 고가(Expensive)의 알파벳을 따서 만든 신조어로 스스로 가치를 두는 제품이 다소 비싼 가격이더라도 과감히 소비하는 사람들], 어번그래니족('도시의'라는 뜻의 urban과 '할머니'라는 뜻의 granny의 합성어로 경제적 기반과 시간적 여유를 갖춘 50~60대 여성으로 외모, 건강 등 자신을 위해 투자하는 것에 시간과 돈을 아끼지 않는 사람)이 있다.

실과 부엌을 공동으로 사용하고 식사는 주인집에서 제공하여 하숙생들과 같이 식사를 한다. 대학 기숙사에 비해 생활의 제약은 약한 편이지만, 단독으로 생활하는 것보다는 공동 식사나 집의 출입에 관한 규칙 등 생활 방식에 규칙이 부여된다. 일반적으로 자취 생활을 한다고 하면 그에 따른 주거 공간은 원룸이나 오피스텔, 넓게는 고시원까지 포함된다. 오피스텔의 경우 건축 목적이 업무용 공간이나 주거용으로 사용되는 경우가 많으며, 원룸과 비슷한 주거 문화를 보인다. 원룸과 오피스텔은 세탁기, TV, 냉장고 등 빌트인 가전제품이 제공되므로 일정 부분 편리한 생활이 가능하다. 또한 개인생활이 보장되고 자유로운 생활이 가능하다. 단 가족에게서 제공받던 다양한 집안일, 즉 빨래, 식사, 청소 등은 오롯이 본인의 몫이 된다.

반면 대학을 졸업 후 안정된 직장을 가지지 못한 산업예비군 계층은 안전하고 편리한 주거를 원하지만 경제적 생활의 어려움으로 인해 저렴한 원룸이나 고시촌을 전전한다. 식생활 역시도 학교 식당을 이용하거나 고시촌에서 제공하는 밥으로 약간의 찬만 준비해서 해결한다. 또는 고시촌 주변에 형성된 저렴한 식당을 이용한다. 개인 생활을 위한 화장실 및 욕실은 사치이며 공동 화장실과 욕실, 공동 식당을 이용하고 오직 잠만 개인적으로 가능한 것이다. 산업예비군 계층은 취업·주거·경제 불안에 떨며 의식주만 겨우 해결하는 빈곤층이 흔하다.

골드미스·미스터라고 불리는 '골드세대'는 전문직, 화이트칼라 중심의 30~40대로 새로운 가치와 도시 문화의 형성에 일조하는 소비 시장의 매력적인 구매 계층이다. 이들은 개인적인 삶을 추구하고 사회적으로 성공 및 명예를 중요시 여기며, 결혼이라는 가치관에서도 자유롭다. 그리하여 골드미스·미스터의 라이프스타일은 전통적인 가족에서 드러나는 생활상과는 사뭇 다르다.

1. 개인주의,
   개성과 다양성 존중
2. 여성 경제활동 참가율 증가
3. 가부장적 가치 완화,
   긍정적 싱글 이미지

1. 대가족제 약화
2. 경제 능력 낮음 실버 세대
3. 고령화 사회의 중심

1. 3D 업종 기피,
   풍요롭게 성장
2. 청년실업 산업예비군
   대학가 유형
3. 사회에 적응 못하고
   부유할 가능성

1. 가족 가치 약화
2. 중장년 실업
3. 기러기 아빠, 이혼율 증가

1. 가치관
2. 경제 환경
3. 사회문화적 환경

골드 그룹 역세권 유형 대학가 유형 골드미스·미스터 1인 가구 유형 실버 세대 다가구 다세대 고시촌 유형 불안한 독신자

자료 : 변미리(2011) 재구성.

특히 싱글족 산업 규모가 2004년 6조 원에서 2010년 8조 원 이상으로 증가(삼성경제연구소, 2013)하고 있는 추세이다. 골드세대의 생활 패턴에 의해 성장하는 산업은 장보기, 간식 배달, 병원 줄서기, 가구 옮겨주기 등 서비스 대행업이 성업하고 있다. 할인점이나 대규모 쇼핑센터에서 판매하는 대량 포장 상품 대신 소포장 상품이 인기를 끌고 대용량 가전제품 대신 소형 가전제품이 불티나게 팔리는 등 구매 패턴이 변화되고 있다. 또한 이들은 혈연 중심의 가족 개념을 대체할 인적 네트워크 구축을 위해 온라인 공간을 이용하고 애완동물에 대한 소비도 높다. 이러한 삶을 유지하기 위한 이들이 선택하는 주거 유형은 도심 접근성이 높고 교통이 편리하고 직장 근처의 안전한 오피스텔이나 중소형 아파트를 선택한다. 이들은 새로운 주거 시장의 주도 계층이 되고 있다.

불안한 독신자 계층은 30대 후반과 40~50대에 광범위하게 분포하는 독신자들을 의미한다. 이들은 이혼율의 상승, 기러기 가족, 불안한 주말부부, 중년 실업 등의 원인으로 형성된 계층으로 골드미스·미스터에 비해 불안한 1인 가구의 생활을 하고 있다. 안정된 경제력이 뒷받침되지 않기 때문에 주택담보대출에서도 차별을 당한다. 또한 국민주택기금 전세자금대출은 6개월 무주택 세대주이거나 단독 세대주일 경우 만 35세 이상이어야 가능하다. 단독 세대인 1인 가구는 만 35세가 되기 전에는 전세 대출조차 어렵다. 결혼을 하거나 미성년자 형제나 혹은 노부모를 부양해야 대출이 가능한 것이다. 이러한 점은 1인 가구의 소득의 경제적인 문제도 있지만 미혼의 1인 가구이기 때문에 발생하는 것이다. 때로는 원룸조차도 구하기 힘들어서 고시촌을 전전하거나 극단적으로 쪽방 생활도 감수한다.

독거노인으로 대변되는 고령자 1인 가구 역시도 경제력으로 인해 생활 방식이 달라진다. 안정된 소득이 있는 경우 생활에 대한 부담이 덜하고 안정된 삶을 꾸려나갈 수 있다. 실버타운 등의 이용이 가능하므로 생의 마지막까지 보살핌을 받을 수 있다. 이러한 안정적인 실버세대가 있는 반면에 열악한 삶을 살아가는 독거노인도 있다. 저렴한 다세대·다가구 주택을 이용하고 기름이 없어 냉방 생활을 하거나, 무료 급식소를 이용하기 위한 노력을 마다하지 않는다.

통계청(2014)에 따르면 1인 가구의 연평균 소득은 1708만 원이지만, 소득 하위 20%인 1분위 가구의 소득은 679만 원으로 상위 20%인 5분위 가구(9153만 원)의 7.4%에 불과하다. 1인 가구의 46.3%는 연소득이 1000만 원도 안 되며, 1인 가구의 빈곤율은 49.6%로 4인 가구(9%)의 5.5배 수준이다. 1인 가구의 연평균 소비지출액은 960만 원으로 그중 식료품비(31.5%)가 가장 많이 차지하지만 가구 유형별로 소비 패턴은 상당히 다르다. 30대 이하의 독신 여성은 자신을 가꾸는 데 돈을 아끼지 않는다. 옷을 사는 데 쓰는 돈이 월평균 15만 7000원으로, 같은 연령대인 2인 가구의 1인당 소비액(9만 5000원)보다 65.3% 많았다. 70세 이상의 1인 가구에서는 병원비 지출액이 2인 가구에 비해 20.0% 많았다. 집에서 간병해 줄 배우자나 자녀가 없어 병원 치료에 의존할 수밖에 없는 슬픈 현실이 반영된 결과다(《서울신문》, 2014.7.5). 소득 차이에 따라 1인 가구가 거주하는 주거지역도 달라지게 마련이다. 골드세대(골드싱글족)가 거주하는 지역은 강한 소비력을 바탕으로 새로운 소비 산업 및 문화 산업의 발전을 가져오지만 독거노인이 거주하는 지역은 쇠퇴하고 낙후된 곳으로 낙인찍힌다. 실버세대가 주로 생활하는 지역은 경제적으로 비활성화된 곳이지만 노인요양병원은 급증한다. 1인 가구의 유형이 어디에 거주하는가에 따라 개인적인 주거 공간과 더불어 주거지역의 환경까지 달라지는 양상을 보인다.

반면에 1인 가구가 증가하면서 새로운 주거 형태로서 공동체 주택이 주목받고 있다. 최근 증가하고 있는 셰어하우스, 코하우징3) 등을 '공동체 주택'으로 명명하고 있다. SH공사는 공동체 주택에 대한 정의를 '공통 목적을 가진 시민들 스스로 주택을 계획하고 거주하고 공유하며 함께 사회 문제를 해결할 수 있도록 지원하는 주거 모델'로 설명했다. 반면 서울시는 '공동체 주택 보급·확산 종합 계획'을 통해 개별적인 가정생활을 독립적으로 유지할 수 있는 단위 주택에 거주자들이 함께 사용하는 커뮤니티 공간 등의 시설을 추가한 주택을 공동체 주택으로 정의했다. 전자는 사회적 측면을 강조하고, 후자는 물리적 측면을 강조하고 있으나 공동체 주택은 '시민들이 함께 거주하면서 공동으로 생활 문제를 해결하는 주거 모델로서, 공동체 형성을 위한 커뮤니티 공간을 갖춘 주택'이라고 할 수 있다.

---

3) 서울연구원에 따르면 셰어하우스는 둘 이상의 사람들이 하나의 주택을 공유하는 주거 형태다. 일반적으로 거주자는 자신의 개인 침실을 사용하고 주택의 나머지 부분은 공유한다. 코하우징은 가구별로 독립적인 주거 공간을 갖추고 있으면서도 가구들 간의 교류가 이루어질 수 있는 실내·외 커뮤니티 공간이 설치된 주거 형태를 가리킨다.

다양한 계층을 아우르고 있는 1인 가구는 이제는 보편적인 가구의 유형으로 인정받고 있다. 이러한 독신자 가족은 전통적인 가족의 의미로 정의하기에는 한계가 있다. 생활양식도 다양한 1인 가구는 사회에 전반적으로 많은 영향을 끼치고 있다. 이들을 위해서 보편적인 가족 관점에서 제시되어온 획일적인 주거 시설에서 벗어난 다양한 주거 공간이 필요하다.

5. 달라진 가족, 달라진 주거 문화

한국 사회의 전통적인 가족 개념은 공동 거주를 목적으로 결혼을 통한 혈연 자녀 혹은 비혈연 자녀로 구성하고 있으며, 가족의 유대감 형성 및 공동의 가치를 유지하고자 하는 노력을 함께하는 집단이다. 구성의 측면에서는 다양한 가족 유형이 발생하고 있는 시점이며, 가족의 기능적 측면에서도 예전과 같은 가족 간의 친밀성 및 정서적 안정감의 부재에 대한 논란이 지속되고 있다. 같이 생활하는 가족은 생활의 공유라는 측면과 일대일 대면 관계가 유지되기에 가족의 유대감을 위한 노력이 용이하다.

서유럽 국가에서는 '혈연' 또는 '결혼'이라는 제도에 기초한 가족에 대한 전통적인 정의를 거부하려는 움직임이 엿보이고 있다. 한 예로 독일에서는 가족이라는 용어를 '거주 유형' 혹은 '거주 형태'로 대체하자는 주장이 제기되고 있다. 이는 친밀감, 신뢰, 상호 의무, 일정 기간 이상의 지속성에 근거한 모든 관계를 포함하는 것으로 정의된다(Ostner, 2001; 김두섭·김정석·송유진 외, 2005 재인용). 서구는 혈연을 벗어나 비혈연의 구성원들이 일정 기간의 공동 주거를 통한 생활의 공유로 상호 간의 친밀성과 신뢰 등을 확보하는 경우를 가족의 범주로 포함하려 한다. 혈연의 가치보다는 관계를 유지할 수 있는 거주가 중요함을 의미하는 것이다. 이러한 관점에서 볼 때, '따로 사는 가족'을 가족으로 규정하기에는 한계가 있다.

'따로 사는 가족'은 혈연이라는 테두리를 가지고 있지만 일상생활에서의 상호 교류는 부재한 상태이다. 개인적 선택이든 사회구조적 문제에 위한 내몰림이든 '따로 사는 가족'은 사회를 일정 부분 파편화하는 한 축이며, 부정적으로 가족 해체의 시발점이 되기도 한다. '따로 사는 가족'은 공동의 주거 생활을 하지 못함으로써 일상적 교류가 단절되어 있으며, 소통의 부재로 인한 정서적 불안감을 느끼고 있다. 또한 따로 살아가기 때문에 가족 구성원이 생활하는 주거 공간의 과잉 및 주택의 부족을 초래한다. 이러한 문제의 발생은 사회적·공간적으로 손실이며, 사회의 기본 단위인 가족의 붕괴를 초래하기도 한다.

반면 '따로 사는 가족'으로 인한 다양한 산업이 발달하기도 한다. '따로 사는 가족'에서 파생된 1인 가구는 급속도로 늘어가고 있는 추세로, 1인 가구에 맞추어진 산업들이 등장하고 있다. 소형 가전제품의 판매 급등, 소량 조리식품 판매, 1인 식사가 가능한 음식점, 소규모 도시형 생활주택 등 산업의 발달로 1인 가구의 생활이 편리하게 되는 시스템이 만들어지고 있다. 하지만 이러한 시스템은 생활의 편리함은 줄 수 있을지 몰라도 사람의 교류에서 만들어지는 '관계를 통한 정서적 감정'을 만들어줄 수는 없다. 혼밥과 혼술 등의 신조어의 등장 역시 결국 사람과 사람의 관계가 약화되는 이면을 드러낸다. 이러한 현상에 반하여 공동 밥상, 공동체 주택 등이 부상하고 있다. 사람은 사람과 부대낌을 원한다.

이처럼 주말부부·기러기 가족·1인 가구 등의 '따로 사는 가족'은 가족의 붕괴보다는 유지를 원한다. 가족이 형성되어 있는 경우는 가족을 유지하기 위한 방편으로, 1인 가구의 사람들은 가족과의 관계와 같은 유사한 감정을 느끼기 위한 장치가 필요하다. 가족이 가지는 가장 기본적인 요소로서 '일대면의 접촉 관계', '일상생활의 공유', '공동 주거 생활'은 여전히 중요하다. '따로 사는 가족'들이 점차 증가하고 있는 이러한 시점에서 한국의 주거 문화는 어떤 방향으로 나아갈까.

참 고 문 헌

단행본

박숙자. 1991「현대가족과 사회」.『직업과 가족』. 한국가족학회 엮음. 교육과학사.

논문

강유진. 2009.「기러기가족의 초국적 적응전략 및 가족 경로」. ≪한국지역사회생활과학회지≫, 20권 2호.

김두섭·김정석·송유진·최양숙. 2005.「가족구조와 관계의 변화전망」. 정보통신정책연구원.

김선미. 2007.「재미 국제 장기 분거가족 전업주부의 일상적 삶과 정체성 유지에 관한 연구: '기러기엄마' 되기 과정」. ≪한국가족자원경영학회지(한국가족자원경영학회)≫, 11권 4호.

김성숙. 2007.「기러기아빠의 생활 변화와 적응 문제」. ≪한국가정관리학회지≫, 24권 1호(통권 제79호).

김주현·송민경·이현주. 2010.「기러기 아빠의 분거가족 결정과 유지경험에 관한 연구」. ≪사회복지연구≫.

백지애·최수찬. 2006.「남성 주말부부 근로자의 가족역할갈등과 직무만족간의 관계에서 스트레스의 매개효과에 관한 연구」. ≪한국심리학회지 산업 및 조직≫.

변미리. 2011.「기획특집: 1인 가구 증가와 도시정책 수요」. ≪도시문제≫.

이명숙. 2007.「가족학 분야 연구 고찰. 한국가정관리학회」. ≪한국가정관리학회지≫, 창립30주년기념 특별호(통권 87호).

조은숙. 2010. 「기러기 가족의 분거와 순차적 이민을 통한 재결합 과정에서 나타나는 가족관계의 변화 연구」. ≪한국가족관계학회지≫.

최양숙. 2005. 「조기유학 가족 그리고 기러기 아빠」. ≪한국학술정보≫.

한경혜·이정화·진미정. 2009. 「한국 가족의 변화와 아동의 삶의 질」. ≪아동학회지≫.

신문·잡지·방송·인터넷 및 기타 자료

≪서울신문≫. 2014.7.5. "[커버스토리] 당당한 '골드미스' … 괴로운 독거노인".

삼성경제연구소. 2013. 「인구와 가계 통계로 본 1인 가구의 특징과 시사점」.

통계청. 2015. 「인구주택총조사」.

_____. 2006. 「사회조사」.

_____. 2010. 「사회조사」.

_____. 2014. 「사회조사」.

_____. 2015. 「사회조사」.

남과 함께: 떼로 같이 살기

이일래 | 부산대학교 사회학과 강사

1. 임과 함께 사는 집

멋쟁이 높은 빌딩 으스대지만 / 유행 따라 사는 것도 제 멋이지만 // 반딧불 초가집도 님과 함께면 / 나는 좋아 나는 좋아 님과 함께면 // 님과 함께 같이 산다면

1972년에 발매되어 큰 인기를 얻은 남진의 「님과 함께」의 노랫말이다. 행복은 크고 멋진 집에서 사는 데 있지 않고, 사랑하는 사람과 같이 사는 데 있다는 건전한(?) 메시지를 담고 있다. 그러나 흘러간 유행가를 끄집어내는 까닭은 이런 소박한 꿈을 조롱하는 오늘날의 세태를 꼬집으려고 함은 아니다. 사람들은 집에서 같이 살 사람을 임, 즉 사랑하는 사람, 사랑하는 가족이라고 생각한다. 그러나 한편 오늘날에는 가족이 아니라 타인들과 같은 집에서 살고 있는 사람들도 많다.

사랑, 따뜻함, 단란함, 휴식, 내밀함 등 오늘날 우리가 '집' 하면 떠올리게 되는 생각과 느낌은 근대사회에 오면서 확립되었다. 근대 이전, 농사를 중심으로 해서 살아가던 사회에서 가족은 생활 집단이기도 했지만, 일을 같이 하는 생산 집단이기도 했다. 또한 가족의 공간 역시 일상생활이 이루어지는 가정이면서 일을 하는 직장이었다. 산업화가 이루어지면서 사람들은 가족이 아니라 회사라는 조직에서 일을 하게 되었고, 집을 떠나 직장이라는 공간에서 노동을 하게 되었다. 즉, 산업사회가 되면서 가정과 직장은 분리되었고, '경제활동으로부터 분리된 영역으로서의 가정'이라는 관념이 출현했으며, 가정은 사적인 친밀성의 공간이 되었다. 이제 가정이라는 주거 공간은 가족이라는 집단이 사적인 생활을 영위하는 곳을 의미하게 되었다.

전통사회에서 천재지변이나 전란 등을 제외하면 사람들의 이동은 제한적이었다. 대다수의 평범한 사람들은 자신이 태어난 가족이나 마을 같은 공동체를 평생 떠나지 않고 머물러 살았다. 그러나 근대사회에 오면서 사람들은 학교를 다니기 위해, 군대와 같은 국가적 의무를 수행하기 위해, 직장을 얻기 위해 자신이 태어나서 살던 가족과 고향의 품을 떠나서 생활하게 되었다. 이러한 변화 때문에 가족은 모든 핏줄이 가급적 한 집 또는 한 지역에 모여 살던 확대가족에서 핵가족으로 변모하게 되었다. 가족은 같은 곳에서 같은 일을 하면서 살지 않게 되었고, 자녀 세대는 성장하면 자신만의 일을 좀 더 원활하게 수행하기 위해서 분가하는 것이 자연스러운 현상이 되었다.

그러나 분가를 통해 자신만의 가정을 꾸리는 것은 흔히 결혼하면서 이루어진다. 따라서 필요에 의해 따로 떨어져 나와 살아야 하지만 아직 미혼인 사람은 가정을 새로이 꾸리기보다는, 보통의 가족 주거와는 다른 주거 방식을 추구하곤 한다. 자취방이나 오늘날 급격히 늘어나고 있는 원룸처럼 나 혼자만의 사적인 주거 공간을 꾸리기도 하지만, 기숙사나 군대 내무반 같이 비슷한 처지에 놓인 사람들과 집단적으로 주거하기도 한다. 즉, 근대인들은 사랑하는 임이 아니라 생판 모르던 남들과 단체를 이루어 살아야 하는 경우도 많다.

2. 근대적 주거로서 단체 주거

인간은 혼자서 살 수 없다. 사회적 존재로서 인간은 집단 속에서 집단을 만들어서 살아간다. 미국의 사회학자 찰스 쿨리(Charles H. Cooley)는 사회집단을 그 속에서 살아가는 사람들이 맺는 인간관계를 기준으로 일차집단과 이차집단으로 나누었다.

일차집단은 친밀하고 대면적인 접촉과 협동을 토대로 자연스럽게 형성된 집단이다. 일차집단 속에서 성원들이 맺고 있는 관계를 일차적 관계라고 하는데, 이는 서로 감추거나 부끄러워하는 것 없이 모든 것을 드러내 보이고 모든 것을 공유하는 전인격적(全人格的) 관계이다. 이러한 관계에서는 친밀한 우애와 자연스러운 감정의 표출이 가능하며, 의사소통도 심층적으로 이루어진다. 일차적 관계에서 관계의 목적은 관계 바깥에 있는 것이 아니라, 관계 그 자체이며 사람들은 관계 맺음에서 만족을 얻는다. 일차집단의 가장 대표적인 예가 바로 가족이다.

그러나 현대사회에서 일차집단은 점점 쇠퇴하고 약화되는 반면, 이차집단이 점차 늘어나고 지배적으로 되어간다. 이차집단은 일차집단과 반대되는데, 특정 목적을 가진 사람들이 그 목표 달성을 위해서 의식적으로 만든 집단을 말한다. 이차집단에서 사람들이 맺고 있는 관계를 이차관계라고 하는데, 목적적·인위적·사무적인 특성을 지닌다. 이차관계는 친밀성이 없고 감정이 통제되며 피상적이다. 따라서 깊은 인간적인 유대관계를 맺기 어려우며, 관계도 타인과 부분적으로 맺을 뿐이다. 이차적 관계의 목적은 관계 내부에 있는 것이 아니라 외부에 있으며, 관계는 목적을 달성하기 위한 수단에 불과하다. 회사, 학교 등 현대사회의 공식화된 조직이 여기에 해당한다.

가족과의 주거 형태인 가정이 일차집단으로 이루어지는 주거라면, 이 글에서 다루려는 단체 주거는 이차집단으로 구성되는 주거를 말한다. 주거에는 그 집단과 관계의 특성이 반영되어 나타난다. 즉, 일차집단의 주거에서는 주거의 목적과 공간 구성 그리고 주거 생활의 원리가 그 주거 속에서 영위되는 삶과 관계 그 자체를 위해 나타난다면, 이차집단의 주거에서는 주거 생활 외부에 그 목적이 있으며, 이를 달성하기 위해 공간이 구성되고 생활 원리가 만들어진다.

이차집단이 확산되고 지배적으로 되는 것이 근대사회의 특징 중 하나라고 한다면, 사람들이 이차집단의 구성원으로서 단체적으로 주거 생활을 해나가는 것을 근대적 주거의 한 형태로 볼 수 있다.

앞서 보았듯이 산업화가 진행되면서 많은 사람들이 일자리를 얻기 위해 가족을 떠나 생활하게 되었다. 하지만 산업화 초창기에는 대부분의 고용주들은 노동자에게 숙소를 제공하지 않았다. 따라서 한꺼번에 많은 인구가 몰려든 도시에서 주거문제는 이전 사회에서는 볼 수 없었던 새로운 사회문제이자 주요한 문제로 떠올랐다. 주거 공간의 부족과 함께 발생하는 주거 환경의 열악함은 프리드리히 엥겔스(Friedrich Engels)의 『영국 노동자 계급의 상태』에서도 잘 드러나 있다.

우리가 밤중에 방문한 어떤 숙소에서 마루 위에 사람들이 겹쳐서 누워 있는 것을 보았는데 그 수는 15~20명이었으며, 일부는 옷을 입고 있었지만 여타 사람들은 옷도 입지 않고 있었으며 남자와 여자가 서로 뒤섞여 자고 있었다. 그들의 침대는 곰팡이가 핀 짚과 누더기를 섞어 만든 것이었다. 거기에는 아무런 가재도구도 없었으며 이러한 동굴 같은 곳에 사람이 산다는 느낌을 주는 유일한 것은 난롯불이었다(Engels, 1988: 73).

심각한 주거문제를 해결하기 위하여 자선단체들은 공동 주택을 건설하여 대처하고자 했다. 그러나 제한된 재정으로 인해 당시에는 부양 가족이 있는 노동자 가족을 위한 복합 주택보다는 미혼 노동자용 기숙사가 주로 건설되었다(쉐나우어, 2004: 351~352). 한국에서도 마찬가지로 일제 강점기에 산업화와 더불어 공장 기숙사들이 건립되었다. 특히 제사나 방직 등 노동 집약적인 경공업에서는 노동력의 확보와 통제를 위해 의무적인 기숙사 제도를 운영했다. 이런 공장에서 일하게 된 노동자들은 전근대적인 윤리와 생활 방식이 남아 있던 농촌과 가족으로부터 떨어져 기숙사 생활을 하게 되면서 근대적 노동 윤리와 생활 방식으로 편입되었다(윤정란, 2006: 41~42).

단체 주거의 경험은 산업사회의 등장과 함께 일어난 근대 국가의 형성 과정에서도 확산되었다. 전통사회에서도 남성들은 전쟁 수행에 동원되었으며, 군대에서의 주거는 집단적인 형태를 띠었다. 그러나 모병제나 병농 일치가 바탕인 전근대사회의 군사제도 아래서 대다수 남성들이 수행하는 병역의 형태는 오늘날로 치면 예비군과 같은 것이었다. 즉, 실질적인 군대생활은 일시적이거나 전시에만 한정되었고, 평시에는 직업 군인에 한정된 것이었다. 그러나 근대 국민국가는 국민개병주의와 상비군 제도를 바탕으로 군대를 편성·운영했고, 이에 따라 남성 대다수가 집을 떠나 몇 년씩 군대에 들어가서 생활하게 되었다. 한국도 한국전쟁을 계기로 징병제가 확립되고 남성들은 20대 초반에 2~3년씩 군대에서 생활하게 되었다.

또한 근대적 학교제도가 만들어지는 과정에서도 단체 주거의 경험이 확산되기도 했다. 서양에서 중세의 학교는 성직자나 장인을 양성하던 곳으로 주로 강의실과 숙소가 혼합된 형태로 운영되었다. 우리나라에서도 조선시대 성균관이나 서원은 내부에 숙소가 있는 기숙학교의 형식이었다. 그러나 이 당시에는 이러한 형태의 학교에서 교육을 받는 사람은 매우 한정된 소수에 국한되었다. 서구에서는 16세기를 지나면서 학생 수가 늘어나고 이에 따라 점차 학교는 강의와 교육을 위한 독자적인 공간으로 구획되어가는 한편 학생들은 집에서 통학하는 형태로 변화했다. 그러나 18세기에 이르면서 다시 기숙학교가 급속히 늘어나기 시작했다. 근대사회에서 가정이 순전히 사적 공간으로 변화하면서 학생들에 대한 학교의 규율과 감시가 미치기 힘들게 되자, 이를 극복하기 위해서였다(이진경, 1997: 290~291).

한국에서는 그동안 기숙형 학교는 그다지 많지 않았다. 해방 이후 교육이 보편화되기 시작하면서 설립된 초·중·고등학교들은 대부분 기숙사가 없는 등교학교(day-school)의 형태였으며 주로 학교 주변의 지역에서 통학하는 학생들로 채워졌다. 대학은 보통 기숙사가 있으나 전체 학생 수에 비하면 턱없이 부족해서 많은 대학생들은 통학하거나 타 지역에서 온 경우 자취나 하숙 등 개별적으로 해결했다. 그러나 고교 평준화가 무너지기 시작하면서 특목고 등이 생겨나고, 뒤이어 정부 주도로 자립형 사립고나 기숙형 공립고 등이 계획 또는 설립되면서 기숙형 고교들이 늘어나고 있다. 그리고 1980년대 이후 대학이 급격히 증가하면서 대학 간 경쟁이 치열해졌다. 이런 상황 속에서 기숙사는 단순히 필수적인 복지시설을 넘어 대학의 경쟁력을 상징하는 주요 시설물이 되었고, 대학들은 너도

나도 기숙사를 신설·증축하고 있다.

이렇게 다양한 형태의 단체 주거가 확산되면서, 단체 주거는 특히 한국의 젊은 세대가 경험하는 특징적인 주거 형태가 되고 있다.

3. 왜 남과 함께 사는가?

낯선 사람들과 같이 주거를 하면 혼자 살거나 가족들과 사는 것에 비해 자율성과 사생활이 침해당하는 등 여러 가지 불편함이 있다. 그럼에도 다른 사람들과 공동으로 주거를 하는 까닭은 무엇일까?

먼저 경제적인 측면을 들 수 있다. 앞서 살펴보았듯이 산업화 초기에 좀 더 많은 사람들에게 주거를 제공하기 위해 일반 주택보다 기숙사를 건설했다. 단체 주거는 같은 면적, 같은 비용으로 더 많은 사람들을 수용할 수 있으므로 학교나 회사의 입장에서는 기숙사는 적은 재원으로도 구성원에게 주거를 공급할 수 있는 좋은 방편이 된다. 이는 군대에서도 마찬가지다. 병사들에게 개별적인 방을 제공하는 것보다 넓은 공간에 한꺼번에 여러 사람을 수용하는 것이 건설 비용뿐 아니라 유지 및 관리 비용도 절감할 수 있다.

경제적 효율성은 주거를 공급하는 입장뿐만 아니라 이용하는 사람들에게도 중요하다. 기숙사와 같이 집단적인 주거 형태를 선택하는 가장 큰 이유는 무엇보다 싸기 때문이다. 지역마다의 차이는 있지만 자취나 하숙보다 기숙사에서 살면 보통 30~50% 정도 생활비가 적게 든다. 대학생의 주거로 원룸이 각광받기도 하지만, 최근 경제가 나빠지면서 다시 '기숙사가 뜨고' 있는 실정이다.

그러나 한편에서는 정반대의 흐름도 나타나고 있다. 악화되는 경제 상황에도 불구하고 오히려 대학마다 고급스러운 기숙사를 건설하고 있다. 대학 간의 경쟁이 치열해지면서 이미지 향상을 위해 이런 기숙사를 지어 홍보에 활용하고 있다. 그러나 고급 기숙사를 짓기 위해서는 많은 재원이 필요한데, 이를 마련하기 위해 대학은 외부 자본을 끌어들여 건설하고 있다. 민자 형태로 건설된 기숙사들은 많은 자본이 투자되었고, 투자에 대한 수익까지 보장해야 하기 때문에 기존의 기숙사에 비해서 기숙사비가 더 높다. 심지어 주변 원룸보다도 더 비싼 경우도 많다. 한국소비자단체협의회가 2015년 기준 서울 주요 대학의 기숙사비와 주변 원룸 시세를 비교한 결과 기숙사가 주변 원룸보다 15% 이상 비싼 것으로 나타났다(≪머니투데이≫, 2016.7.25). 게다가 적자가 날 경우 난방온도를 낮추거나 정수기 사용을 중단하는 등 민자 기숙사를 둘러싼 잡음은 곳곳에서 일어나고 있다(SBS, 2016.9.4).

기숙사의 입사 자격도 다르다. 기존 기숙사는 보통 통학 거리나 가정 형편에 따라 학생들을 선발했다. 민자 기숙사는 이와 상관없이 성적 등으로 뽑는 경우가 많은데, 하지만 성적이 괜찮다 하더라도 가난한 학생들은 들어갈 형편이 되지 못한다. 결국 실제로 이용하게 되는 것은 경제적 여유가 있는 학생들이다. 따라서 자연스레 학생들 사이에서 "싼 기숙사는 이젠 옛말이고 이젠 부자 학생들의 공간"이 되었다는 볼멘소리가 나올 수밖에 없다(≪뉴시스≫, 2011.12.12).

이제 기숙사는 학생들의 주거 안정을 위해 제공되는 복지시설이 아니라, 학생들에게는 경제적 지위에 따른 차별화의 대상이자 대학에게는 학교의 우월성을 과시하는 상징이 되어버리고 있다. 여러 불편함에도 불구하고 기숙사에 '싼 맛에 산다'고 말하는 것은 옛말이 되어버릴지도 모른다. 하지만 경제적 이점이 사라진다고 해서 단체 주거의 장점(?)이 사라지지 않는다.

우리는 가정이라는 주거 공간을 휴식과 여가 등 개인이나 가족의 신변과 관련된 활동을 하는 비생산적인 곳으로 여긴다. 그러나 단체 주거에서는 주거 공간에서 보내는 시간도 '생산적으로' 만든다. 한 대학에서는 '거주형 대학'을 표방하며 학생들을 기숙사에 생활하게 하면서 낮뿐 아니라 밤에도 문제 해결 능력과 팀워크, 커뮤니케이션 스킬, 문화 체험 등 다양한 프로그램을 소화하게끔 하고 있다(≪전민일보≫, 2016.11.29). 외국어 습득을 위해 기숙사에서 몰입식 집중교육을 실시하는 경우는 매우 흔하다. 외국어 강좌를 듣는 낮 시간뿐 아니라 기숙사에서 지내는 밤 시간까지 하루 종일 외국어만 쓰게 해서 단기간에 어학 능력을 향상시키게끔 한다(≪경북매일≫, 2016.6.21). 어느 대학에서는 아예 기숙사에 외국인 학생과 한국 학생이 같이 방을 쓰게 함으로써 학생들의 외국어 학습과 국제적인 마인드를 키울 수 있도록 하고 있다(≪동아일보≫, 2008.11.17). 많은 대학에서 이처럼 기숙사를 다음날의 일과를 위해 소비하고 휴식하는 공간이 아니라, 또 하나의 생산 공간으로 활용하고 있다. 주거 공간도 학업이라는 일의 공간으로 이용하는 것은 고등학교에서 더 두드러지게 나타난다. 바로 요즘 들어 늘어나고 있는 기숙형 고교들이다.

기숙사를 갖춘 고등학교는 특목고나 자립형 사립고인 경우가 많았으나, 최근에는 일반 고등학교에서도 학교의 생존과 경쟁력 강화를 위해 기숙사를 만드는 곳이 생기고 있다. 농촌 지역에서는 학생의 감소를 막고, 도시의 학생들을 유치하기 위해 기숙사를 건립하거나 확충하는 한편, 도시 지역에서는 평준화가 크게 흔들리고, 학생들이 고등학교를 선택해서 진학할 수 있는 고교선택제가 시행되면서 기숙사를 앞다퉈 만들고 있다.

학교 간의 경쟁에서 기숙사는 중요한 무기이다. 기숙사는 학교 울타리 내에 있기 때문에 귀가에 대한 걱정 없이 밤늦은 시간까지 학습을 시킬 수 있으며, 이른 아침부터 공부를 시킬 수도 있다. 또한 기숙사는 학교에서 관리하기 때문에 기숙사라는 주거 공간에서도 교사들에 의한 학습지도가 가능하다는 점에서 유리하다(≪매일경제≫, 2016.10.20). 실제로 기숙학교에서는 새벽 6시면 기상해서 밤에는 12시가 넘어 잠드는 곳이 흔하다. 심지어 학생들의 평균 수면시간이 5시간도 안 되는 학교도 전체 기숙학교의 27%에 이를 정도다(≪한국일보≫, 2015.12.29). 입시 경쟁에 내몰리는 학생들에게는 '학교에서 밤늦게까지 공부하다가도 귀가 걱정 없이 기숙사로 돌아와서 공부할 수 있어 참 좋은' 점으로 여겨지기도 한다(≪한국일보≫, 2008.9.18). 따라서 기숙사는 학생들의 24시간을 학습을 위한 것으로 만드는 중요한 방편인 것이다. 기숙형 학교들은 이러한 장점(?)을 부각시키고 있으며, 교육 당국도 이를 명백히 하고 있다. 교육부는 기숙형 공립고는 "낙후 지역의 학생들이 24시간 학교에서 생활하며 교육받을 수 있도록 기숙사를 갖춘 학교"(≪동아일보≫, 2008.8.27)라고 설명하고 있다.

한편으로는 고교 기숙사의 목적이 기숙이 아니라 심야 학습이 목적이며 이런 학교들이 기숙형 학원으로 전락하는 것이 아닌가 하는 우려가 나오기도 한다(≪광주드림≫, 2016.2.11). 기숙형 학교가 '우수한 학생을 유치하여 기숙사에 넣고 잘 관리해서 좋은 대학 보내는 또 하나의 입시 기숙학원'에 불과하며 기숙사의 선발도 성적순에 의해 이루어지는 등 원거리 통학의 애로 해소 등의 기숙사 본연의 역할은 없다는 비판이 나오고 있다(≪한국일보≫, 2008.9.17). 결국 이런 식으로 기숙사가 늘어나는 것은 국가와 학교, 그리고 학생 스스로가 밤 시간과 주거 공간도 생산적으로 활용하려는 의도에서 비롯되고 있는 것이다.

최근에는 대학에서도 이러한 현상이 나타나고 있다. 기숙사에 북카페와 도서실, 세미나실을 갖추는가 하면 자체적으로 취업 특강까지 운영하는 대학도 있다(YTN, 2016.8.27). 몇몇 대학들은 1, 2학년 동안 지도교수가 학생들과 기숙사에서 함께 생활하며 교육하는 '기숙대학' 체제를 운영하고 있으며, 그 때문에 학생들의 성적이 향상되었다고 자랑하기도 한다 (≪한겨레≫, 2008.9.1). 나아가 대학을 졸업하고도 취업을 준비하기 위해 기숙학원에 들어가기도 한다. 보통 공무원 시험을 준비하기 위한 이런 학원들은 고등학교 기숙사처럼 아침 7시 20분부터 밤 10시 30분까지 하루 종일 시험 준비를 위한 강의와 자습을 하게끔 되어 있다. 극심한 청년 취업난 아래서 스스로 '감옥 아닌 감옥'을 선택하는 이유는 무엇보다 아무런 방해도 받지 않고 학습에 전념할 수 있기 때문이다(≪위키트리≫, 2016.9.26).

이러한 효과 때문에 기업에서도 기숙사를 운영한다. 기업은 기숙사를 통해 노동자의 출퇴근 시간을 효율적으로 관리할 수 있다. 기숙사의 소등시간과 기상시간을 통제함으로써 늦잠 등으로 인한 지각을 방지할 뿐 아니라 퇴근 이후의 생활시간을 관리, 충분한 휴식과 수면을 하게끔 유도하여 다음날 생산 작업에 지장이 없도록 할 수 있는 것이다(김원, 2004). 게다가 기숙사에 입주해서 살면서 친밀해진 노동자들 간에는 팀워크가 증진되어 생산성이 향상될 뿐 아니라, 회사에 충성심도 높아지는 효과까지 거둘 수 있다(≪한국일보≫, 2008.8.19). 노동자의 입장에서도 기숙사는 출퇴근의 시간과 노력을 줄여줄 뿐 아니라 좀 더 싼 비용으로 주거를 해결해준다는 점에서 선호되기도 한다.

4. 단체 주거의 특징

남과 같이 살아야 하는 단체 주거에서는 우리라고 불리는 친밀한 1차적 관계의 사람들, 보통 '가족'과 영위하는 주거 생활과 다른 몇 가지 특징들이 존재한다.

먼저 단체 주거에서는 일반적인 가족 주거에 비해 사적 공간이 축소되거나 부재한다. 주거는 가족 공동체와 같은 일차집단에 의해서 전유되며, 집은 가장 사적인 공간으로 여겨진다. 즉, 생활을 같이하는 구성원들에게만 열려 있으며 외부인들에게는 제한된다. 아울러 우리가 아닌 남의 시선으로부터 보호받고 자유로움을 느낀다. 그러나 단체 주거에서는 그 구성원들이 가족과 같이 서로 친밀한 관계로 이루어지는 것이 아니라, 서먹서먹한 남들과 함께 생활하게 된다. 즉, 타인의 시선이 주거 공간 내부에 존재하는 것이다. 따라서 자신만의 공간은 침실 공간으로만 축소된다. 그나마도 침실이 1인실이 아니라 여러 사람과 같이 쓰는 다인실인 경우에는 사적 공간은 아예 부재하게 된다. 잠자리마저도 개인적인 내밀함이 보장되지 못한다. 흔히 이야기하는 '화장실에서 건빵을 먹었다'는 군대 경험담은 이렇게 사적 영역이 부재하기 때문에 생겨나는 '웃픈' 일화다.

둘째, 단체 주거에서는 주거 공간이 생활공간으로 기능할 뿐만 아니라 일의 공간으로도 사용된다. 물론 근대 이전에도 집은 폐쇄적인 사생활의 공간이 아니었으며 자신의 일과 그에 따른 타인과의 교제 등이 이루어지는, 공적인 기능을 수행하는 곳이기도 했다. 그러나 단체 주거는 근대 이전 일과 생활이 미분화되었던 것과는 다른 양상을 보인다. 단체 주거에서는 일과 생활이 서로 혼재되어 있다기보다, 일의 공간이 독자적으로 존재하나 주거 공간에서의 생활이 일의 연장선에서 이루어진다. 즉, 주거 공간이 일과는 무관한 사적 생활의 영역이 아니라 또 하나의 일의 공간이 되고 있는 것이다. 앞서 살펴보았듯이 학생들이 생활하는 기숙사가 더 많은 학습과 더 높은 성적을 위한 수단으로 이용되고 있으며, 기업의 기숙사는 노동 관리와 더 높은 생산성을 위하여 운영된다. 군대의 경우에는 24시간을 병영에서 생활하게 함으로써 유사시에 즉각적인 동원이 가능하게 만든다.

셋째, 주거 공간의 사용도 효율성을 극대화하기 위한 형태를 띤다. 주거 생활에서 우리는 씻고 먹고 자고 휴식하는 일들을 수행한다. 이런 일들은 각기 그 고유한 공간에서 주로 이루어진다. 잠은 침실에서 자고, 세면과 용변은 화장실에서, 식사는 주방에서 하게 된다. 이러한 기능적 분리는 근대 주거의 한 특징을 이룬다. 그러나 가정에서는 이러한 공간 간의 경계가 상대적으로 엄격하거나 명확하지 않다. 예컨대 우리는 안방에서 식사를 하거나 거실에서 잠을 잘 수도 있다. 그러나 단체 주거에서는 공간 사용의 임의성이 매우 약하다. 단체 주거에서는 생활공간이 자유로이 이용할 수 있는 사적 공간이 아니라 타인과 공유해야 하는 공동 공간으로 여겨지기 때문이다. 이러한 공간 사용의 기능적 제한은 이용시간의 제한과 함께 나타나기도 한다. 크게는 기숙사의 출입 자체가 시간적으로 제한되어 있을 뿐 아니라 식당의 이용 시간이나 세면장에 더운 물을 쓸 수 있는 시간이 정해져 있는 것이다. 깊은 밤 집에 돌아와 때늦은 저녁이나 늦은 아침 여유롭게 '아점'[1]을 먹는 것이 단체 주거에서는 어렵다.

이렇듯 공간의 효율적 구성과 이용을 위해 단체 주거에는 많은 통제와 관리가 뒤따른다. 개인의 행위를 제한하여 공동생활을 유지할 수 있게끔 한다. 통제와 관리는 각종 규정이나 내규 등의 형태로 나타난다. 내규나 규정은 이를 위반했을 경우에는 최종적으로는 퇴거시킴으로써 구성원들에게 강제력을 발휘한다. 보통 이러한 내규는 구체적으로 다음과 같은 내용들을 담고 있다.

먼저, 주거의 안전을 위한 내용이다. 특히 여러 사람이 밀집해서 생활하므로 안전사고가 일어날 경우에는 대량으로 인명 피해가 발생할 수 있기 때문이다. 따라서 화재나 전열기 사용, 위험물 반입 등은 강하게 규제

---

1) 아침·점심을 줄인 속어로, 영어로 하면 브런치(brunch)가 될 것이다.

하는 편이다.

둘째, 공동생활에서 일어나기 쉬운 개인 간의 마찰이나 갈등을 막기 위한 내용이다. 집단 주거에서는 대부분 공간이 같이 사용하는 공적 공간이고 개인의 프라이버시 등이 침해당하기 쉽다. 소음이나 세탁과 관련한 사항이라든지, 타인 명의의 우편물 수취를 금하는 것 등이 이에 해당한다.

셋째, 구성원 개개인의 생활에는 별다른 어려움이나 문제를 일으키지는 않지만, 관리의 용이함과 관련된 것들이다. 구성원들끼리 자의적으로 방을 바꾸는 것을 금하는 것이나, 입·퇴거 시 서류 제출 요구 등이다. 이는 혼자 따로 집을 얻어 생활하거나 가정에서 생활할 경우에는 별문제가 되지 않거나 요구되지 않는 것들이다.

한편으로는 이러한 관리와 통제는 구성원들이 서로 마찰이나 갈등 없이 생활을 원활히 하게끔 하는 데뿐만 아니라 기숙사 생활과 상관없는 다른 목적을 위해 부과되기도 한다. 독재정권 시기에는 집회 참석이나 운동조직에 가입했다는 것만으로도 대학에서 기숙사 생활을 제한당하거나 퇴사되기도 했다. 이는 회사 기숙사에서도 마찬가지였다. 노동운동이나 노조활동을 방지하고 억제하기 위해 기숙사에 입사할 때 ① 사감 및 내규에 복종, ② 노조 관계 활동 엄금 ③ 기숙사 내부 선동 행위 금지 등의 내용을 담은 각서를 작성하게 하기도 했다(김원, 2004: 116~117).

그러나 민주화가 진척된 요즘에도 여전히 이런 문제들이 남아 있다. 요즘 늘어나고 있는 기숙형 고등학교에서 주로 나타나는 이런 과도한 통제들은 인권 침해의 우려를 일으키기도 한다.

"'사전보고 없이 집회와 행사에 참여할 수 없다', '수면시간에 세면장과 샤워장을 이용할 수 없다', '길거리에서 음식을 먹을 수 없다', '아침을 거르면 벌점 처리한다'."

기숙형 고등학교의 '기숙사 내규'들이다. 학교 인권문제에 대한 의식은 계속 높아지고 있지만 기숙사 내규에서는 이 같은 의지를 읽을 수 없다. 고등학교 기숙사는 '인권 사각지대'라는 지적도 나온다(≪서울신문≫, 2008.9.25).

관리와 통제는 때때로 폭력적인 형태로 나타난다. 많은 기숙형 학교들은 군대식 점호를 취하고 있다. 학교에서는 점호가 '밤에 발생할 수 있는 안전사고를 예방하기 위해 인원수를 정확히 파악'하기 위해서라고 하지만 학생들은 '군기 잡는 시간'이라고 하소연한다. 한 기숙형 고교에서는 점호시간에 잘못하면 '옥상으로 끌려가 1~2시간씩 기합을 받기도 하며, 심지어는 야구 방망이로 맞기'도 한다. 민주화되었다고 말하고 있는 이 시대에도 이런 통제가 횡행하는 것은 '강하게 규율해야 명문대 입학이 가능하다'는 인식 때문이다(≪서울신문≫, 2008.9.25). 따라서 진학률에 목을 매는 학교가 이를 밀어붙이면 학생이나 학부모들은 울며 겨자 먹기로 감수할 수밖에 없다.

이는 이미 성인인 대학생 기숙사에서도 마찬가지다. 방 주인이 없는데도 직원이나 조교가 방을 마음대로 열고 들어와 불시 점검하는 대학이 여러 곳에 이르며(≪전남일보≫, 2016.9.1), 아예 군대식으로 문 앞에 서서 점호를 실시하는 곳도 있다(≪경향신문≫, 2016.6.19). 여전히 44%에 이르는 대학이 기숙사 규칙으로 헌법에서 보장한 집회와 결사의 자유를 금지하고 있으며, 심한 경우 불온서적 보유 금지 조항을 두어 기숙사에서 학생들이 마음대로 책도 읽지 못하게 한 대학도 있다(≪한겨레≫, 2015.12.11).

5. 경쟁, 갈등, 서열화: 단체 주거 속의 인간관계

단체 주거에서는 생활공간이 일 공간의 연장선 속에 있기 때문에 일의 세계에서 적용되는 원리가 주거 생활에서도 나타나기도 한다. 특히 입시 경쟁에 내몰리는 학생들의 경우 경쟁이 학업 공간을 넘어 생활공간에까지 확대된다.

아이가 주말에 집에 와서 "다른 아이들이 기숙사 강제 소등시간(밤 12시) 넘어서까지 불을 켜고 공부를 하는데 혼자 잘 수도 없어 힘들다"는 얘기를 많이 했습니다. 경쟁적인 환경에 익숙하지 않은 아이가 어린 나이에 스트레스를 많이 받다 보니 건강도 나빠졌고 …… (≪한겨레≫, 2008.10.14).

영국의 역사학자 에릭 홉스봄(Eric Hobsbawm, 1983)은 근대사회에서 "가정은 전쟁의 세계 속의 평화의 오아시스, 다시 말하면 전사의 휴식처"라고 말했다. 그러나 잠자리에서조차 마음 편하게 휴식할 수 없는 상황은 심각한 정신적 고통을 일으키고, 이를 견디지 못하고 정신과 치료를 받는 경우도 있다(≪오마이뉴스≫, 2009.3.14). 24시간이 경쟁의 장이 되어버린 기숙학교의 삶은 청소년들에게 하나의 공포일 뿐이다. 그래서 "10시까지 무조건 야자하고 10시가 넘으면 기숙사 문을 잠가버린다는 학교가 너무 무서웠다. 체벌이 심하다는 얘기도 들었다. 내신 성적 받으려고 새벽 2시까지 숙제하고 학교에 6시까지 등교하는 생활도 너무 싫었다"며 고등학교 진학을 포기해버리는 학생들이 생겨나기도 한다(≪한겨레≫, 2007.12.10).

그럼에도 불구하고 한국 사회의 입시 경쟁은 기숙사 안의 경쟁뿐 아니라 기숙사에 들어가기 위한 경쟁까지 만들어낸다. 중고등학교의 기숙사는 성적 상위자들만이 들어갈 수 있는 우등반의 성격을 띠는 경우가 많다. 이런 기숙사는 시험성적과 연계해 한 학기마다 재편성한다. 그래서 기숙사에 들어가려는 학생들과 퇴출되지 않으려는 학생 간의 경쟁이 치열하게 벌어진다.

다른 사람과 같이 살다 보면 자연스레 갈등과 마찰이 나타나기 마련이다. 특히 단체 주거의 경우 사적 공간이 없다시피 하다 보니 갈등이 잦아지기 쉽다. 학생들은 보통 '룸메이트 스트레스'라고 하는데, 취침시간이 다르거나 소음문제, 흡연문제 등 생활 방식의 차이 때문에 나타난다. 특히 서구식의 개인주의가 뿌리내리지 못한 한국의 경우 각자 사생활에 대한 인정과 존중이 부족하여 더욱 심하게 나타나기도 한다. 이는 개인주의화되어 있는 것처럼 보이는 젊은 세대도 마찬가지다.

사회학자 박재환(2004: 60~64)에 따르면 '신세대의 개인주의가 실제에 있어서는 서구의 개인주의와는 상당히 거리가 멀 뿐만 아니라, 오히려 우리 사회의 몰개성적 합일주의의 변형에 불과'하다고 강조한다. 개인주의는 나와 마찬가지로 타인도 중요한 개인이라는 것을 의미하며, 타인과의 공동체적 관계를 전제로 공공 의식과 엄격한 자기 책임을 요구한다. 그러나 몰개성적 합일주의는 각자의 개성보다는 전체와 합일을 중시하다 보니 나와 남을 구별하지 않고 그 경계도 흐려지기 쉽다. 그러다 보니 최소한의 프라이버시의 경계를 넘어 다른 사람의 사생활을 침해하는 경우가 쉬이 나타난다. 실제로 우리나라로 유학 온 어느 한 서양 학생은 '잦은 잊을 수 없는 충돌' 때문에 혼자 방을 얻어 살고 싶어져 기숙사에서 나왔다고 한국에서의 이사 경험을 말하고 있다(≪오마이뉴스≫, 2009.2.5). 그래서 학생 선발 면접에서 단순히 성적만이 아니라 다른 사람들과 잘 융화할 수 있는 사회성과 인성을 보는 기숙형 고교도 많다(≪베리타스 알파≫,

2015.11.6).

때로는 개인 간의 마찰과 갈등을 중재하고 집단생활을 유지하는 것이 단체 생활이라는 이름하에 강압적인 질서로 이루어지기도 하는데 보통 수직적 서열의 형태를 띠는 경우가 많다. 즉, 선배와 후배 또는 선임자와 후임자 간의 상명하복식의 권위주의적이고 폭력적인 관계로 나타나는 것이다. 2014년 한 고등학교에서는 선배가 후배들의 기강을 잡는다는 명목으로 폭력을 행사해 학생 두 명이 사망하는 끔찍한 사고가 발생하는 일이 있었다(≪국제신문≫, 2014.4.30). 이러한 폭력적인 서열화는 비교적 자유롭다는 대학에서도 나타난다.

> "각방 점호라는 것을 했다더라구요. 4시간 청소. 2시간 기합. 저 기합이라는 건 콘크리트 바닥에 머리를 박는…… 속된 말로 대가리 박는다고 하죠. 각방 점호 후에 남자친구는 머리에 피가 나서 왔습니다. …… 이른바 신입생을 잡는 일이 저게 끝이 아니더라고요. 계방식이라던가요? 너무 생소한 이름이라 기억도 잘 나지 않습니다만, 신학대를 졸업하고 신학대학원에 진학한 선배들까지 모두 와서 신입생 집합시키고 새벽 3시까지 얼차려……. 초기에만 이런 것이 아니고, 대학 생활이 전반적으로 이런 문화에서 이뤄진다는 사실에 너무 충격입니다. 공석에서 '선배님' 아니고 '선배'나 '형' 하면 바로 머리 박고. 선배들끼리 장난치는 (이를테면 별명 같은 걸로) 와중에 아래 학번이 웃어도 기합. 밤 11시 전후로 점호를 하는데 점호가 1시간 정도가 기본이고 1시를 넘길 때도 많더군요. 신학대다 보니 새벽기도를 합니다. 신입생 4시 40분에 일어나서 집합하고 선배들 깨우고. 신입생이 못 깨우면 또 기합. 늦게 나가면 또 머리 박고. 바로 지난주에도 '인사를 잘못했다'는 이유로 기합이 있었다고, 머리에 혹이 나서 왔더라구요. 06학번이 07 잡고, 07이 08, 09

잡는 식으로 ……. 이번 주엔 또 저 '인사' 핑계로 또다시 각방 점호를
한다고 합니다."

한 여대생이 남자친구의 대학 기숙사에서 일어나는 일을 보고 인터넷
에 올린 이 글은 특히 신학대에서조차 이런 일이 일어난다는 것 때문에
더욱 화제가 되기도 했다.

외국의 학교에서도 이런 폭력적인 서열 문화가 종종 나타난다. 기숙사
생활을 해야 하는 영국의 명문 사립학교인 퍼블릭 스쿨(public school)에
서도 19세기 초반까지 상급생의 하급생에 대한 폭력과 학대 행위가 만연
했다(김문겸, 1998: 120~125). 근래에도 인도의 대학 기숙사에서 선배들이
신입생을 맞이하는 일종의 신고식이 문제가 된다는 보도가 있었다. 래깅
(ragging)이라 불리는 이러한 신고식은 가벼운 유흥을 곁들인 상견례에서
부터 속옷만 입고 거리를 활보하게 하는 등 강한 것까지 있는데, 선배들의
명령을 거부할 경우 폭력을 수반하기까지 한다(≪경향신문≫, 2000.8.3).

그런데 한국 사회에서는 이러한 선후배 사이의 서열 문화가 군대와 비
슷한 모습으로 나타난다. 오랜 군사 독재와 남성 대다수가 군대 생활을
해야 하는 한국 사회에서 병영은 단체 생활과 주거의 원형으로 작동했다.
앞선 사례에서 볼 수 있듯이 학교에서도 '점호'나 '얼차려' 등 군대 용어를
사용하며, '머리 박기' 등 군대식의 괴롭힘이 가해진다. 서울의 한 대학에서
도 기숙사 행사에서 군대식 기합을 강요하는 바람에 논란이 일기도 했다.

대학 야유회에서 복학생 선배가 후배들에게 준 '얼차려'가 집단 성폭
력이라는 주장이 제기됐다. 중앙대 총여학생회는 14일 학교 정문 앞에
"기숙사 야유회에서 군복을 착용한 복학생이 후배들에게 군대식 얼차
려를 주며 위협적인 분위기를 조성했다"며 "이는 남성 중심적인 집단문

화에서 여성을 배제시킨 환경적 성폭력이므로 공개 사과하라"는 내용
의 대자보를 붙였다.

총여학생회에 따르면 지난 3일부터 이틀간 경기도 가평의 한 콘도에
서 있었던 기숙사 야유회에서 군복을 입은 복학생들이 120여 명의 여
학생을 포함한 250여 명의 후배들에게 앉았다 일어났다를 반복하게 하
는 등 군대식 기합을 강요했다(≪국민일보≫, 2003.10.16).

한편으로 이러한 구성원들 간의 억압적인 서열화는 통제와 관리의 효
율성을 위해 관리하는 측에서 묵인되거나 심지어 조장된다. 언급한 사례
에서 행사를 기획한 사감은 항의하는 학생에게 '참가하기 싫은 여학생은
빠지라'며 묵살했다. 게다가 대학 당국에서는 "군대에 다녀오지 않은 여
학생은 인내심이 부족한 것 같다"며 "기숙사 단체생활을 통해 인내심을
길러야 한다"고 도리어 그 필요성을 역설하기도 했다(≪국민일보≫, 2003.
10.16).

6. 함께하는 시간만큼 …… 새로운 가족의 탄생?

특정한 목표를 위해 24시간을 생산적으로 사용하게 하는 단체 주거는
한국 사회의 고속 성장의 기제 중 하나였다.

1960년대 포항제철 건설현장에서 박태준 회장은 군화를 신고 다니
며 직원들을 독려했다고 한다. 군 장성 출신의 그와 군 생활 경력이 있
는 직원들의 불도저 같은 추진력은 오늘날의 포스코를 만드는 데 바탕
이 됐다. 80년대까지만 해도 기업들은 군대식 경영을 최대한 활용했

다. 공장마다 내무반 같은 기숙사를 운영했다. 새벽마다 깨워 국민체조와 구보를 시킨 뒤 현장에 투입했다. 근로자는 사병이나 마찬가지였다. 인권 유린 등 많은 문제가 있었지만 그 과정에서 자본축적과 경제성장이 이뤄졌다(≪경향신문≫, 2005.8.22).

한국 사회에서 군대는 전쟁과 군사독재의 시대를 거치는 동안 전 사회적 집단행동 양식이었다. 생산의 효율성만을 강조하는 논리는 그동안 한국 사회에서 단체 주거를 추동하는 생활 원리로서 군대에서 공장으로 퍼져나간 것이었다. 이제는 이런 논리가 학교까지 번져나가고 있다.

그러나 한편에서 단체 주거는 관리와 통제, 갈등과 경쟁을 넘어서서, 친밀성과 연대의 공간이기도 하다. 일의 공간뿐 아니라 생활공간을 같이 공유하면서 하루 종일 같이 지내기 때문에, 서로 깊은 친밀한 관계가 맺어진다. 과거 독재정권 시기에 회사 기숙사는 더 많이 생산하기 위해 노동자를 관리하고 통제하던 곳이었지만, 순전히 이런 기능만 수행하진 않았다. 기숙사에서 같이 사는 노동자 사이에 힘든 노동과 생활을 함께 하면서 두터워진 관계는 마치 가족과도 같았다. 나아가 기숙사를 만든 회사의 의도와 다르게 오히려 노동 현장의 불만과 문제점을 서로 공유하고, 노동자들이 서로 단합하게 하는 공간이기도 했다. 같은 회사의 노동자들이 일상까지 함께 하면서 사적인 생활문제뿐 아니라 노동문제까지 공유하게 되고, 노동자로서 동질감과 연대를 형성해나갔다(김원, 2004: 121~123). 서구에서도 산업화 초기, 주택 부족이 심각하여 가족 이외의 다른 노동자가 한 방에서 생활하는 '반공개적인 가족' 형태가 지배적이었는데, 이것이 노동자를 가족 이기주의에 빠지게 하지 않고 주거지역의 노동자 사이에 연대감을 발전시키는 중요한 촉매제 구실을 했다.

이처럼 주거를 통해 새로운 사회적 관계와 연대를 시도하려는 노력은 역사에서 다양하게 시도되었다. 프랑스의 공상적 사회주의자였던 샤를 푸리에(Charles Fourier)는 가족이란 공동체적인 관계와는 대립되며 적대적인 것으로 보았기 때문에, 사람들을 '팔랑크스(Phalanx)'라는 단위로 재편성하여 이들이 함께 사는 집합주택을 '팔랑스테르(phalanstère)라는 이름으로 구상한 바 있다(이진경, 1997: 311).

근대적 가족 주거와 함께 나타난 단체 주거는 온전한 휴식과 자유로움의 공간이라기보다는 숙소로서의 의미만이 강조되고 더 나아가 확장된 일의 공간으로 인식된다. 일상생활마저도 생산적이길 원하는 근대사회의 논리는 단체 주거를 만들어내지만, 이러한 논리가 일방적으로 관철되는 것은 아니다. 오히려 오늘날 한국 사회에서 가족 주거가 보여주는 자기 가족만의 닫힌 삶을 넘어 함께 살아가는 '모둠 살이'의 가능성을 열어나갈 수도 있다. 이것이 과거 1980년대 노동운동 과정에서뿐 아니라 오늘날 대안학교에서 기숙사를 운영하거나, 새로운 삶을 꿈꾸는 공동체운동이 함께 모여 살기를 실천하는 까닭일 것이다.

참 고 문 헌

단행본

엥겔스, 프리드리히(Fridrich Engels). 1988. 『영국 노동자 계급의 상태』. 박준식·전병유·조효래 옮김. 두리.

쉐나우어, 노버트(N. Schoenauer). 2004. 『집: 6000년 인구주거의 역사』. 김연홍 옮김. 다우출판사.

박재환. 2004. 「현대 한국인의 생활원리」. 일상성·일상생활연구회 엮음. 『현대 한국인의 일상문화코드』. 한울.

이진경. 1997. 『근대적 시공간의 탄생』. 푸른숲.

논문

김문겸. 1998. 「풋볼의 사회사를 통해 본 근대스포츠의 사회학적 의미」. ≪사회조사연구≫, 13권 1호, 111~133쪽.

김원. 2004. 「1970년대 '여공'의 문화: 민주노조 사업장의 기숙사와 소모임 문화를 중심으로」. ≪페미니즘 연구≫, 4권 1호, 101~148쪽.

윤정란. 2006. 「식민지시대 제사공장 여공들의 근대적인 자아의식 성장과 노동쟁의의 변화과정: 1920년대~1930년대 전반기를 중심으로」. ≪담론201≫, 9권 2호, 33~76쪽.

신문·잡지·방송·인터넷 및 기타 자료

≪경북매일≫. 2016.6.21. "방학중 기숙사 몰입식 교육이 가장 효과적".

≪경향신문≫. 2000.8.3. [통신원리포트] 인도 대학가 신고식 금지법".

_____. 2016.6.19. "대학 기숙사가 군 내무반인가요".

_____. 2005.8.22. "〈우리도 몰랐던 한국의 힘〉 3부: (2)푸른 제복의 청춘들".

≪광주드림≫. 2016.2.11. [광주교육 깊이보기 멀리보기] 고교 강제학습·기숙사 문제 논란 … 광주는 왜?".

≪국민일보≫. 2003.10.16. "복학생이 기합·군대식 게임 강요 대학야유회 얼차려도 성폭력".

≪국제신문≫. 2014.4.30. "진주외고 기숙사 폭력 숨기기 급급".

≪뉴시스≫. 2011.12.12. "[대학생 주거고통] 싼 기숙사 옛말 … 이젠 부자학생들의 공간".

≪동아일보≫. 2008.11.17. "[대학탐방 세계로 … 미래로 …] 순천향대학교".

_____. 2008.8.27. "군단위 82곳 기숙형 공립고교 선정".

≪매일경제≫. 2016.10.20. "[JOB아라 마이드림] 기숙학교 인기가 높아지는 이유는".

≪머니투데이≫. 2016.7.25. "원룸보다 비싼 기숙사 … 노웅래 '대학기숙사비 부담 완화법' 발의".

≪베리타스 알파≫. 2015.11.6. "자기주도학습전형 관건 면접 … 제출서류 기반 준비로 충분".

≪서울신문≫. 2008.9.25. "기숙형고교 학생인권 사각지대".

≪오마이뉴스≫. 2009.2.5. "항상 벌거벗고 젖어있는 장소에 난방은 없다!".

_____. 2009.3.14. "교장 승진하려면 아이들 공부시켜라?"

≪위키트리≫. 2016.9.26. ""'금지된 네가지' 공무원 기숙학원 학생들은 어떻게 생활할까?"

≪전남일보≫. 2016.9.1. "부재 중 대학 기숙사 불시점검은 불공정".

≪전민일보≫. 2016.11.29. "전북대 가장 주목받는 대학으로 떠올라".

≪한겨레21≫. 2015.12.11. "'바늘구멍' 대학 기숙사 들어가니 "바늘방석이네"".

≪한겨레≫. 2007.12.10. "학교를 떠나는 아이들".

_____. 2008.10.14. "학교에선 경쟁 … 집에 오면 잠만".

_____. 2008.9.1. "연구+복지로 세계 20위권 대학 도약".

≪한국일보≫. 2008.9.17. "[급변하는 교육현장] 〈2〉정부의 승부수 기숙형 공립고".

_____. 2008.9.18. "[급변하는 교육현장] 〈3〉고교선택제가 학교지형 바꾼다".

_____. 2008.8.19. "일본 기업들 기숙사 건립 붐".

_____. 2015.12.29. "성적순 선발·군대 수준 규율 … 씁쓸한 중·고교 기숙사".

SBS. 2016.9.4. ""물 마시러 일층까지" … 대학생 울리는 민자 기숙사".

YTN. 2016.8.27. "'숙식공간 넘어 배움 공간으로' … 기숙사의 변신".

떠돌이의 주거: '현대판 집시'의 삶과 주거

윤영준 | 한국해양수산개발원

오늘도 걷는다마는 정처 없는 이 발길 / 지나온 자국마다 눈물 고였네 / 선창가 고동소리 옛 님이 그리워도 / 나그네 흐를 길은 한이 없어라(「나그네설움」(1940), 조경환 작사, 이재호 작곡, 백년설 노래).

1. 떠돌이: 단절이 일상이 된 사람들

주거란 일정한 곳에 머물러 삶을 말한다. 지속적으로 생활을 영위할 수 있는 공간이 존재할 때 우리는 그곳에 거주한다고 말한다. 그러기에 주거는 정주함과 연결되는 의미임과 동시에 우리의 일상과 맞닿아 있다. 집이라는 거주 공간 안에서 우리는 에이브러햄 매슬로(Abraham Maslow)가 말하는 욕구 위계설의 생리적인 욕구와 보호와 안전에 대한 욕구를 충족시키며, 이런 방식의 주거 생활은 인간이 정착 생활을 해온 이래로 가장 보편적이고 일반적인 형식이 되었다.

하지만 우리 주위에는 집이라는 형태의 거주 공간에서 머무르며 생활하는 것이 아니라 머무르지 않고 끊임없이 이리저리 떠돌아다녀야 하는 사람들도 있다. 이들은 자신의 목표나 욕구를 위해 떠돌아다니기도 하지만, 생존을 위해 원하던 원하지 않던 집과 고향을 떠나 떠돌아야만 하기도 한다.

힘겨운 하루를 보내고도 돌아갈 곳이 없는 이들에게 있어 일상생활이란 가족으로 대표되는 일차집단과의 단절이 지속되는 장이다. 또한 그렇게 영위되는 삶의 양태도 일반적인 것과는 거리가 있다. 정착하지 못한 채 끊임없이 떠돌면서 살아가야 하는 사람들을 우리는 나그네 혹은 떠돌이라 부른다.

나그네 혹은 떠돌이의 삶을 살아가는 그들은 누구이며 어떠한 인생을 살아가는가? 떠도는 자들의 주거는 그들의 삶의 방식에 어떠한 영향을 미치는가? 떠돌아왔던 삶의 길이만큼이나 길고도 복잡다단한 그네들의 인생 별곡을 통해 우리는 어떠한 메시지를 만날 수 있는가?

2. 노마드와 방랑 사이: 숙소에서 편의점까지

'떠돌이'란 '정한 곳 없이 말 그대로 이리저리 떠돌아다니는 이'를 말한다. 우리가 사람들에게서 각자의 다양한 삶의 이야기를 발견할 수 있듯이 정주하지 못하고 살아가는 사람들에게도 역시 나름의 다양한 이유를 발견할 수 있을 것이다.

여기서 우리는 개념적 수준에서나마 '떠돌이'에 대한 개략적인 유형화 내지 범주화를 시도해보려고 한다. 물론 이것은 시론적 수준의 시도이기에 현실의 다양한 변주들을 모두 다 담아내기에 턱없이 부족한 것이 사실이다. 오히려 현실 사회에서 우리가 만나는 떠돌이들의 전형들을 개념적·논리적으로 재배치한 것에 불과할지 모르겠다. 그러나 떠돌이의 범주화는 우리 삶의 주변에 숨겨진 또 다른 삶의 방식들이 가진 사회적 규칙성을 발견하는 데 도움이 될 수 있으리라 본다.

주거 유형에 따라 떠돌이를 범주화해보자. 먼저 유형을 구분하기 위한 주거와 관련한 두 개의 지표를 선정했으며, 다음으로 지표 특성에 근거하여 양극단의 의미 전형을 설정한다. 셋째, 양극단의 의미 전형으로 구분된 두 지표를 개념 축에 따라 교차시킨다. 마지막으로 이차 평면상에 나타난 의미 전형에 해당하는 떠돌이의 유형을 현실과 비교·분석한다.

유형화를 위한 두 개의 구분선 가운데 하나는 먼저 주거 생활이 이루어지는 정주 공간인 '집'의 존재 유무이다. 여기에서 '집'이란 일정한 시기 동안 어느 정도의 주거 생활 영위가 가능한 건축적 공간으로서의 집이라는 의미로 생활과 소유로서의 영토적 개념이다. 주거는 집과 불가분의 관계이기에 집의 유무는 필수적 기준선이 될 수 있다. 이 기준선을 따를 때 우리는 두 범주의 떠돌이를 상정해볼 수 있다. 첫째, 가족생활을 영위하는 일반적 의미에서의 집은 아니지만 일정 정도의 주거 생활 영위가 가능한 건축적 공간으로서의 '집'을 가지고 있는 떠돌이다. 이 차원의 떠돌이들은 우리가 흔히 '타향살이'라고 부르는 그러한 이미지들과 만나며 게오르크 지멜(Georg Simmel)적 의미의 '이방인'도 여기에 해당된다고 하겠다. 둘째, 최소한의 주거 생활 영위조차 불가능하여 신체적 보호만을 받을 수 있는 공간의 점유만 허락받거나 혹은 그러한 공간 자체도 점유하지 못하는 떠돌이다. 이들은 경제적·사회적·심리적으로 전자의 차원보다 열악한 상황에 처한 경우가 많고 '유랑' 혹은 '방랑'의 이미지와 더 가깝다.

주거를 기준으로 떠돌이를 가르는 또 다른 구분선은 '일(노동)'의 존재

■ 그림 13-1 주거 생활로 구분한 떠돌이의 유형

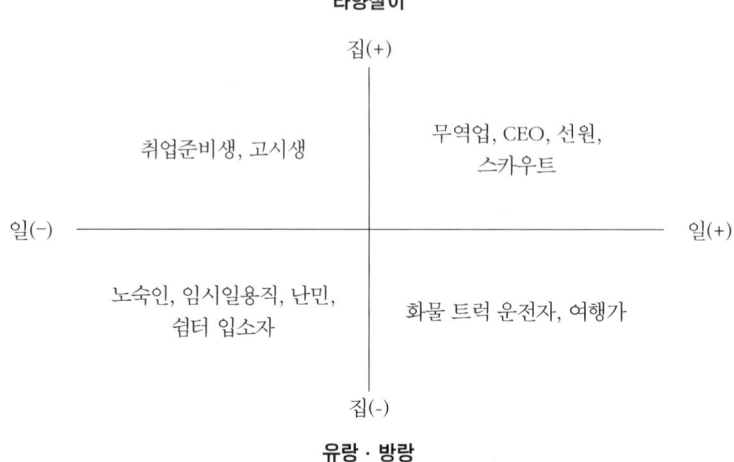

타향살이

집(+)

취업준비생, 고시생   무역업, CEO, 선원,
                            스카우트

일(-) ——————————————————————— 일(+)

노숙인, 임시일용직, 난민,   화물 트럭 운전자, 여행가
쉼터 입소자

집(-)

유랑 · 방랑

유무를 상정한다. 사회적 인간은 노동으로 완성되기도 하나 자본주의 구조 속에서 생산수단을 가지지 못한 사람은 노동을 통해 얻은 수입으로 삶을 지탱할 수 있다. 이 때문에 노동의 유무는 일상생활을 지속할 수 있는가를 판단하는 바탕이 된다. '일'의 기준선을 따를 때도 우리는 두 차원의 '떠돌이'의 전형을 만난다. 첫째, 삶을 지속하기 위한 일정 수입을 확보한, 즉 직업으로서의 '일'을 가진 떠돌이다. 이들은 직업적 특성이 끊임없는 이동을 강요하는 직업군에 종사하여 정주함이 불가한 형태로 수입의 크기나 고용의 형태는 상대적으로 부차적이다. 둘째, 직업으로서의 '일'을 확보하지 못한 떠돌이가 그것이다. 이들은 직업 자체를 구하지 못한 실업자 내지 노숙인 혹은 취업준비생이 해당될 수 있으며, 일의 부재가 주거의 부재가 되는 경우다.

위에서 언급한 '집'과 '일'의 구분선을 따라 '떠돌이'의 전형을 교차해서 정리하면 〈그림 13-1〉과 같이 네 가지 유형으로 나타난다.

첫째, 일정한 정주공간으로서의 집을 가지고 있으며, 일을 가지고 있어 일정한 수입도 확보하고 있으나 직업 특성으로 떠돌게 되는 이들(그림 오른쪽 상단)이다. 무역업 종사자나 CEO, 원양어선원 혹은 세계 각지의 운동선수들을 검증해 원하는 구단에 소개할 목적으로 돌아다녀야 하는 스카우트(에이전트) 역시 이 범주에 해당될 수 있다. 이 범주에 해당되는 떠돌이들은 집뿐만 아니라 안정적인 사회적 관계를 맺을 수 있는 가족도 있는 경우가 많지만 직업 특성으로 인해 지속적이고 안정적인 가족생활을 영위하는 것은 상대적으로 어렵다. 이 때문에 이 범주의 일상적 주거 형태는 호텔, 모텔 등 숙소의 형태가 일반적이며, 집에서의 생활은 이벤트적 주거 성격이 짙은 '한시적 머묾'의 형태이다. 그러나 떠돌이 유형 중 상대적으로 가장 안정된 사회적·경제적 지위와 관계를 맺는다.

둘째, 직업 특성에 의해서 끊임없이 움직일 수밖에 없으며 일정한 정주 공간으로서의 집도 가지지 못한 이들(그림 오른쪽 하단)이다. 장돌뱅이, 화물 트럭 운전자들이나 여행가와 같은 직업군들이 이 범주에 해당 가능하다. 이 범주의 떠돌이들은 일정한 집 없이 최소한의 신변 안전을 확보하기 위한 공간을 정주 공간으로 삼는다. 이 때문에 가족생활과 같은 사회적 관계를 가지기 어렵다. 주거 형태 역시 텐트에서부터 자동차, PC방, 찜질방, 임시 숙소에 이르기까지 다양한 방식으로 이루어지며 역시 '한시적 머묾'의 성격을 띤다.

셋째, 직업을 가지지 못했지만 일정한 정주공간으로서의 집을 가지고 있는 이들(그림 왼쪽 상단)이다. 이들은 미래의 안정된 삶을 보장받기 위하여 현재의 사회적 욕구들을 잠정적으로 유보한 이들로서 취업준비생, 고시생 등이 해당된다.[1] 이들의 주거 형태는 주로 고시원이나 합숙 학원

---

1) 취업준비생이나 고시생들이 살고 있는 주거가 가족생활을 누릴 수 있는 보편적 형태의

등의 형태가 많으며, 위의 두 전형들에 비해 상대적으로 긴 체류를 하지만 일정 수입이 보장되어 있지 않기 때문에 경제적으로 어려움을 겪는 경우가 많다.

넷째, 직업을 가지지 못했으며 일정한 정주공간으로서의 집도 가지고 있지 못한 이들(그림 왼쪽 하단)이다. 노숙인 혹은 쉼터 입소자, 임시일용직, 난민 등이 이 범주에 해당된다. 이들은 말 그대로 수입도 없고 최소한의 안전과 보호를 받을 수 있는 공간조차 제공받지 못해 위험에 노출된 경우다. 사회 취약 계층이나 최저 생계비를 밑도는 삶을 살고 있는 경우가 많다. 이들의 주거 형태는 막노동 임시 숙소, 고시원, 쪽방, 쉼터, PC방, 만화방, 24시 패스트푸드점, 지하도, 거리에 이르기까지 다양하다. 이 범주에 속하는 이들은 주거의 욕구 이전에 생존의 욕구와 맞닿아 있기 때문에 주거 양식 역시 사회적 응급실의 성격을 가진다.

이와 같이 개념적 수준에서 접근해본 네 전형의 '떠돌이'들이 실제 우리의 일상 속에서는 여러 범주들이 중첩되어 나타나거나 범주 밖의 새로운 모습으로 나타날 수도 있다.[2] 구태여 개념적 범주에 국한하더라도 표현 가능한 주거의 양태와 거기에서 발현되는 삶의 모습은 호텔에서부터 거리 노숙까지, 노마드(nomad)에서 방랑적 삶의 태도에 이르기까지 천태만상일 것이다. 그러나 일정한 거처를 두지 않고 떠돌아다니는 것을 주된 생활양식으로 삼는 유랑과 방랑이 그들 삶의 본질적 기저를 이룬다는

주택인 경우도 많으나 이 글에서의 범위에 벗어나므로 여기에서는 취업을 위해 가정이 아닌 타 형태의 정주 공간(고시원, 스파르타 합숙 학원 등)에서 삶을 영위하고 있는 떠돌이로 한정한다.

2) 예를 들어 대리운전기사와 같은 경우가 그러하다. 떠돌이라는 문맥에 한정시켜 생각한다 할지라도 고시원과 같은 일정한 정주 공간이 있는 이들이 있는가 하면, 만화방이나 PC방, 심지어는 노숙을 하면서 생활하고 있는 이들도 있다.

점은 여전히 이들이 21세기판 '집시'로 불려도 괜찮은 이유가 될 것이다.

3. 절망과 희망 사이: 나그네 설움

일상생활을 사회학적으로 바라볼 때 잊지 말아야 할 것은 삶의 구체성에 대한 천착과 이를 바탕으로 한 이해다. 이 때문에 우리가 떠돌이들의 주거에 대해 이야기한다면 응당 그들의 구체적인 주거와 생활을 살피고 이를 통해 사회학적 의미들을 삶의 바다로부터 건져내야 한다. 여기서는 위에서 대략적으로나마 구분한 '떠돌이'의 전형별로 대표적 사례들을 선정하여 그들의 주거를 엿보고자 한다. 유형별로 선정한 떠돌이들은 화물 트럭 운전자, 취업준비생, 노숙인이다.

1) 화물 트럭 운전자: 짐칸에 실린 삶의 애환

서울시 양재동 트럭터미널은 매일 700~800대에 이르는 화물 트럭들이 드나든다. 부지만 해도 축구경기장 13배 넓이에 달하는 이곳에는 여러 지역에서 올라온 트럭들이 목적지에 화물을 내려주고 새로 싣고 갈 짐을 알아보려 모인다. 화물 트럭의 운전자들에게는 이곳 트럭터미널이 긴 여정의 피로를 조금이나마 씻어낼 수 있는 주거 공간인 셈이다.

트럭터미널에는 짐을 보내려는 화주와 화물 트럭 운전자들을 연결해 주는 주선업체라 부르는 알선소가 있다. 화물 트럭 운전자들은 개인사업자이기 때문에 주선업체를 통해 일을 찾는다. 화물 일은 예약이 아닐뿐더러 짐이 언제 어떻게 나올지도 모르기 때문에 화물 트럭 운전자들은 주선업체의 사무실에서 끝도 없이 기다리고 앉아 일거리를 구하는 경우가 많다. 양재동 트럭터미널만 해도 약 250여 개의 주선업체 사무실이 있다. 그나마 규모가 있는 큰 사무실은 그런대로 사무실 구색이라도 갖춰놓았지만, 중소업체 사무실은 화물 트럭 운전자들의 쉼터로 주로 이용되는 경우가 많아 사무실이라기보다는 찜질방에 가까운 모습이다. 작은 주선업체의 사무실들은 화물 트럭 운전자의 간이 기숙사 역할을 맡기도 한다. 여기서는 일이 생길 때까지 기사들이 잠을 자기도 하고 식당에서 밥을 시켜 먹기도 한다.

업체마다 차이는 있으나 정수기 하나, 공용 선풍기 하나, 벽걸이 지도 등이 공통된 집기이며, 그나마 TV가 있는 곳은 사정이 나은 업체. 중소업체의 공간은 어른 셋이 누우면 꽉 찰 정도의 마룻바닥에서 칼잠을 자며 기다려야 하는 실정이다. 화물을 날라도 기름값과 통행료 빼면 가족들과 먹고살기에는 여전히 빠듯한 수입 때문에, 주선업체 사무실은 일을 기다리는 초조한 가장들의 담배 연기로 가득하고 새벽이면 복도마다 소주병들이 나뒹굴기 일쑤다.

> 돈 1~2만 원이라도 더 벌어서, 자식이 만 원 달라고 할 때 그 돈 만 원이 없어서 못 주면 그 부모 심정은 말로 표현할 수 없잖아요. 그런 거 때문에 움직이는 거예요. 솔직히 운임비 보고 움직이려고 하면 못 움직여요. 움직여봤자 그 돈이 더 나가니까[정동기(가명), 36세, 5톤, 경력 8개월].

화물 트럭 운전자들도 삶의 방식이 다양하게 나뉜다. 24시간 운전대를 잡는 일은 아무래도 불안한 까닭에 도시락을 싸들고 다니며 부부가 함께 트럭을 모는 운전자가 있는가 하면, 새벽에 도착해서 아침에 나오는 짐을 받기 위해 트럭 운전석 뒤 칸에서 한두 시간 잠을 청하는 운전자들도 있다. 제주도에서 온 운전자들은 바다를 건너기 때문에 한번 오면 보름씩

터미널에 머물기도 한다. 집에서 하루 보내면 타지에서 하루를 보내야 하는 것이 화물 트럭 운전자들의 삶이라 트럭터미널의 세탁소는 운전자들의 빨래들로 언제나 바쁘다.

제주도 기사들은 일 년에 반 이상을 육지에서 살아요. 반 이상 살지 않을까? 거의 3분의 2는 나와서 생활하고. 3분의 1은 제주도에서 생활하는 거죠[김덕훈(가명), 9.5톤, 경력 14년].

아침이 되면 새로운 하루를 위해 운전석에 앉아 양말을 신는 운전자가 있고, 수돗가는 이를 닦고 머리를 감는 사람들로 북적인다. 이들이 가져온 비닐봉지는 세면도구와 미용도구가 들어 있는 만물상이자 그간의 애환이 담긴 고생보따리이다. 만성적 경기 불황으로 물동량이 줄면서 화물을 기다리는 기다림은 더 길어지고, 경유값 인상은 화물 트럭 운전자들의 삶을 더 빠듯하게 만들었다. 잃어버린 것은 가족이었고 늘어난 것은 재떨이에 쌓이는 담배꽁초다.

(가족들이) 전화해서 빨리 오라고 조르고 그러면 마음이 짠하죠. 제가 화물차 9년, 10년 하다 보니까 …… 잃은 게 ……. 얻은 건 없습니다. 잃은 건 가족들하고 같이 있지 못하고 밖으로 다니는 것. 누가 알아줍니까, 이런 걸. 그런 게 제일 아주 …… (강승재, 42세, 4.5톤, 경력 10년).

장사를 할지, 다른 걸 또, 운전을 할지 모르죠. 가장 큰 바람은 자식들 키워놓고 노부부 편하게 사는 거죠(김성대, 33세, 9.5톤).

가족의 행복을 위해 달려온 10년 동안 잃어버린 것이 가족과의 시간이었다는 말에서 화물 트럭 운전자들이 가장 희망하고 바라는 삶은 소박한 일상이라는 것을 알 수 있다. 떠돌이의 삶에서는 평범한 주거에서의 소박한 일상은 사건이요, 유랑과 방랑의 사건은 일상이 된다.

2) 취업준비생: 고시원이라는 응급실

고시원은 응급실이다. 삶을 다친 중상자들이 조그마한 등산용 배낭 하나 둘러메고 간단한 살림도구만 챙겨 찾아드는 곳이다. 고시원이라는 응급실에서 그들은 오늘의 절망을 곱씹으며 내일의 탈출을 꿈꾼다.

어른 한 사람이 지나다닐 만한 어둡고 긴 고시원 복도를 지나면 추위와 취업재수생이라는 주위의 부담스러운 시선으로부터 35세의 박재석 씨(가명)를 지켜주는 그의 작은 방이 있다. TV를 볼 때는 소파로 사용하고, 밥을 먹을 때는 식탁으로, 잠을 잘 때는 침대로 사용하는 다용도의 침대가 책상 아래까지 길게 뻗어 있다. 앉아서 공부하기 위함보다는 양말을 말리는 데 더 요긴하게 사용되는 의자와 책상, 옷 두세 벌을 걸 수 있는 접이식 벽걸이가 이 고시원의 기본 옵션이다. 창문이 있는 방은 3만 원을 더 내야 하기 때문에 창문은 일찌감치 포기했고, 취업준비를 위해 인터넷은 처음부터 없는 고시원을 찾았다. 3.3m² 남짓한 방에 작동이 잘 되기만을 바랄 뿐인 화재경보장치와 환풍기가 그의 유일한 안전장치다.

처음에 들어왔을 때는 컴컴하고 다 막혀 있고 감옥에 수감된 그런 느낌 …… 침대에 누워있으면 관 속에 있는 시체 같은 느낌도 있었는데, 좀 적응하니 그나마 나아졌습니다. 어차피 취업하기 전까지는 친구들 만나기도 그렇고 집에도 부모님 눈치 보이고 …… [박재석(가명), 35세].

30대 중반이 되어서도 취업을 못했기 때문에 결혼한 친구들과 연락하고 만나는 것도 부담이다. 두 달에 한 번 밀린 빨래를 들고 집에 가서 세탁하던 것도 6개월 전부터는 하지 않고 있다. 빨래 한 번 하는 것도 나이가 들어서는 괜히 집에 손 벌리는 것 같아 부끄럽기 때문이다. 취업 준비를 위한 공부는 근처의 독서실에서 한다. 고시원에서도 해봤지만 사방이 막힌 답답함 속에서 마음만 더 조급하고 몸만 버리는 것 같아 끊었다고 한다.

세면장은 층마다 있지만 식당은 모든 고시원 사람들이 공용으로 사용하고 있다. 박 씨는 고시원에서 제공하는 쌀을 가지고 밥을 해 먹는다. 반찬은 고시원에서 제공하는 김치와 편의점에서 산 김과 계란. 그 때문에 그의 가장 주된 메뉴는 김치 볶음밥이다. 식당의 공용 냉장고 문에는 가끔 다른 사람의 반찬을 꺼내 먹는 이들에게 날리는 살벌한 경고문구도 붙을 때가 있다.

전문대 나오고 나서 어디 갈 데가 없더라고요. 막일도 하루, 이틀이지, 결혼하고 장래 생각하면 번듯하지는 못해도 취직을 해야 하니까 …… 주위 시선만 없으면 어디 혼자서 그냥저냥 살 수 있을 것도 같은데 …… 또 그게 그런 게 아니니까 …… 요즘에 또 취직 잘 안 되잖아요.

통계청의 고용 동향에 따르면 청년 실업률은 1999년 6월 현재 통계기준으로 개편한 이후 계속 악화되어왔으며 2017년 7월 현재 9.3%에 달한다. 더구나 이 수치마저도 박재석 씨와 같은 취업 준비자, 구직 단념자, 36시간 미만 취업자 중 추가 취업 희망자들을 비경제활동인구로 반영하지 않은 실업률이기에 실제 체감 실업률은 22.6%로 사상 최악이다. 15세에서 29세에 이르는 청년층 실업자는 2016년 7월부터 한 해 만에 1000

명이 증가했으며, 구직 단념자도 약 49만 명으로 작년 기준 4만 명이 늘어났다. 그러나 박재석 씨와 같은 취업 준비생들에게 미취업은 개인 능력만의 문제가 아니다. 실업급여를 받는 실직자 수가 사상 최고치를 기록하는 고용의 빙하기에 취업준비생들은 점점 한계 상황으로 내몰리고 있다. 평생직장의 해체, 실업 위기의 일상화란 말이 박 씨의 현재 상황을 단적으로 드러내준다(윤명희, 2004).

3) 노숙인: 불안과 허무 속에 표류하는 난민들

경제 불황의 소용돌이가 불어닥치면 가장 먼저 휘말리게 되는 것이 임시직·일용직, 그중에서도 막노동꾼들이다. 항상적인 고용 불안정 속에서 일을 해야 하는 그들은 그마저도 일거리를 찾아서 전국을 떠돈다. 이 때문에 사람들은 그들을 일명 '전국구 노가다'라 부르기도 한다. 이들은 보통 일하는 사업장 근처의 작은 방에 임시 숙소를 마련하여 작게는 두 명에서 많게는 예닐곱 명이 함께 생활을 하게 된다. 일이 끝나면 새로운 일거리를 찾아 움직인다.

숙소에 가재도구라고는 없다. 조그만 중고 TV 하나, 옷가지 몇 벌을 넣을 수 있는 수납장, 이불 한 채가 있고 조그마한 부엌에는 그릇과 냄비 몇 개만이 허기를 달래줄 용도로 비치되어 있다. 막노동의 고됨과 가족과 떨어져 살아야 하는 외로움을 달래는 그들의 둘도 없는 친구는 술이다. 더러는 착실하게 저축을 하는 사람들도 있지만 알바(아르바이트)를 하는 젊은 친구들을 제외하면 나이도 30~60대까지 천차만별이라 보통 한 달 월급을 받아도 방세와 식대를 떼면 생활비의 대부분이 밀린 외상 술값으로 나가기 마련이다.

우리처럼 하루 벌어 하루 먹고사는 사람들이 저축이 어딨노? 밀린 술값 갚으면 딴 데 또 떠야지(한승주, 38세, 덕트 작업).

주거가 마땅치 않은 독신 혹은 타향살이 일용 노동자들, 노숙인들이 하룻밤을 보낼 수 있는 또 다른 공간으로는 쪽방이 있다. 쪽방은 보통 1평 내외의 작은 거주 공간으로 노숙인들도 있지만 식당, 행상, 일용직, 막노동꾼들이 많이 이용한다. 수입이 일정치 않기 때문에 몇천 원으로 이용 가능한 쪽방은 그들에게는 생계와 생존의 마지막 안식처이자 최후 보루이기도 하다. 몇몇 만화방은 여느 만화방과는 사뭇 달리 하루 4000원으로 수면, 세탁, 샤워에 TV와 만화라는 여가 생활까지 누릴 수 있는 공간도 있다. 새벽 인력 시장에 나가려는 사람들을 위한 것인데 이런 만화방을 들르면 1인당 의자 3개를 배정받아 누울 수 있다. 그나마 만화방을 찾는 사람들은 돈을 모아 고시원으로 가는 꿈을 꾸는 사람들이며 악화일로에 놓여 있는 경제 상황은 이곳에 올 4000원이 없는 사람들을 증가시키고 있다.

사글셋방의 월세가 버거워 돈이 덜 드는 고시원이나 쪽방으로 옮기고, 그다음에는 하루에 8000원 정도 하는 찜질방이나 만화방을 찾다가 급기야 마지막으로 찾는 곳은 24시간 패스트푸드점이다. 특히나 패스트푸드점의 경우에는 다른 곳보다 비교적 안전하다 보니 여성 노숙인들과 새벽 인력시장을 기다리는 일용직 노동자, 대리운전기사들이 많이 찾는다고 한다. 이들은 아예 주문을 하지 않거나 음료수 한 잔으로 밤을 지새우기도 하고 수직으로 꺾인 패스트푸드점 의자의 의도된 불편함 속에서도 추위를 달래며 잠을 청한다. 이들의 삶은 불안과 허무 속에 점철되어 있다. 이 때문에 희망이라는 것은 어느 일용직 노동자의 말마따나 절벽이다.

희망이 …… 솔직히 말해서 막일하는 사람들이 오죽하면 희망이 절
벽이라고 말하죠. 거의 지금 …… 마음속으로는 햇빛을 보고 살아야 하
는데, 늘 그늘 속에 산다 이 말입니다. 그늘에서 …… (김○○, 일용직 근
로자).

세상에 기댈 사람이나 친구조차 없다는 공통점을 가진 이들이 삶의 마
지막 가닥을 잡지 못하면 노숙인이 된다. 지하도의 광장에 종이 박스를
접어 그 안에 들어가 잠을 청하는 노숙인들이 있는가 하면, 공원 철망 근
처에 땅굴을 파고 지하 움집을 지어 기거하는 노숙인들도 있다. 식사는
종교단체나 시민단체에서 운영하는 무료 급식소를 찾는다. 그나마 낮에
폐지나 고물을 주워 용돈을 버는 노숙인들도 있지만, 삶의 의욕을 잃고
하루를 그냥 보내는 노숙인들도 있다. 그들은 하루의 생존을 위해 이리
저리 떠돌아다닐 수밖에 없는 생계형 노마드이다.

떠돌이들의 주거 생활에서 우리는 떠돌이들도 다양한 스펙트럼을 가
지고 있으며, 그들의 주거와 생활을 살펴보면서 방랑과 유랑의 경계에 이
질적으로 분포되어 있음을 알 수 있다. 그들의 삶에서 우리는 무엇을 볼
수 있는가?

4. 떠돌이: 위기의 화석화가 만들어낸 집시들

각 전형들이 보여주는 주거 생활이 서로 이질적이기는 하지만, IMF 체
제의 직접적 희생자라는 점에서는 유사하다. 장기 불황 때문에 비자발
적·강제적 실업에 내몰린 취업 준비생, 온전한 삶을 누리고자 하는 욕구
는 강한 데 비해 생활 형편이 악화되어 화물 노동자로, 막노동꾼으로 살

아가게 된 사람들은 서로 다르면서도 닮아 있다. 끝없이 한계 상황으로 내몰리는 사회 취약계층, 위기의 화석화가 만들어낸 현대판 집시가 오늘의 떠돌이들인 것이다.

> 퇴직금으로 일 시작했는데 (요즘) 이러니까. (회사) 과장으로 있었는데, 젊은 나이에 너무 빨리 올라가서 빨리 나가래요. 그래서 나왔죠(정동기, 36세, 5톤, 경력 8개월).

IMF 체제가 만들어낸 떠돌이 빈곤층의 양산은 몇 가지 점에서 심각한 사회적 문제다. 무엇보다 떠돌이 빈곤층의 적체의 원인이 비(非)빈곤층의 빈곤 추락이라는 점에서 사회적 양극화를 반영하고 있다. 또한 빈곤층 내부에서도 분화가 발생한다는 점에서 이러한 사회적 양극화의 계층 내 양극화가 발생한다. 그리고 이러한 떠돌이 빈곤 계층 구조가 고착화되는 이른바 빈곤 추락의 일상화가 나타난다는 점에서 현대판 집시, 생계형 떠돌이들의 삶에 대한 체계적인 규명과 대책이 시급해 보인다.

이들이 마주치는 현실은 여전히 엄혹하다. 노숙인, 막노동꾼이나 행상 등은 말할 것도 없고, 경기 침체로 물동량이 줄어들면서 화물 트럭 운전자들마저도 고속도로를 달리는 시간보다 일을 기다리는 때가 더 많아졌다. 치솟는 경유값 때문에 차를 세워야 할 지경이다. 경제 불황으로 인한 소득·자산과 같은 경제적 자원의 감소가 떠돌이 삶으로의 지위 전락에 핵심을 이룬다는 것은 빈곤화 요인에 대한 그간의 연구들을 통해서도 충분히 동의할 수 있는 바이지만, 떠돌이의 주거와 삶은 단순히 경제적 요인뿐만 아니라 '사회적 배제로서의 빈곤'이라는 측면과 '사회적 관계의 해체'라는 측면 등도 함께 고려되어야 하는 복합성, 다차원성을 가진다.3) 특히 사회적 관계의 해체는 주거와도 만나는 부분이 있으므로 주목할 필요가 있다. 떠돌이들의 주거 생활이 일반적인 주거 생활과 가장 큰 차이를 보이는 것은 무엇보다도 일차집단으로 인식되어왔던 가족관계로 대표되는 사회적 관계의 해체에 있다. 정주 공간으로서의 '집'이 존재하지 않는 떠돌이들의 주거는 가족생활이 이루어지기 힘들다. 따라서 떠돌이들이 기거하게 되는 주거에서의 사회적 관계는 이차집단으로서의 집단이다. 이 때문에 떠돌이에게 주거는 가족의 해체, 삶의 지위가 하락하는 경험을 하는 공간이자 비참함을 가진 삶의 중상자들이 자신의 지친 몸과 서글픈 처지를 달래는 한시적 정주 공간이다.

마지막으로 떠돌이의 주거를 통해 찾아볼 수 있는 몇 가지 의미들을 정리해보자.

첫째, 매슬로의 욕구위계설을 '주거에 대한 욕구'로 재정의하여 떠돌이의 주거와 주거에 대한 욕구의 상호관계를 살펴볼 때, 떠돌이들의 생활을 통해 본 그들의 주거 욕구는 생리적 욕구 및 최소한의 보호와 안전의 욕구를 보장하는 수준에 그치고 있음을 알 수 있다.

둘째, 생활 정주 공간인 집에서 분리되면서 가족생활에서 오는 신체적·정서적 관계의 파괴, 끊임없는 이웃 환경의 변화에 따른 외로움과 격리됨의 경험 및 이질감과 불안정, 유동적인 생활 여건이 만들어낸 비형식적 생활양식의 일상화 등도 떠돌이의 주거가 가지는 특성이다.

셋째, 주거 가치[4]의 배제 역시 떠돌이의 주거에서 나타나는 특성이다.

---

3) 빈곤층의 사회경제적 특성과 실태에 대한 연구들로는 구인회(2002), 김영란(2004), 박은철·최현재(2002), 신명호 외(2004), 장세훈(2006) 등을 참조할 것.
4) 주거학에서는 주거가 사람들의 중요 가치를 잘 반영하는 생활 부분이라 보는데, 이때 주거를 통해 구현되는 사람들의 중요 가치를 주거 가치라고 한다. 주거 가치로는 프라이버시, 경제, 지위, 가족 중심주의, 육체적 건강, 정신적 건강, 심미성, 창조성, 여가, 평등성, 자유, 이타주의 등이 있다. 이들은 주거 선택에 영향을 미치는 것으로

넷째, 정주 공간이 불분명하기 때문에 신성불가침의 내부 공간으로서의 사생활, 고정적 참여 공간으로서의 집의 의미를 느끼기 힘들어, 주거가 가지는 '영역'이라는 개념이 퇴색되어 있다. 그러므로 떠돌이들이 자주 조우하게 되는 공간에는 이러한 영역권을 둘러싸고 여러 가지 사회적 갈등들이 발생한다.

　끝없이 떠돌아다녀야 하는 떠돌이의 주거와 삶은 불안과 허무 속에 표류하는 난민과도 같다. 이들의 불안정한 표류를 막는 안전판으로서의 사회 지원 대책을 적극적으로 강구할 필요가 있다. 그것이 위기가 화석화된 오늘날, 사회적·인적 자원의 빈곤화가 정체되지 않도록 하는 단초를 던져줄 것이다.

참고문헌

단행본

김태연 외. 1999. 『인간 공간 주거』. 수학사.
박은철·최현재. 2002. 『서울시 일용노동자의 삶과 정책』. 서울시정개발연구원.
신명호 외. 2004. 『'사회적 배제'의 관점에서 본 빈곤층 실태 연구』. 국가인권위원회.
윤명희. 2004. 「불안과 혼돈의 잡노마드」. 박재환, 일상성·일상문화연구회. 『현대한국
　　사회의 일상문화코드』. 한울.

　알려져 있다. 우리가 앞에서 구분한 직업적 특성에 의해서 끊임없이 움직일 수밖에 없지만, 일정한 정주 공간으로서의 '집'을 가지고 있는 이들의 경우에는 이러한 주거 가치를 구현할 수 있는 떠돌이며, 나머지 세 범주의 전형은 한두 가지의 주거 가치를 추구하는 것도 힘들다고 할 수 있다(김태연 외, 1999).

논문

구인회. 2002. 『빈곤층의 사회경제적 특성과 빈곤 이행: 경제위기 이후의 시기를 중심으로』. ≪한국사회복지학≫, 48호, 82~112쪽.

김영란. 2004. 『신빈곤의 발생구조와 빈곤정책 변화에 관한 연구: 근로빈민을 중심으로』. ≪사회복지정책≫, 20집, 245~273쪽.

장세훈. 2006. 『빈곤층의 내부 구성과 빈곤화 과정』. ≪경제와 사회≫, 71호, 179~207쪽.

14

미래, 우리는 어디에서 누구와 살 것인가?

김희재 | 부산대학교 사회학과 교수

사람들이 우리에게 집의 가장 귀중한 혜택이 무엇인지를 묻는다면 우리는 이렇게 대답할 것이다. 집은 몽상을 지켜주고, 집은 몽상하는 이를 보호해주고, 집은 우리로 하여금 평화롭게 꿈꾸게 해준다고. …… 집이 없다면, 인간의 존재는 산산이 흩어져 버릴 것이다. 집은 하늘의 뇌우와 삶의 뇌우들을 거치면서도 인간을 붙잡아준다. 그것은 육체이자 영혼이며, 인간 존재의 최초의 세계이다(바슐라르, 2003: 80).

1. 몇 동 몇 호라 불리는 우리의 안식처?

언제부터인가 한 가족을 대표하는 사람의 이름을 집 앞에 붙이던 문패가 사라지고 있다. 가족 구성원들의 생활 토대였던 주거 공간으로서 집을 대표하던 문패는 이제 대량 생산된, 공장에서 찍어내는 제품 번호와 같은 '층 및 호를 나타내는 숫자'에 그 자리를 내어주었다. 전통사회에서 시집오기 전의 아내가 살았던 동네의 이름을 따서 불렀던 영천댁, 황간댁 등과 같은 택호는 사라지고, ㅇㅇㅇㅇ호 아줌마 등으로 불리고 있을 뿐이다. 비약적일지 모르지만 그 공간은 특정 가족의 삶을 나타내는 공간이라기보다는 '외형상으로는 누구에 의해서도 쉽게 대체 가능한 동질적인 공간'으로 전락했다. 이런 공간은 내부의 공간과 외부의 공간이 확연히 구별되어 단순한 공간적 단절뿐만 아니라 가족 및 이웃, 사회와의 단절이라는 결과를 초래하기 쉬워진다. 또 이들 사이 발생할 수 있는 다양한 갈등을 조절하는 것은 힘들어지며, 개체의 주장만이 난무하는 현상을 유발할지도 모른다.

아파트 주거 공간에서의 가족의 개성은 외형적으로 드러나지 않기 때문에 주어진 내부구조를 다른 사람과 구별되게 꾸미는 것이 미덕으로 되어 있다. 새 아파트 입주 시 흔히 볼 수 있는 개조가 그렇다. 대량 생산된 동질적인 공간에서 이미 구성된 생활 자재를 버리고, 그곳을 자신들의 삶을 표현하는 수단으로 다양한 생활재를 다시 채워 넣는 것이 다반사가 되었다. 나와 나의 가족이 쓰는 아파트의 내부 공간은 고급 마감재와 설비기기들로 치장한 채 편리성과 안온함을 즐길 수 있도록 구성되어 있다. 하지만 이것은 철문 바깥의 공간이나 외부 세계에 대해서는 아무런 관심도 기울이지 않고 방치하는 자폐의 단지를 만들어왔다(박철수, 2006: 15).

비단 아파트만 그러하랴. 언제부터인가 단독주택의 담은 이웃과의 관계를 단절한 채 그 높이만 높아져 가고 있다. 부유한 사람일수록 그 담을 통한 경계는 확실할 뿐만 아니라 삼엄하기까지 하다. 이런 현상은 중·하류층에도 이어져 이웃과의 시선 교환이나 생활 간섭을 차단하기 위해 담을 높이는 것과 동시에 담벼락 위에 유리 조각이나 철책을 친 모습을 보는 것 역시 어렵지 않은 풍경이다.

집은 오랜 세월과 역사를 거치면서 인간의 지혜가 모여서 만들어진 가장 기능적이고 합리적이며 자연스러운 건축물(쉐나우어, 2004: 8)이라고 하지만, 현실에서 우리가 사는 집을 보고 있노라면, 현대가 만든 논리 속에 무의식적으로 우리의 삶을 규격화해나가고 있음을 느낀다. 이러한 우리의 현실이 외국인들의 눈에는 경이롭기까지 하다. 발레리 줄레조(2006)는 '서울은 오래 지속될 수 없는 하루살이 도시'라고 하면서 만연한 아파트 주거 문화를 비정상적이라고 비판했다. 이는 서구인의 시각에서 아파트가 주로 이민자나 저소득층이 사는 슬럼의 상징이라는 인식에 입각한 것이기도 하지만, 획일적인 아파트 주거 문화라는 측면에서는 우리의 주거 문화를 다시 생각할 수밖에 없는 현실임을 나타내는 것이라고 할 수 있다.

흔히 '아파트 공화국'이라고 표현되는 우리의 주거는 짧은 기간 동안의 산업화·도시화가 만든 비정상적인 주거 형태이다. 그러나 단순히 아파트라는 주거 형태로만 문제를 받아들이기에는 현실의 주거 문화는 더욱 심각하다. 서민 주거 문화로 시작된 아파트와 같은 공동 주거 단지가 철옹성을 쌓고 개별 가족만의 공간으로 바뀌었을 뿐만 아니라, 가장 유효한 재테크 수단으로 되는 과정에는 성장과 축적에만 집착한 왜곡된 주거 문화의 역사 또한 존재하고 있다. 일반적으로 선진국의 주택 거래량이 전체 주택의 5% 수준인 것에 비해 우리의 경우 20%에 이를 정도로 주택이 재테크의 수단이 되면서 장기로 거주하기보다는 빨리 집을 팔고 집값이 더 오를 곳으로 옮겨가는 '유목민적 주거 형태'가 보편적인 주거 문화로 자리 잡았다.

일상화된 아파트 주거 문화가 단지 부정적인 측면만 있는 것이 아니라는 것은 주지의 사실이다. 주거 활동의 편의성과 실용성의 측면에서 본다면, 급변하는 한국 사회에 적응하기 위한 가장 적합한 합리적인 주거 공간이라고 할 수 있다. 그럼에도 불구하고 아파트로 주거 형태가 획일화되는 현실은 공간의 특성 및 거주자의 의지와 관계없이 국가나 지자체에 의해 시행되어온 정책에서도 기인한다고 할 수 있다. 지역의 생활자의 입장에서가 아니라 개발 이익에 집착하여 공급자의 입장에서 정책이 시행되었고, 단기간에 고수익을 보장한 왜곡된 주택 보급 정책 역시 간과할 수 없다. 가족 공동의 주거 공간으로서의 주택은 급속한 가족 해체, 무한 경쟁을 초래한 신자유주의의 경제정책에 의해 정상적인 주거 형태를 갖기보다는 쪽방, 고시텔로 대표되는 소외된 주거 형태를 비롯하여 일반인들의 접근이 거의 불가능한 거대한 성과 같은 초호화 고층 아파트에 이르기까지 다양한 스펙트럼을 갖게 되었다. 최근 뉴타운 건설이나 재개발 사업이 초래한 현상으로서는 도시지역에 사는 사람들의 공간의 계층화가 더욱 분명하게 되었을 뿐만 아니라 계층 간의 갈등 역시 폭발의 불씨를 안고 있는 것도 고려하지 않을 수 없다.

삶의 공간이며 가족의 가치를 소중히 하는 가치체로서의 주택을 상품적인 속성만을 강조하는 현재의 왜곡된 주거 문화는 가족 내외로부터 다양한 사회문제를 유발한다. 일상화된 맞벌이 생활로 인해 가족 공동의 주거 공간 역시 왜곡되었다. 또 공동 주거 공간인 아파트의 주거 문화 역시 이웃 간의 사회적 거리가 점점 더 멀어지고 있는 것도 현실이다. 빈번한 이동으로 인한 이웃 간의 공동생활의 기회 상실 및 주택이라는 '자기 공간'과 주택 앞의 '공동의 공간'에 대한 인식 부족으로 인한 항상적인 갈등이 내포되어 있는 것이 현재의 주거 생활이다.

최근 이러한 우리의 주거 문화에 대해 다양한 영역에서의 반성과 대안이 나오고 있다. 가족 구성원들의 공동 생활 공간이 갖는 의미의 회복만이 아니라 잃어버린 지역 공동의 주거 문화를 찾으려는 노력이 도시 공간 내·외에서 이루어지고 있다.

2. 도시의 일상을 떠나 에코토피아를 꿈꾸는 사람들

모든 사람들에게는 온전하게 어딘가에 소속되어 인간답게 살아가고픈 공동체에 대한 근원적인 향수가 있다. 특히 도시적 생활이 분화될수록, 상대적으로 이전의 공동체 생활에 대한 그리움도 커진다. 주거 공간이 더욱 개별화되고, 가족 성원들 간의 대화가 부족할수록, 또 이웃들 간의 의사소통이 단절될수록 이 문제를 해결하기 위한 다양한 시도들이 가족 내외로부터 시도된다. 많은 사람들이 사회의 속도와 소비 욕구, 개발과 환경 파괴로 상징되는 자본주의 물질문명에 진절머리를 친다. 각박한 인간관계와 숨 막히는 경쟁 속에 일벌레로 살아가며 날로 극악해져 가는 스스로를 발견하고 내면의 평화와 참 자아를 찾으며 다른 삶의 방식을 모색해보기도 한다. 도시 주거 공간 내외에서 그 문제를 해결하고자 도시 공동체를 형성하여 심적으로 풍요로운 나눔의 공동체를 모색하고자 하는 사람들도 있다. 주말마다 회색 콘크리트 도시를 벗어나 작은 밭을 가꾸는 소시민부터 가족 전체를 이끌고 공동체 마을을 찾아 떠나는 이들까지 그 스펙트럼은 다양하다. 아파트 숲으로 둘러싸인 도시에서의 생활이 낳는 문제를 해결하기 위해서 정도의 차이는 있지만 도시적 삶을 포기한 채 공동체적인 삶을 모색하는 사람들이 있다. 더 나아가 병든 지구, 파편화된 인간관계를 회복하는 생태 지향적 마을 공동체 운동이 세계 곳곳에 생겨나고 있다. 생태 공동체는 미래 사회의 중요한 대안이자 근본적인 삶의 전환을 꾀하는 이들에게 선택지가 되고 있다. 이러한 생태 공동체는 새로운 삶의 방식을 찾는 이들에게는 대안이 되고 있다. 우리나라에도 다양한 성격의 공동체 마을이 거의 200여 개에 이른다고 한다. GEN (Global Ecovillage Network)에 의하면 전 세계적으로 20여 개의 계획 공동체와 1만여 개의 전통 마을이 결합되어 있다고 보고하고 있다.

생태 지향의 공동체에서는 내면의 평화, 참 자아를 찾으며 다른 삶의 방식을 모색할 뿐만 아니라, 에너지의 자급자족에 역점을 두고 생활하며, 공동체 주민의 공통된 가치를 공동의사 결정이나 만장일치와 같은 공동체 내부에서의 민주적 의사 결정을 통해서 이루어내고자 하고 있다. 일반적으로 생태 지향형 공동체는 계획 공동체, 생태 마을, 공동 주거의 세 가지 형태로 나뉜다.

1) 계획 공동체

계획 공동체는 공통된 신념을 가진 구성원들이 공동생산·분배, 자급자족, 전원합의 등을 추구하는 형태로 150여 명 내외의 규모로 구성되는데, 경남 함양의 두레마을, 경북 상주의 푸른 누리, 경기 화성의 산안마을이 이에 속한다(전남일·손세관·양세화 외, 2008: 340~341).

계획 공동체가 가지는 특징은 첫째, 도시적 삶에 대한 대안으로서 농촌에서의 삶을 선택한다는 것이다. 이들은 경쟁과 과도한 성장으로 인한 익명성과 개별성으로 인해 타인과의 관계가 표면적이고 제한적인 도시적 삶을 포기하고 농촌 공간에서의 새로운 삶을 모색한다. 둘째, 현대사회의 단절된 인간관계에 대해 새로운 모색을 시도한다. 즉, 형식과 내용에서의 개인주의에 회의를 품고 공동 주거 등을 바탕으로 개인과 집단의 다양한 관계를 회복하고자 노력한다. 셋째, 자본주의적 생산방식을 거부하여, 이윤 추구를 위한 농업이 아니라 공동체의 자급자족을 목표로 하고 있다. 넷째, 친환경 또는 유기농을 선택하는데, 이 역시 자연을 단순히 이용의 대상이 아닌 조화를 통한 생존의 근거가 되는 환경으로 인식하는 것이다(이동일, 2011: 8~10).

독립된 단지나 마을을 단위로 하여 환경의 외형적·물리적 지속 가능성을 지향함과 동시에 거주자들이 서로 공동체적인 관계를 구성하고자 하는 움직임이 나타났다. 진정한 주거 공동체는 지구 환경과의 공존의식이 철저하여 자원을 낭비하지 않고 생태적인 삶을 지향하며 대부분 공간의 공유를 통해 공동체 생활을 추구한다.

경기도 화성시 향남면 구문천3리 산 141의 1번지에 위치한 생태공동체 산안마을은 야마기시즘이라는 이념을 기본으로 하고 있다. 자연과 인위의 조화를 추구하는 야마기시즘은 자연과 인간이 대치가 아닌 일체의 상태임을 강조하면서 서로의 조화를 강조한다. 또한 "나, 모두와 함께 번영한다"라는 이 공동체의 모토는 구체적인 생활의 원리로서 무소유, 공용, 공활(共活)을 실천의 원리로 하고 있다. 이 공동체의 특징은 첫째, 돈지갑 없는 일체 경영이다. 둘째, 급료도 분배도 없다. 셋째, 우두머리나 관리직이 없이 각자의 자유의지에 의한 임의의 자각으로 역할을 담당한다. 넷째, 소유가 없고 공용으로 한다. 다섯째, 전문분업으로 각자의 특기에 따라 전문적 역할을 한다. 여섯째, 모든 것은 연찬으로 운영된다. 마지막으로 생활은 개인으로 하는 것이 아니라 일체 생활이다(야마기시즘생활실현지문화과, 1999: 25~26).

산안마을은 10가구 44명이며 이 중 한국인 신랑, 일본인 신부 커플도 세 쌍이 포함되어 있다. 그렇지만 이들은 모두 한 가족, 한 살림이다. 저마다 농사 담당 채소부, 닭을 키우는 양계부, 마을의 생산물을 유통시키는 공급부, 아이들을 돌보는 학육부, 생활부 등에 배속되어 일하지만 누구도 월급을 받지 않는다. 마을 돈지갑을 하나로 관리하면서 필요한 사람은 필요한 만큼 받아쓴다. 마을 안에서는 돈이 전혀 필요하지 않다. 음식과 생필품이 가득한 창고 문은 늘 열려 있고 누구라도 가져

■산안마을의 전경   ■야마기시 실현지 입구

다 쓰면 된다. 부엌도 옷장도 하나로 같이 먹고 같이 입는다. 아이들도 같이 키운다.

산안마을은 인간과 자연이 공생하며 행복해지는 삶을 제시했던 일본의 농부 야마기시 미요즈의 영향으로 1984년 세워졌는데, 마을의 큰 아버지 격인 윤성렬 씨에 의하면 "많은 형제들과 함께 생활하다 보니 사회성이 저절로 키워져 아이들은 학교에서도 잘 적응하고, 모든 어른들을 자기 부모 모시듯 한다"며 뿌듯해한다(≪문화일보≫, 2002.11.5).

2) 생태마을

생태마을은 농촌을 중심으로 기존의 마을을 생태 지향적으로 바꾸거나 새로운 마을을 구성하며, 주민들은 공적·사적 경제활동을 혼합하는 형식으로 무주 진도리 마을, 홍성 문당리 마을, 경기 화성의 산안 마을, 녹색대학의 생태마을 등이 이에 속한다(전남일·손세관·양세화 외, 2008: 341). 대부분의 생태마을은 농업생산자와 소비자들 간의 직거래라는 기본 목적을 가지고 있다. 먹을거리에 대한 생산자와 소비자 간의 이해와 목적이 서로 결합된 유형이며 생활협동조합의 형태를 갖는 것이 대부분

공동체명	특징
안솔기 생태마을	마을공동체/간디학교 배후 마을
솔뫼농장	영농조합법인/12가구 회원
한농복구회	환경 회복/유기농
한마음공동체	최초의 유기농/생협
한생명	불교 공동체/수련과 생명살림
공생농두레	친환경 농산물/ 대구 한살림
한울타리공동체	농촌과 어촌 연계 마을 공동체
방주공동체	지역 생태 보전
흙살림새벽공동체	사회적 기업/유기농
생명누리공동체	생태마을/인동 공동체 운영
청마공동체	친환경 농업/지역 농업 공동체

이다. 즉, 농촌도 살리고 도시의 소비자도 살리자는 목적을 가지고 있다 (이동일, 2011: 7).

생태마을의 특징은 ① 인간적인 규모, ② 다양한 생활 요소가 완전히 갖추어진 주거지, ③ 인간의 활동이 자연과 조화, ④ 건강한 인간성을 개발, ⑤ 무한한 미래로 지속 가능성 등이다. 즉, 용어에서 풍기는 것과 같이 자연환경과의 친화성을 강조하는 것을 가장 큰 특징으로 하고 있다는 것이다(이동일, 2001: 64).

경남 산천군 시안면에 위치한 안솔기 생태마을은 1999년 간디학교 법 인이 토지를 매입하여 교사 및 학부모 정착촌으로 시작되었다. 이 공동 체 마을은 대안학교인 간디학교 배후 마을로서 주거지의 성격을 띤다. 18가구에 주민은 48명이 있다. 2001년 주민이 입주하기 시작하여 2007 년에 17가구의 건축이 완료되었다.

■ 안솔기마을 전경

■ 장성 한마음공동체 유기농밸리

안솔기마을(간디생태마을) 생태마을에는 몇 가지 약속이 있다. 마을 안에 수세식 화장실을 설치할 수 없다. 식물들도 잠을 자야 한다는 이유로 가로등 대신 손전등을 이용하고 구성원 사이에 문제가 생기면 서로 대화로 해결한다. 둘째로는 창조적 실험들이 지속될 수 있는 열린 문화를 만들어야 한다. 다양한 삶의 가치를 인정하고 존중하는 사회, 획일화된 문화를 지양하고 문화적 다양성 확보를 위해 노력해야 한다. 누구나 자신이 추구하는 가치를 표현하고, 자아를 실현할 수 있으면서 개인의 삶과 공동체의 비전을 분리하지 않고 획일 문화에 의해 지배되지 않는 공동체가 열린 공동체인 것이다. 셋째는 창조적인 실험 성과를 적극적으로 사회 시스템과 연계해야 한다. 우리 사회 곳곳에 열린 대안마을을 만들어 일상의 행복이나 자아실현을 꿈꾸는 시민들에게 꿈과 희망을 줘야 한다(≪오마이뉴스≫, 2002.2.4).

1990년 호남 최초의 유기농업 단체로 설립된 전남 장성의 한마음공동체는 유기농 생산물을 도시와 연결하는 도농 공동체이다. 이 공동체는 농촌은 농사만으로는 살아갈 수 없다는 현실적 판단에 입각해 유기농법을 채택하여 자연도 살리고 농민도 살리는 지역공동체 운동으로 일환으로 시작되었다. 특히 안전한 먹을거리를 위해 유기농에서 사용하고 있는 퇴비, 미생물제제 각종 효소들 등 어떤 것도 일절 사용하지 않는 그야말로 완전 무투입 농법인 예술 자연농을 실천하고 있고, 천연 염색과 실크를 활용하여 전통적 의복 문화 복원에 힘쓰고 있다. 주거 문화에서는 황토 집을 보급함으로써 건강과 지역문화를 살리는 활동을 하고 있다.

이 공동체들은 대개 친환경 농업을 중심으로 농촌의 경쟁력을 높일 뿐만 아니라, 도시민과의 연계를 통해 상생하는 환경을 만들고 있다.

3) 공동 주거

공동 주거란 개인이 소유하는 완벽한 단위 주거와 그 외에 주민들이 함께 사용할 수 있는 공동의 공간이 함께 계획된 주택으로 이러한 공유 공간은 주민의 가사 노동을 줄여주고 여가 생활을 도우며 이웃 간의 사회적인 상호작용을 가능하게 한다. 개인적인 프라이버시를 유지하면서 필요한 경우 공동생활을 영위하는 코하우징(cohousing)이라는 주거 단지가 덴마크, 스웨덴 미국 등지에서 개발, 보급되고 있다. 공동 주거 단지 개발의 주요 목적은 주민들 간의 상호관계를 증진시키고 주민 모두 참여하여 관리와 운영의 책임을 공유하며 공동체적인 체험을 함께 나누는 것이다. 공동 주거는 도시나 교외지역의 익명성이 보장되는 공동주택 단지와는 달리 모든 거주자들의 사회적인 상호작용과 의존성, 그리고 협동을 강조하는 주거 형태이다.

공동 주거는 10~50가구가 공동체 생활과 개인 프라이버시의 균형을 맞추어가며 같이 사는 형태이다. 서울대학교 인문사회 계열 석·박사 과정에 있거나 졸업 후 연구 활동을 하던 20명이 뜻을 모아 설립한 안양시의 '아카데미 테마타운', 연세대학교 직원 동호인 주택인 '초록마을', 교수

▌일오집

부산광역시 남구 대연동에 있는 일오집은 2013년 8월 완공한 공동체 주택으로 14집과 한 채의 커뮤니티 하우스를 갖고 있다는 의미이다.

와 연구인들 8가구가 모여 서울의 역삼동에 지은 '서당골', 경기도 용인군 화산리 '건축인 마을', 서울 평창동의 '음악인의 마을', 경기도 일산의 '사진기자 마을' 등이 이에 속한다. 1994년 완공된 동호인 주택인 아카데미 테마타운은 공동으로 사용하는 외부 공간과 더불어 정기간행물실, 세미나실, 팩스와 복사기가 있는 정보통신기구실, 종합 헬스실, 영화 감상실, 어린이 놀이방, 아동 독서실 등 각각의 개인 거주 공간 외에 다양한 공간이 갖추어진 것이 특징이다(전남일·손세관·양세화 외, 2008: 340).

공동 주거란 우리나라의 동호인 주택단지처럼 단순히 모여 산다는 개념은 아니다. 공동 주거를 하면서 협동 생활을 통해 경제적·사회적 이익 등을 얻는 생활 방식이다. 대안적 계획·생태 공동체의 성격을 띠고 있는 것이다. 일종의 '현세 친화적인' 도시형 공동체를 말한다.

생태 공동체는 사람과 자연이 생태적으로 균형과 조화를 이루며 살기 위한 목적으로 조성되어 오늘날 환경 파괴적인 주거 형태의 대안적 삶으로 주목받고 있다. 주변 자연 생태계와 조화되고 자원과 에너지가 절감되며 안정된 하나의 공동체를 추구하는 대안 주거지를 말한다. 생태 공동체는 도시의 주거 생활이 만든 다양한 문제로부터 벗어나기 위한 오래된 대안으로서 각광을 받고 있다. 그럼에도 불구하고 이 공동체들이 대체적으로 작은 범위에서 실현되고 있으며, 각박한 도시 공간에서보다는, 이 공간을 떠나 교외라는 공간에서 이루어지고 있어 복고적 공동체의 유형으로 그 한계를 갖는다고 할 수 있다. 누구든 매일 반복되는 도시의 일상을 떠나, 교환가치를 갖는 도시의 집을 버리고, 도시 생활의 근간인 일자리를 버리고 떠날 수 있는 것은 아니다. 남겨진 대다수의 도시인들에게는 대안적 주거 문화는 없는 것일까? 도시에 대한 미련을 버리고 떠나는 것이 해결책일까?

3. 도시 공동체 내의 작은 변화

1) 담장을 허물며

산업화·도시화에 의해 우리가 살고 있는 도시 환경의 열악성은 더욱 가속화되고 있다. 최근에는 이러한 조건 속에서 도시민 스스로에 의해서 '우리의 삶터는 우리 손으로 가꾸어나가야 한다'고 하는 삶터 자치의 인식이 확산되고 있다. 우리는 이제까지 삶터를 가꾸고 관리하는 일은 오로지 국가·행정·전문가들의 몫으로 여기고 그저 주어진 삶터에서 체념하듯이 살아왔다. 또 경제 논리에 편승하여 주택이나 주거 환경을 재산 증식의 수단으로밖에 보지 못했고, 숱하게 옮겨 다니는 유동 사회의 소용돌이 속에서 내 집이든 우리 동네든 잠시 살다가 언제고 떠날 대상으로 여기게 되었다.

폐쇄성 높은 아파트가 우리 주택 문화의 주류를 이루고, 단독주택지에는 높은 담이 쳐져, 우리의 삶의 터는 극도로 폐쇄적인 공간으로 변모했다. 이웃관계는 더욱 단절되고 주거 공동체 역시 급속히 와해되었으며, 담장 밖의 공유 공간에는 지나치게 무관심하면서 담 안의 사유 공간에는 과도할 정도로 집착하는 병리 현상이 만연했다.

그러나 최근에는 '다함께 사회를 만들어야 한다'는 의식의 변화와 함께 공동체 회복을 위한 다양한 실천 전략을 모색하는 분위기가 조성되고 있다. 이는 '지속 가능한 개발', '환경 중시', '여유로운 도시 공간의 창조'라는 전체 사회의 분위기와 일맥상통하는 것으로서 일상생활 속에서, 특히 주거 환경과 관련해 실천적으로 일어나고 있다. 그 대표적인 활동이 일 그러진 삶터를 치유하고 삶을 풍요롭게 하는 '마을 만들기'가 그것일 것이다. 마을 만들기의 대표적 활동으로 '담장 허물기 운동'을 살펴보자.

담장은 대지 경계를 구획하며, 외부로부터 사생활을 보호하며, 담장 내의 기후와 통풍과 일조 등을 조절하며, 가로망의 패턴을 형성하고, 공간을 분할하고 동선을 유도하는 등의 기능을 갖는다. 그러나 담장은 둘러싸는 것이기에 외부와 단절을 가져오며 폐쇄, 방어, 불신, 배타성 등을 초래한다. 이러한 담장을 허물면서 정서적으로 단절에서 공유로, 폐쇄에서 개방으로, 불신에서 신뢰로, 방어에서 공유로 전환되며, 물적으로는 콘크리트 위주의 회색 도시에서 나무와 잔디와 돌 위주의 녹색 도시로 바뀜으로써 도시 내의 녹지 공간과 시민들의 공유 면적이 크게 늘어나게 된다(안태환, 2000: 2).

담장 허물기가 가장 모범적으로 이루어지고 있는 곳은 대구광역시이다. 대구광역시의 담장 허물기 운동은 어느 한 시민운동가가 시작했는데, 본격적으로 시 차원의 운동으로 전개된 것은 1999년부터였다.

담을 확 트면 정원도 넓게 보이고 햇볕도 많이 들어와서 참 좋을 텐데 …… 사글셋방을 전전하다 갖게 된 정원은 그것을 더 예쁘게 가꾸고 싶다는 욕심을 자꾸 불러일으켰지만 담은 정원을 예쁘게 가꾸는 데는 애물단지였다. 더군다나 초록화실을 통해 동네 아이들과 주민들을 만나게 되면서 어차피 하루 대부분의 시간을 밖에서 지내는 것을 생각하면 이 공간을 우리 부부만 즐긴다는 것이 너무 아깝다는 생각도 들기 시작했다(김경민, 대구YMCA 시민사업국장).

이러한 생각을 기초로 하여 전셋집 주인을 설득해 담장을 허물었고, 이는 동네 골목 공원 꾸미기로 번지게 되었으며, 1999년에는 시민사회단체와 대구시가 공동으로 전개하는 운동으로 확산되게 되었다. 특히 2000년 12월까지 1년 반 만에 121개소가 참여하여 7290m의 담장이 없어지고, 약 2만 6000여 평의 크고 작은 공원·녹지 공간을 조성하여 폐쇄적·사적 공간을 개방적·공적 공간으로 전환함으로써 마을주민·시민이 함께 즐기는 공간으로 만들었다(손상락·이시화, 2001: 13). 이와 더불어 녹지 공간뿐만 아니라 심리적 공간도 더욱 확대되고 더불어 사는 도시 공동체의 조성에 크게 기여할 것으로 평가된다. 담장 허물기 운동이 가져다주는 효과로는 열린 사회 분위기 조성, 녹지 공간의 증대, 도시 경관 향상, 삶터 자치 실현, 도시 자연환경 개선 등을 들 수 있다.

처음엔 담장을 허물고 주차장을 만든다는 게, 방범이나 사생활 노출 문제도 있어 꺼림칙했어요. 그런데 폐쇄회로(CC)TV를 설치해줘서 그런 우려도 없고, 이웃과 인사말도 자연스럽게 나누게 되면서 더 친해졌어요(≪문화일보≫, 2007.9.21).

전통적으로 우리 사회의 담장은 외부와의 단절이라기보다는 경계를 구획하는 의미가 크다. 특히 권력을 가진 사람들에 의해서 경계가 그어

지고 담장이 처지는 것이지, 일반 민중에게는 거의 담장이 의미가 없었다. 그러나 급속한 산업화, 도시화 과정이 담장은 경계의 구획이라는 의미를 넘어서 공간적 단절과 소통의 단절을 초래했다. 더 나아가 이는 경계를 두지 않았던 전통과의 단절, 지역의 단절을 불러왔다고 해도 과언이 아니다. 담장 허물기 운동은 그러한 측면에서 전통의 회복임과 동시에 지역의 회복이며 삶의 회복이라고 할 수 있는 도시 공동체 운동의 조용한 시도임에 분명하다.

2) 마을 만들기

　마을 만들기 운동은 주민 스스로 자신들이 사는 삶터를 살기 좋게 만들어가기 위해 마을 환경을 바꾸거나 마을 특성에 맞는 주민 역량 강화 프로그램 지원을 통해 구체적으로 실천해가는 것을 말한다. 즉, 일그러진 삶터를 치유하고 삶을 풍요롭게 하는 마을 단위의 도시계획이 마을 만들기이다. 마을 만들기 운동의 유형은 주민, 시민단체, 행정기관 주도에 의한 것으로 추진 주체에 따라 구분되기도 하고, 아파트 단지, 일반 주택 단지, 상가지역 등에서 행해지고 있다.

최근 대단위 아파트 단지를 중심으로 입주자들이 중심이 되는 흔히 '마을 만들기'라고 불리는 아파트 공동체 운동이 확산되고 있다. 아파트 공동체 운동은 일반적으로 주거권 확보를 위한 운동으로부터 자치 관리 운동, 생활 문화 운동 그리고 공동체 운동의 형태로 발전하고 있다. 주거권 확보 운동은 아파트가 보급·확산되는 시기에 주거권 보장 및 철거 반대 운동 등을 통한 적당한 보상과 같은 집단적 이익을 확보하기 위한 것이었다. 자치 관리 운동은 아파트의 관리 규약의 제·개정, 관리비 점검, 절약 정보 공유 활동 등을 주요 활동 내용으로 했으며, 최근 빈번하게 일어나는 생활 문화 운동은 다양한 주민 소모임을 구성하여 취미, 교양교실, 환경, 알뜰시장, 공동 공간 확보 등을 주된 활동으로 하고 있다. 이 운동들은 집단적 이익을 확보하기 위한 보상적 공동체의 속성으로부터 점차 주거에 기초한 생활공간의 개선, 교육, 의료 등 생활 서비스의 향상 등과 같은 적극적인 공동적 자아실현의 목표로까지 그 활동을 넓혀가고 있다. 아파트를 중심으로 형성되어온 마을 만들기는 그 범위를 넓혀 비아파트 주거지까지 확산되고 있다.

　마을 만들기 운동은 주민자치에 기초한 운동으로서 개인주의적 공간에의 집착을 버리고 더불어 살아가는 사람들, 더불어 가꾸어가는 마을을 통해 삶의 자치, 삶의 터전에 대한 자치를 실현하고자 하는 운동이다. 마을 만들기는 삶터를 가꾸는 운동이다. 즉, 생활하는 데 고통과 불편을 주는 생활환경의 문제를 스스로 해결하고 개선하며, 주민의 편의를 높이고 삶의 질을 향상시키는 데 필요한 공용 공간이나 시설, 장소를 만들어가는 것이다. 또 마을 만들기는 공동체를 이루는 운동이다. 공유 공간에서 벌어지는 공동의 문제를 함께 해결하고 개선하며 새롭게 만들어가는 과정을 통해 이웃과의 단절을 회복하고, 의사소통의 경로와 활동 체계를 만들며, 주민 공동체를 이루어가는 것을 목표로 한다. 마을 만들기는 사람을 만드는 것이다. 개인 공간에만 집착하던 개개인들이 공유 공간에 관심을 갖고 이웃과 더불어 공동의 문제를 해결하는 과정을 학습하고 체험함으로써 진정한 주민으로, 민주 시민으로 새롭게 태어나는 과정이기도 하다. 물론 아파트 관리비에 얽힌 비리 발생원의 확인과 소송, 통행료 거부, 재건축을 둘러싼 아파트 단지 내의 여론 주도권 확보를 위한 일부 집단의 몸 불리기와 싸움, 다수를 포용하지 아니하는 배타적인 집단의 형성 등(박철수, 2006: 81~82) 문제점도 없는 것은 아니다.

아파트를 중심으로 한 자치적인 마을 만들기의 대표적인 예는 부산 금정구의 '금샘 사랑방 문화클럽'을 들 수 있다. '금샘 사랑방 문화클럽'은 부산 금정구 구서동에 위치한 5000세대에 이르는 전형적인 중산층 아파트 단지에서 입주자들 스스로 '정다운 이웃, 살맛 나는 마을'을 만들어보자는 취지의 작은 모임에서 시작되었다. 부부 중심의 운영 주체로 초기에는 수평적이고 민주적인 의사 결정으로 운영되었으며, 마을 축제 프로그램인 '단오잔치'와 '금샘문학의 밤'을 추진하고 집행하는 과정 속에서 구성원들 간의 상호 신뢰와 연대감이 형성되고, 지역주민의 참여를 이끌어내는 계기를 마련했다. 이웃과 함께 하는 경험은 체화되어 공동체 의식을 강화하는 결과를 가져왔다(김태란, 2008: 130).

주민 스스로에 의한 마을 만들기 운동에 비해 '주민자치센터'는 관 주도하의 마을 만들기의 전형이라고 할 수 있다. 주민자치센터란 읍면동사무소의 여유 공간에 설치된 각종 문화·복지, 편익시설과 프로그램 등을 총칭하는 개념으로, 주민자치센터의 궁극적인 목적은 주민을 위한 문화, 복지, 편익시설과 프로그램 운영을 통해 주민의 삶의 질을 높이고 지역주민의 참여를 통한 주민 자치의식과 공동체의식을 향상시키는 구심체 역할을 수행하는 데 있다. 주민 편의 및 복리 증진 도모와 주민자치 기능 강화를 통한 지역 공동체 형성이라는 목적을 달성하기 위해 주민자치센

금정구 미리내 행복마을

동래구 시싯골 어울마을

터는 ① 주민자치 기능(지역 문제 토론, 마을 환경 가꾸기, 자율 방재 활동 등), ② 문화 여가 기능(지역 문화 행사, 전시회, 생활체육 등), ③ 지역 복지 기능 (건강검진, 마을문고, 청소년 공부방 등), ④ 주민 편익 기능(회의실, 알뜰 매장, 생활 정보 제공 등), ⑤ 시민 교육 기능(평생교육, 교양 강좌, 청소년 교실 등), ⑥ 지역사회 진흥 기능(내 집 앞 청소하기, 불우 이웃 돕기, 청소년 지도 등) 등 의 기능을 가지고 있다(행정자치부, 2002). 관 주도의 마을 만들기인 주민 자치센터는 취미 교양 프로그램 위주의 운영과 주민자치 기능의 부재, 주 민자치 위원의 자주성과 대표성의 취약, 자치 교육 기능의 부재, 인식, 홍 보, 참여의 부족 등이 운영상의 문제로 지적되고 있다.

최근 서울시는 관 주도형 마을 만들기가 가지는 문제점을 인식하고 "주민의 필요에 따라 주민이 계획하고 주민이 직접 만드는 마을 공동체 서울"이라는 슬로건 아래 이웃 간의 호혜적 관계망 구축을 통해 공동체성 을 회복하고 삭막한 도시에서 함께 사는 즐거움을 알아가는 정책을 적극 적으로 펴고 있다. 이의 실현을 위해 서울시는 '서울 마을공동체 종합지 원센터'를 통해 이웃 만들기, 육아 교육 공동체, 생활 문화 예술 공동체, 골목 마을 계획 등 주민 참여형 사업에 적극 지원하고 있다. 서울시 마을 공동체 사업은 주민이 스스로 계획을 수립, 제안, 직접 실행하는 주민 주

씨앗기(모임 형성 지원)	새싹기(실행 지원)	성장기(마을 계획 수립 지원)
마을의 씨앗인 주민 모임을 구성함/ 주민 필요와 마을 문제를 발견함.	주민 필요와 마을 문제를 해소함/ 마을 살이를 본격화·상설화함.	마을의 씨앗과 새싹이 모여 종합적인 마을 계획을 수립·실행함.
우리 마을 프로젝트 1 부모 커뮤니티 활성화	다문화 마을 공동체, 상가 마을 공동체, 주민 제안 사업(활동, 공간) 공동 육아 활성화, 공동 주택 공동체, 마을 기업 활성화, 마을 예술 창작소, 에너지 자립 마을, 안전 마을 활성화 등	우리 마을 프로젝트 3

자료: 서울시 마을공동체 종합지원센터(http://www.seoulmaeul.org).

도 사업으로 주민 3인 이상이면 누구나 신청 가능하며 주민의 준비 정도에 맞추어 주민 모임 형성, 실행, 마을계획 수립 지원 등의 단계를 통해 맞춤형 지원을 실행하고 있다(http://www.seoulmaeul.org). 그 형성 단계와 내용은 〈표 14-2〉와 같다.

부산광역시 역시 2010년 시범사업으로 4개 마을을 선정해 '행복 마을 만들기' 사업을 시행했으나 행정 측이 추진 주체가 되어 진행되었다. 그러나 부산시는 주민과 호흡하면서 지속적인 의견 수렴을 통해 사업 내용을 보완·수정하여 발전시키고, 행복마을 만들기 사업의 지속성이 확보될 수 있는 구체적인 실현 방안 마련이 필요하다고 보고 2012년부터 전문가 지원(계획가, 활동가)을 통한 방식으로 추진하고 있다. 2015년 기준 관리 마을(12개), 지원 마을(28개), 신규 마을(5개) 등 총 45개 행복 마을을 운영했다. 신규 마을은 마을 비전 구상 및 계획 수립, 지원 마을은 공동체 자립 활동 및 행복센터 활성화, 관리 마을은 마을 자립 활동을 위한 마을 리더 발굴 등의 활동을 중심으로 주민 참여를 기반으로 마을 만들기 사업을 추진했다(부산시, 2015).

아파트의 자치조직에 의해서 이루어졌든, 관 주도에 의해서 이루어졌든 간에 마을이라는 특정 공간에서 살아가는 사람들이 함께 자신의 삶터를 가꾸어가려는 주거 문화의 반성적 움직임이 활발하게 일어나고 있다는 사실이 중요하다고 하겠다. 성장 제일의 경제 논리로 주택이나 주거 환경을 재산 증식의 수단만으로 받아들였던 우리의 현실을 반성하고 다 함께 우리의 삶터를 가꾸어야 한다는 공동체 회복을 위한 다양한 시도와 전략이 모색되고 있다고 하는 데서 우리 주거 문화의 장밋빛 미래를 볼 수 있는 것은 아닌가?

4. 미래의 주거 문화: 가족과 이웃을 담는 집을 그리며

우리의 일상생활은 오랫동안 주거를 통해 이루어져 왔으며, 주거야말로 '인류의 보편적 삶을 가장 잘 반영하는 건축물'이다. 그리고 '집'은 인간들을 둘러싼 사회적·자연적 환경에 대한 대응물이다. 따라서 단순히 외형상 집이라는 공간에만 관심을 기울여서는 안 되며, 오히려 그 집을 바탕으로 일상적 삶을 영위하는 사람들의 삶을 이해해야 할 것이다.

앞에서는 파편적이고 소외적인 도시 주거의 삶을 버리고 복고적인 공동체적 삶을 지향하는 사람들과 이웃과의 단절을 소통으로 변화시키는 도시 내의 작은 시도로서의 '담장 허물기 운동' 및 '마을 만들기 운동'을 살펴보았다. 이 절에서는 저자들이 지적한 주거 공간으로 주택이 갖는 문제점과 왜곡 변형된 주거 문화를 바탕으로 미래의 바람직한 주거 문화는 무엇일까를 모색하고자 한다.

1) 당신은 어떤 집에서 살고 싶은가?

이 물음에 대한 대답은 개인이 처한 상황에 따라 다양할 것이다. 그러나 우리가 앞서 고찰한 바에 의하면 집이라는 것은 대체적으로 교환의 중요한 수단이지만, 안정적인 정착의 대상물이 아니어서 유목민적인 주거 형태를 보이고 있다. 또 집은 고립된 개인의 유일한 사적 공간으로서 자신의 삶을 표현하기 위해서 경쟁적으로 장식하거나 치장하는 상징으로 기능한다. 경쟁이 과열된 현대 도시적 삶을 영위하는 데 가장 적합한 주거 형태를 찾기 위해 '배산임수'와 같은 자연적인 조건 대신에 학군, 문화·편의 시설의 편재 등 새로운 기준을 바탕으로 집을 구하고 있는 것도 왜곡된 주거 문화의 한 형태이다.

과연 우리는 어떠한 집에서 살기를 원하는가? 많은 사람들은 현대의 극도로 경쟁적인 관계에서 형성되는 도시적 삶에 회의를 품고 있는 것과 동시에 도시가 주는 문화적 혜택 및 편의성에 길들어 새로운 삶을 꿈꾸기보다는 주어진 공간을 확보하여 그 속에서 가능한 자신의 삶을 영위하고자 한다. 이들은 집을 소유하는 데 집착한 나머지 집을 운영하는 데에는 미숙하여 그 집 자체는 사람이 사는 공간이라기보다는 상품으로 존재하기 쉽고, 과시의 기호로 사용하고 있다.

집이 재테크와 투기의 수단으로 전락하기보다는 사람이 사는 공간으로 전화하기 위해서는 집이라는 공간에 대한 새로운 인식이 필요하다. 한국의 출산율이 세계에서 가장 낮다는 것은 주지의 사실이다. 이것은 가족의 구성원 수가 줄어들고 있다는 것인데, 역설적으로 가족이 소유하는 공간 면적은 늘어나고 있는 것이 현실이다. 직업의 다양화로 인해 이동성이 확대되고 있는 현실의 산업구조 속에서 정착 농경사회와 같이 대가족이 함께 노동을 한다는 것은 더 이상 불가능하고, 따라서 같은 공간에 가족이 오랫동안 동안 함께 거주하는 경우도 점차 줄어들 것으로 생각된다. 주거 소유 공간 면적의 측면에서 본다면 30~40대의 자녀 양육기에 공간이 더 필요할지 모른다. 50대가 되면 아이들이 성장하며 다른 지역의 대학이나 직장에 다니는 경우가 많아서 점차 필요 공간 면적이 늘어날 이유가 없지만 실제로는 소유 공간 면적을 늘리는 경향이 있다. 이는 우리 사회가 집이라는 주거 공간을 삶의 공간으로 받아들이기보다는 오로지 소유의 공간, 교환의 대상으로만 사고한 까닭이기 때문이다.

집은 단순한 소유의 대상이라는 인식에서 벗어나 생활공간이라는 인식으로 전환될 때, 유목민적인 주거 형태가 만드는 다양한 문제나, 초대형·초호화 공간이라는 과시의 상징으로서의 주거 형태가 완화될 수 있다. 협소한 도시 공간에서 효과적으로 삶을 영위하기 위해서는 공간 소유에 대한 인식의 전환이 우선이고, 이는 급속한 도시화 과정에서 경쟁적으로 소유에 몰입한 우리의 주거 문화를 반성하는 것으로부터 출발할 것이다. 우리가 살아가는 집을 과시를 위한 공간이 아니라 그 속에 살아가는 사람들의 삶이 녹아 있는 진솔한 생활공간으로 재구성할 필요가 있다. 이것이 도시에서의 가족과 이웃이 더불어 살아가는 삶의 첫 번째 조건일 것이다.

2) 가족을 담는 공간으로서 집

집은 있되 가족은 없다. 현대사회 이전에는 모든 문제의 해결 주체는 가족이었다. 인간이 태어나면서 처음 속하는 사회집단이 가족일 뿐만 아니라 가족을 통해서 사회화되며, 가족과 함께 노동하고 여가를 보내는 것이 일상적 삶이었다. 그런 가족이라는 사회집단을 공간적으로 수용하는 것이 집이다. 집은 단순히 공간인 것이 아니라 그 공간에서 살아가는 사람들의 삶의 결정체인 것이다. 그러나 현재는 어떠한가? 가족은 사회로 모든 기능을 빼앗겼으며, 집은 단순히 가족 구성원들이 여가를 보내는 생활공간으로 전락했다. 이전의 주거 형태는 원룸, 오피스텔, 고시텔, 쪽방 등 새로운 공간으로 대체되고 있다.

가족의 구성원 수 역시 급속하게 줄어들고 있다. 심각한 문제는 가족 구성원의 수의 문제만이 아니라 구성하는 성원들 사이의 관계 역시 새로운 문제를 일으키고 있다. 집이라는 공간에 함께 있지만 함께 살지 않는 경우도 빈번하다. 핵가족화와 맞벌이 가족의 확대로 인해 가족들이 함께 보내는 시간은 점점 줄어드는 반면, 집 밖에서 보내는 시간이 늘어남으로 인해 성원들 사이의 정체감은 약화되고 있다. '은둔형 외톨이'를 통해 볼 수 있듯이 부모-자식의 관계가 단절된 경우도 비일비재하다. 가사 노동의 전자화와 간편 생활용품의 확대가 가족생활에서의 개별화 현상을 가져와 식사시간을 비롯해 가정 내에서의 공통된 생활이나 주제가 소멸되어가는 것도 현실이다. 집은 더 이상 화목의 공간이 아니다.

아파트로의 급속한 주거 형태 변화가 초래한 부정적 측면의 하나는 주거 공간 내의 분리를 가속화했다는 사실이다. 문만 닫으면 누구에게도 간섭받지 않는 자신만의 공간이 아파트 공간이다. 일반 주택이 외부와의 독립성을 보장받기 위해 높은 담장을 쳤다면, 이 담장의 역할이 아파트 공간 내에서는 문이라는 공간일 것이다. 쉽게 근접할 수 없는 가족 성원들 사이에 관계의 장벽이 아파트 내에 존재하는 것이다. 최근에는 가족 성원이 함께 할 수 있는 공간으로서 주방과 거실 공간에 대한 활용이 다각적으로 연구되고 있다. 요리를 하면서 가족과 시선을 맞추고 대화할 수 있는 형식으로의 전개 및 가족 성원들이 항상 함께 모여 소통할 수 있는 거실 공간의 확대라는 경향이 뚜렷하게 보인다.

가족이 없는 집은 집이 아니다. 집은 단순한 건축물이 아니라 가족생활의 또 다른 표현이다. 가족이 집이라는 공간을 통해 가족 간의 사랑과 화목을 드러내는 공간으로 되기 위해서는, 개인적 수준에서의 노력도 필요하지만, 가족 중심적인 생활을 영위할 수 있도록 작업장 및 지역사회, 국가에서도 다양한 측면의 정책이 모색되지 않으면 안 된다. 급속한 산업화 시대에는 가족의 행복은 오로지 작업장의 노동을 통해 벌어오는 임금이었으며, 당연히 기업 조직에서의 행복이 가족의 행복이었다. 그러나 최근 기업의 성장이나 발전은 가족의 행복에 좌우된다는 측면을 고려하여, 작업장에서의 시간 이외의 시간을 되도록이면 가족과 함께 보내도록 적극 장려하고 있다. 개인적으로 행해지던 여가의 형태도 가족과 함께할 수 있는 형식으로 점차 바뀌어가야 할 것이다. '가자. 이젠 집으로'.

3) 이웃과의 공동적 삶을 추구하는 주거 문화

이전의 노마드의 모습은 어떠한가. 수렵·채집·어로·목축·원시 농경이라는 산업 형태가 가지는 공통점은 이동성이다. 원시인들은 이동에 적합한 주거 형태를 만들어왔다. 일시 주거(단순한 수렵·채집 경제에 생계를 의존한 유랑 무리 사회의 주거), 간헐 주거(목축으로 진행되는 중간 단계이자 초보적인 농경 단계의 주거), 이동 주거(목축 경제를 영위하는 유목 부족사회의 주거), 계절 주거(반유랑식 생활 방식을 지닌 부족사회의 주거), 반영구 주거(생계형 농사를 짓는 정착 민속사회나 괭이 농경민들의 주거) 등이 그것이다(쇠나우어, 2004). 현대 한국 사회의 도시 노마드 주거는 어떠한가. 우선 내 집을 갖기 전의 주거 형태는 이사가 일상화된 전세의 형태가 대부분이다. 이런 측면에서 아파트는 정착의 공간이 아니라 잠시 머물다가 갈 공간으로 존재한다. 그 외에 이동이 잦은 직업을 가진 사람이 주로 이용하는 열악한 공동 주거나, 한국 사회의 특수성에 기인한 기러기 가족의 경우나 주말부부의 경우 등도 주거 공간의 정착성이라는 측면에서 본다면 노마드와 다르지 않다.

현대 도시의 노마드가 가진 가장 심각한 문제는 이웃의 부재이다. 아파트가 갖는 생활 편의성과 환금성이라는 장점에 비해 이웃 및 지역의 상실이라는 것은 큰 단점으로 현대 도시생활을 피폐하게 하는 가장 큰 요인이라고 할 수 있다. 현대 도시인들은 모두가 뜨내기들이다. 자신의 이해에 입각하여 지도에 그어진 지역을 선택하고, 자신만의 일상을 영위하며, 항상 또 다른 지역으로 떠나갈 준비를 하는 사람들인 것이다. 옆집, 이웃과의 공동의 생활이 없는 공허한 자신들만의 주거 공간에서 삶을 영위하는 소외된 도시인으로 살아가는 사람들만의 삶이 존재할 뿐이다. 직업적 요인에 의해 떠도는 사람들의 삶에 대해서야 정책적인 대안을 모색해야 하겠지만, 대다수 노마드적 주거 형태가 만든 삶은 생활자의 인식의 변화로부터 시작하지 않으면 안 된다. 왜 우리가 끊임없이 이동하고 있는가에 대해 원천적인 질문을 해야 하고, 과연 그러한 삶이 행복한가를 되뇌지 않으면 안 된다.

떠도는 삶은 항상 불안정하다. 인간이 사회에서 고립되어 홀로 살아가지 못하듯이, 지역에서 살아가기 위해서는 지역의 구성원들과 원활한 소통이 필수적이다. 사회집단의 갈등은 가족이든 지역사회든 국가든 원활한 소통의 부재에 기인한다. 따라서 집은 단순히 개인으로, 개인 가족으로 고립되기 위한 곳이 아니라 소통을 통해 지역에 뿌리를 내리고 행복을 추구하기 위한 것이다. 앞서 살펴본 담장 허물기 운동 역시 이러한 소통을 위한 작은 움직임이라고 할 수 있다. 생태 공동체 역시 소통을 통한 공동체적 삶의 추구를 통해 행복을 추구하고 있다는 관점에서 본다면, 이웃을 만들어 정착민으로 살기 위해서는 도시 공간 내에서 공동체적 삶을 모색하기 위한 노력을 기울이지 않으면 안 된다.

예전의 아파트의 경우 계단이나 복도를 공동으로 하기 때문에 자연스럽게 마주치고 인사하고 소통할 수가 있었지만, 현재의 고층 아파트의 구조는 수직적으로 연결되어 있어 우연히 마주칠 상황 역시 원천적으로 배제되어 있다. 또 일상에서 흔히 접하는 아파트 내에서의 갈등이나, 아파트와 인근 아파트 및 주택가와의 교육 및 문화 환경 등 다양한 조건을 둘러싼 갈등과 이질감의 확대가 작금의 공동적 삶을 저해하는 요소들이다. 주거 형태로서의 아파트의 확산이나 환금성으로서의 주거 공간에 대한 인식, 개인주의적이라기보다 이기적인 주거 문화 등 우리의 의지와 관계없이 주어진 환경 속에서 거의 무의식적으로 이 환경을 자연스러운 것으로 받아들이고 있는 것이 현실이다.

대안적인 미래의 주거 공간은 무엇일까? 유비쿼터스 아파트와 같은 전자적 기능에 의해 도움을 받아 쉽고 편리하게 일상생활을 영위하는 공간일까, 아니면 왜곡된 도시 공간을 떠나 '푸른 초원 위에 그림 같은 집'과 같은 목가적 풍경을 지닌 집일까? 미래의 집이 형태가 어떠하든 우리가 간과해서는 안 될 것은 그 속에 살아가는 사람들일 것이다. 미래에 누구와 어떻게 살아갈 것인가를 생각할 때 미래 집의 모습이 나온다. 대안적인 미래의 주거 공간은 현재 우리가 간과했던, 그래서 이 책에서 관심의 대상이 된, 그 공간에 사는 사람과 그들의 관계로 만들어지는 삶의 진수여야 할 것이다.

참고문헌

단행본

쉐나우어, 노보트(Norbert Schoenauer). 2004. 『집: 6000년 인류주거의 역사』. 김연

　　　홍 옮김. 다우.

박철수. 2006. 『아파트 문화사』. 살림.

줄레조, 발레리(Valérie Gelézeau). 2007. 『아파트 공화국』. 길혜연 옮김. 후마니타스.

야마기시즘생활실현지문화과. 1999. 『자연과 인간이 하나가 되는 야마기시즘 농법』.
　　　야마기시즘 실현지 출판부.

전남일·손세관·양세화·홍형옥. 2008. 『한국 주거의 사회사』. 돌베개.

바슐라르, 가스통(Gaston Bachelard). 2003. 『공간의 시학』. 곽광수 옮김. 동문선.

논문

김경민. 1999. 「나의 작은 실험: 골목가꾸기」. ≪문화도시 문화복지≫, 제66집. 한국문
　　　화관광연구원.

김태란. 2008. 「지역공동체 형성에 대한 연구」. 부산대학교 사회학 석사학위 논문.

손상락·이시화. 2001. 「삶터자치의 마을만들기 실천전략에 관한 연구」. ≪지역사회개
　　　발연구≫, 제26집 1호. 한국지역사회개발학회.

안태환. 2000. 「대구 담장허물기 시민운동」. ≪도시정보≫. 대한국토도시계획학회.

이동일. 2011. 「대안공동체의 유지와 한계」. 부산대학교 사회학 박사학위논문.

신문·잡지·방송·인터넷 및 기타 자료

≪문화일보≫. 2002.11.1. "생태공동체를 찾아서 산안마을: 10가구가 한살림 '무소유'
　　　실천".

_____. 2007.9.21. "담장 트이니 '이웃'이 보여요".

≪오마이뉴스≫. 2002.2.4. "산청 '안솔기 생태마을'을 아시나요?"

부산광역시. 2015. 『2015 행복마을만들기 최종 보고서』.

서울시 마을공동체 종합지원센터 http://www.seoulmaeul.org

행정자치부. 2002. 『주민자치센터 설치운영조례 준칙』.

대안사회를 위한 일상생활연구소

대안사회를 위한 일상생활연구소는 1991년 일상성·일상생활연구회로 시작하여 『일상생활의 사회학』(편저), 『일상생활의 사회학적 이해』(공저)라는 일상생활에 대한 이론적 소개와 개론서를 출판했을 뿐만 아니라, 1999년 『술의 사회학』, 2004년 『현대 한국 사회의 일상문화 코드』, 2009년 『일상과 음식』을 출간하여 우리 사회의 일상적 삶의 구체적인 모습을 찾는 작업을 계속해오고 있다.

지은이(수록순)

박재환 부산대학교 사회학과 명예교수

우신구 부산대학교 건축학과 교수

최원석 부산대학교 정치외교학과 강사

고영삼 동명대학교 학부교양대학 교수

김혜민 안전보건공단 산업안전보건연구원

류영진 일본 기타큐슈 시립대학 교수

김현명 창원시청 문화예술과 문화예술정책팀

이서윤 부산대학교 사회학과 박사과정 수료

정아름 부산대학교 사회학 석사

신지은 부산대학교 사회학과 교수

오상준 국제신문 기자

양이문 부산대학교 사회학과 박사과정 수료

김태란 (재)부산인재평생교육진흥원 책임연구원

이일래 부산대학교 사회학과 강사

윤영준 한국해양수산개발원

김희재 부산대학교 사회학과 교수

한울아카데미 2059

일상과 주거

지은이 ┃ 대안사회를 위한 일상생활연구소
펴낸이 ┃ 김종수
펴낸곳 ┃ 한울엠플러스(주)
편집 ┃ 조수임

초판 1쇄 인쇄 ┃ 2018년 2월 20일
초판 1쇄 발행 ┃ 2018년 3월 15일

주소 ┃ 10881 경기도 파주시 광인사길 153 한울시소빌딩 3층
전화 ┃ 031-955-0655
팩스 ┃ 031-955-0656
홈페이지 ┃ www.hanulmplus.kr
등록번호 ┃ 제406-2015-000143호

Printed in Korea.
ISBN   978-89-460-7059-2 93330 (양장)
            978-89-460-6448-5 93330 (학생판)

2010 프리츠커상을 수상한 니시자와 류에의 건축 에세이
공간과 시간의 벽을 허문 '열린 공간',
현대의 감수성을 건축에 담다

니시자와 류에가 말하는 열린 건축

니시자와 류에 지음/ 강연진 옮김/ 256면

문화연구의 다양한 이론을
쉽고 간결하게 소개하는 입문서

문화 보기 영상 읽기
처음 만나는 문화와 영상 입문서

강승묵 지음/ 296면

미디어 리터러시의 개념 정리부터
향상을 위한 실천 방안까지 총망라한 종합서

디지털 미디어 리터러시
미디어에 대한 올바른 이해와 활용

김경희 외 7인 지음/ 240면

"카피라이팅의 본질은 무엇인가?"

광고카피의 탄생 I
카피라이터와 그들의 무기

김동규 지음/ 480면

감정사회학의 핵심 개념과 사례를
쉽고 명료하게 요약한 입문서

감정사회학으로의 초대

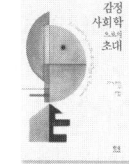

스캇 R. 해리스 지음/ 박형신 옮김/ 224면

사회관계에 의해 형성되는 감정,
그리고 그 연속선상에서 유영하는
우리의 삶을 조명한 감정 연구서

감정과 사회관계

이안 버킷 지음/ 박형신 옮김/ 326면

세대 연구의 고전적 이론을 넘어
다학제적 검토를 통해 드러나는 '세대'의 모습
"세대"란 무엇인가?

"세대"란 무엇인가?
카를 만하임 이후 세대담론의 주제들

올리케 유라이트 · 미하엘 빌트 엮음/
박희경 외 11인 옮김/ 488면

권력은 커뮤니케이션을 능가한다
하지만 마음과 마음이 연결될 때
커뮤니케이션은 세상을 재프로그래밍한다!

마누엘 카스텔의
커뮤니케이션 권력

마누엘 카스텔 지음/ 박행웅 옮김/ 710면

극단주의에 대한 해법은 온건함이 아니다.
고도로 비판적이고 지성적인 이상주의다.

100개의 키워드로 읽는
광고와 PR

김병희 외 5인 지음/ 456면

오래된 상식은 광고를 속박한다.
새로운 상식은 광고를 자유롭게 한다.

광고의 변화
8가지 성공 사례로 배우는 효과적인 광고 만들기

사토 다쓰로 지음/
(주)애드리치 마케팅전략연구소 옮김/ 192면

이 순간을 즐기는 우리는 아마추어 밴드다

엔터 밴드맨
초보자를 위한 밴드 활동 가이드

한상민 지음/ 288면

현직 기자가 들려주는, 모바일 혁명이 불러온
뉴스 패러다임 변화의 모든 것

모바일 터닝시대
디지털 인류의 뉴스 사용기

이승현 지음/ 232면

햄릿의 고뇌는 곧, 우리 현대인의 고뇌이다

햄릿의 망설임과 셰익스피어의 결단
프랑스 시문학의 거목, 이브 본푸아가 바라본
햄릿 그리고 셰익스피어

이브 본푸아 지음/ 송진석 옮김/ 248면

한권에 담은 시청률의 역사, 이론, 응용

시청률 분석
수용자 측정과 분석법

제임스 웹스터, 퍼트리샤 팰런, 로런스 릭티 지음/
정성욱 옮김/ 248면

여행지에서 만난
가쁘지만 어여쁜 삶들

그래도, 시골 여행
남미에서 센다이까지

남경우 지음/ 528면

대한출판문화협회 올해의 청소년 교양도서
잊어버린 유년의 기억이 되살아나는 곳, 아시
아 시골 마을로의 행복한 여행!

아시아 시골 여행

남경우 지음/ 440면

제대로 부수고 제대로 치이며
세상은 조금씩 앞으로 나아간다

프로불편러 일기
세상에 무시해도 되는 불편함은 없다

위근우 지음/ 384면

독일의 문화학적 담론, 현대문학과 만나다

문학의 성찰과 문화적 이해

서정일 지음/ 216면

신화라는 이름과 신화의 검증

셰익스피어를 둘러싼 오해와 진실
30가지 신화를 벗기다

로리 맥과이어, 에마 스미스 지음/ 강문순 외 8인 옮김

언어의 역사는 그것을 사용하는
인간 사회의 역사를 반영한다.

언어의 역사

토르 얀손 지음/ 김형엽 옮김/ 408면

2016 대한민국학술원 우수학술도서
21세기 문화 갈등과 공존의 정치학을
다양한 사례 연구로 만나다

민족주의와 문화정치

최진우 외 10인 지음/ 최진우 엮음/ 408면

한국 현대사를 관통하는 저자의 삶

긴내 선생의 문향

김태준 지음/ 372면

---

www.hanulmplus.kr | hanul@hanulbooks.co.kr | 한울엠플러스(주) 한울 ꙮ